"船舶数字化设计制造"系列教材

造船生产设计及数字化技术

王炬成　高霆　赵虹 **编著**

马晓平 **主审**

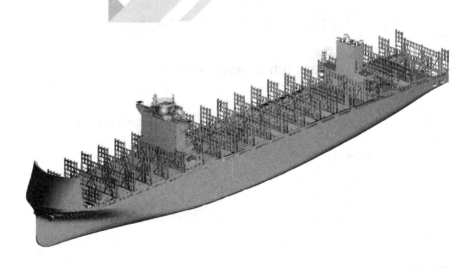

上海交通大学出版社
SHANGHAI JIAO TONG UNIVERSITY PRESS

内容提要

　　本书以我国造船企业为对象,基于 AM(AVEVA Marine)应用背景,全面、系统地介绍了造船生产设计的前期准备、船体生产设计及数字化、船舶舾装综合规划、船舶舾装生产设计及数字化、船舶涂装生产设计及数字化等方面的内容,并对造船生产设计的数字化发展及实施路径进行了相关的研究。针对造船数字化生产设计系统,以及系统中主要模块的内涵,书中在主要章节以录屏/视频或三维数字化模型或图表形式插入了对应的数字资源,可通过扫描二维码观看。

　　本书可作为高等院校船舶与海洋工程专业的教材,也可为船舶工程和海洋工程领域的工程技术人员和管理人员提供相关方面工作的参考。

图书在版编目(CIP)数据

　　造船生产设计及数字化技术/王炬成,高霆,赵虹
编著. 一上海:上海交通大学出版社,2024.8—ISBN
978 - 7 - 313 - 31041 - 5

　　Ⅰ. U671 - 39

　　中国国家版本馆 CIP 数据核字第 2024QS2842 号

造船生产设计及数字化技术
ZAOCHUAN SHENGCHAN SHEJI JI SHUZIHUA JISHU

编　著:	王炬成　高霆　赵虹		
出版发行:	上海交通大学出版社	地　址:	上海市番禺路 951 号
邮政编码:	200030	电　话:	021 - 64071208
印　制:	上海景条印刷有限公司	经　销:	全国新华书店
开　本:	787mm×1092mm　1/16	印　张:	15.5
字　数:	377 千字		
版　次:	2024 年 8 月第 1 版	印　次:	2024 年 8 月第 1 次印刷
书　号:	ISBN 978 - 7 - 313 - 31041 - 5	电子书号:	ISBN 978 - 7 - 89424 - 796 - 4
定　价:	68.00 元		

前　言

　　船舶设计制造是江苏科技大学船舶与海洋工程学院的传统专业学科,历经四十多年办学经验的积累和船舶与海洋工程专业的建设,逐步形成了该学院的办学特色,并在船舶设计制造学科方向上取得了一系列的教学和科研成果。

　　本书以我国造船企业为研究对象,基于 AM(AVEVA Marine)的应用背景,全面、系统地介绍了由江苏科技大学和江苏现代造船技术有限公司共同研发的、适应我国船厂的造船数字化生产设计系统。该系统已在多家国营船厂和多家民营船厂中得到应用,并取得了较好的效果。

　　现代造船的船舶设计体系不仅包含功能性设计,还包括怎么造船和怎样合理组织造船生产的策划,其显著特点是设计、生产、管理一体化和壳、舾、涂一体化。随着数字化设计的深入,已使船舶设计的理念和方式发生了根本变革。本书力求在内容方面拓宽读者的视野,以体现造船生产设计数字化的最新发展趋势。但鉴于篇幅有限,无法涵盖所有方面,对于某些问题未能做进一步的深入讨论。

　　数字技术正成为推动教育变革的引领力量,其中,数字化教材的建设是重要的内容。这也是实施"数字赋能行动计划"、激活"数字技术"新动能,用数字赋能教育教学的重要的体现。本书在主要章节中以录屏/视频或三维数字化模型和图表形式插入了对应的数字资源,可以通过扫描二维码进行观看。

　　本书由江苏科技大学研究员级高级工程师马晓平、副教授王炬成牵头的数字化设计研发团队组织撰写。主要撰写人员有江苏科技大学的王炬成副教授、赵虹副教授、高霆老师;江苏现代造船技术有限公司的薛新峰、郭维、赵旭、曾涛、贾晓峰、万昊天、张占勇诸位高级工程师,以及涂俊波、袁红俊、王立群等工程师,最后由赵虹副教授统稿。本书在撰写过程中得到了江苏科技大学船舶与海洋工程学院、江苏现代造船技术有限公司、江苏省船舶先进制造技术中心的支持和帮助,江苏科技大学研究员级高级工程师马晓平老师担任主审,并提出了许多宝贵意见,对此表示衷心感谢。

在本书的撰写过程中，不仅参阅且部分引用了相关文献资料，同时还得到了国内部分同行专家的帮助。招商局重工（江苏）有限公司、南通中远海运船务工程有限公司、烟台中集来福士海洋工程有限公司、上海外高桥造船有限公司、江苏新扬子造船有限公司、江苏新时代造船有限公司、招商局金陵船舶（江苏）有限公司等业内相关专家对造船数字化生产设计系统的成功应用给予了充分的肯定，在此深表谢意。

本书在撰写过程中尽管做了很大的努力，但遗漏、不妥之处难以避免，敬请各位同仁和读者提出宝贵的意见和建议，以便后续修订时完善。

编著者

2023 年 10 月于镇江

目　录

第1章

绪　论

生产设计是随造船技术的发展而逐步形成的一项设计技术,主要用于解决"怎么造船"和"怎样合理组织造船生产"的问题。有关造船生产设计的理论基础、主要特点和基本内容以及发展情况将是本章讨论的重点。

1.1 现代造船生产及管理流程

1.1.1 现代造船生产作业体系

现代造船是以中间产品为导向,按照区域组织生产。其中,壳(船体建造)、舾(舾装)、涂(涂装)作业在空间上实行分道、在时间上保持有序,从而实现设计、生产、管理的一体化,构建均衡、连续的总装造船,即是以中间产品为导向所形成的造船生产作业体系(见图1-1)。该作业体系适应于各种船型的柔性生产流水线,即总装造船生产线。

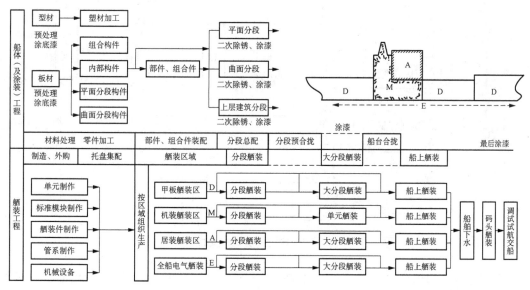

图1-1　现代造船生产作业体系

1. 主要特征

现代造船的主要特征体现在以下方面:面向制造过程集成化的产品设计包含船体建造、舾装、涂装一体化,以及设计、生产、管理一体化的实施;构建起纵向层次明晰、横向逻辑性强的计划管理体系等。

2. 主要目标

现代造船的主要目标：一是"区域舾装"，包括单元舾装、分段舾装、总段舾装、盆舾装、青空舾装等；二是"六化"，包括单元模块化、编码化、托盘化、标准化、数字化以及数字集成化；三是"六率"，包括材料利用率（如钢板利用率）、工时利用率、设备利用率、资金利用率（资金周转期）、船台（坞）利用率以及数字化率等。

3. 工作重点

工作重点主要体现在以下方面：一是深化生产设计，即从船厂的施工角度出发，通过设计形式，考虑如何高质量、高效率地安全造船以及如何合理地组织造船生产；是融设计、生产、管理于一体的设计。二是强化工程管理，即建立起全方位、多层次、立体化的管理体系，对船舶产品设计、制造、采购以及集配送等各个环节进行强化管理；建立完善的工程计划管理体系和制度。把成本分解到各个中间产品、各道工序上，实现目标成本管理，以达到增效的目的。

1.1.2 现代造船生产管理流程

现代造船将船台（坞）视为总装生产线，将钢料加工、结构生产、分段建造、管件制造、单元模块制造均视为部件总成生产线。各部件总成生产线按照船台（坞）总装生产计划要求，及时适量提供其中间产品。码头是调试作业区，现代造船生产流程如图1-2所示。

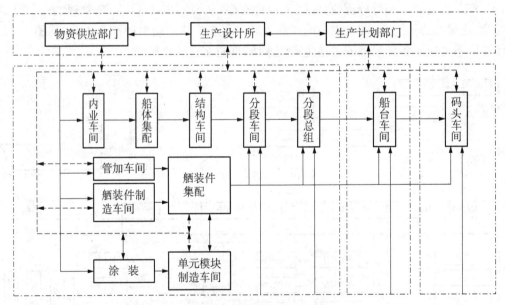

图1-2　现代造船生产流程

在管理区域的划分中，上方为生产准备区，下方为生产区域。生产区域一般可分为三条物流线，进而可分为三个管理区，以及一个以生产设计为引领、以工程计划为主线的数字化网络系统。

1. 三条物流线

三条物流线分别是船体线、舾装线和涂装线。船体线包括船体零部件制造、船体零部件集配、船体组件制造、船体分段制造、分段总组和船台（坞）合拢。舾装线包括管子制造、舾装件制造、舾装单元模块制造、舾装件(品)托盘集配以及分段舾装、总段舾装、船台(坞)舾装和码头舾装。涂装线贯穿了分段、船台(坞)和码头各车间(作业区)。其中分段车间包括分段制造、分段舾装和分段涂装;分段总组包括分段合拢、总段舾装和总段涂装;船台(坞)车间包括船台(坞)合拢、船台(坞)舾装和船台(坞)涂装。这些均体现出各作业区的壳、舾、涂一体化的思想。

2. 三个管理区

三个管理区分别是中间产品管理区、船台(坞)管理区和码头管理区。船台(坞)管理区管理的对象是船台(坞)总装线。中间产品管理区管理的对象是为船台(坞)总装线提供装配件的各个中间产品生产线和上船台(坞)的集配工作。码头管理区管理码头舾装、调试、试验和码头涂装。管理区的职责主要是依据产品生产计划对各生产单位的生产准备、生产进度、产品质量、生产资源以及安全文明生产进行控制管理,均体现了各管理区的设计、生产、管理一体化的思想。

1.2 现代造船的设计方式与阶段划分

1.2.1 设计方式

船舶设计是一个相当复杂的过程,为了便于设计工作顺利进行,按照设计工作的规律性、目的性及设计任务来划分设计阶段。随着造船模式的演变,船舶设计方式也发生了相应的变化,根据转变的过程,可将其划分为传统设计方式和现代设计方式。

传统的船舶设计通常分为方案设计、技术设计和施工设计三个阶段,它侧重于设计船舶产品。

现代造船的设计方式与传统的设计方式不同,在解决"造怎样的船"的同时,还要解决"怎样造船",乃是把"造怎样的船"与"怎样造船"融为一体。实现"怎样造船"是通过设计进行合理规划,以适应现代造船的生产作业体系,符合进行组织生产的要求。

1.2.2 设计阶段划分及设计任务

根据现代造船的特点,现行的船舶设计过程明确被划分为初步设计、详细设计、生产设计三个阶段,共同组成了船舶设计的整体,它们既独立存在又相互关联,其三个阶段的划分如图1-3所示。各设计阶段是不断向纵深发展的,具有承上启下的延续性。

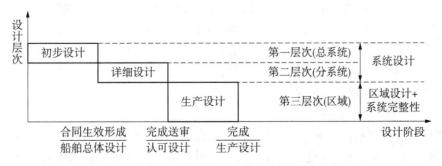

图1-3 现代造船的设计阶段划分

船舶设计始于总体功能设计,当合同生效后才会进入分系统,按照功能/专业进行详细性能设计,进而由功能系统转入区域进行设计,随后才能按照区域/阶段/类型进行生产设计。初步设计是详细设计的依据,详细设计又是生产设计的依据,并且初步设计和详细设计还必须体现生产设计的意图和要求。

这里要特别强调的是,作为船舶设计重要组成部分的生产设计,随着数字化设计的发展,船舶设计的理念和方式发生了根本变革,初步设计、详细设计与生产设计的有效融合是发展的必然趋势。

1. 各设计阶段主要完成的设计任务

1) 初步设计的设计任务

初步设计是按照船东技术任务书的要求进行船舶总体方案的设计,在深入分析任务书和调查研究的基础上,提出船体、轮机、电气等不同专业方面的各种可行性方案以满足船东的要求。其主要任务是为签订合同的谈判提供技术文件、主要设备选型清单和主要设备厂商表,同时为详细设计提供必要的技术文件和图纸。故其主要工作如下:

(1) 对全船总体性能、结构、装置、系统等进行理论计算和模型试验,确定船舶的主要设计参数、主要结构布置、主要设备选型等;并提供产品技术规格说明书。

(2) 主尺度及主要系数确定,包括空船重量计算、航速及主机功率计算、主机选型等。

(3) 技术性能与经济计算,包括船舶浮态、稳性、抗沉性、快速性、最小干舷、登记吨位、船舶造价、年利润等。

(4) 总布置设计、船体型线设计、船体结构设计、船舶舾装设备设计、机舱布置设计,完成总布置图、中横剖面图、机舱布置图等,并提供主要设备厂商表、主要材料预估单以及电力负荷计算书等。

由此可知,初步设计完成,则船舶的基本性能指标就基本确定。

2) 详细设计的设计任务

详细设计是在初步设计的基础上,按照系统、功能、专业分系统对各个问题进行深入分析和详细性能设计、计算和绘图。可将其划分为总体结构设计、区域结构详细设计、模型创建和项目结构材料清单统计等设计任务。确定设计船舶的所有技术形态,解决船舶的基本功能和关键技术问题,明确各种物资及订货的技术要求。其完成的技术文件和图纸,应能通过验船机构的审查,得到船东的认可,可以满足造船企业订购物资的需要。故其基本任务如下:

(1) 提供验船机构规定送审的图纸和技术文件以及必要舱段的三维数字化模型。

(2) 提供船东认可的图纸和技术文件以及必要舱段的三维数字化模型。

(3) 提供船厂所需的材料、设备订货等物料清单(engineering bill of materials,EBOM)。

(4) 提供生产设计必备的图纸、文件和数据以及相关舱段的三维数字化模型。

由此,通过初步设计和详细设计,就完成了"造什么样船的问题",可为生产设计提供图纸、技术文件和数据等所必需的设计输入信息。

3) 生产设计的设计任务

生产设计是根据船厂的生产资源规划"怎样合理造船"的设计,相当于在设计阶段通过模型、图纸等方式完整模拟一遍整个造船过程。对造船中的各种工程技术问题进行分析研究,对制造方法和有关技术措施进行决策。在前期准备的基础上,将初步设计和详细设计按照系统、功能输出的图表,通过船体结构建模、舾装综合规划和舾装综合放样,生成按区域设计的三维数字化模型。并根据船厂的资源配置情况和特点,按区域、阶段、类型进行产品作业任务的分解和组合,依据建造技术与工艺、施工方案与建造流程、物资与生产管理情况,分区域设计和绘制工作图表以及施工工艺和规程等文件。故其主要设计任务如下:

（1）提供船厂制造、安装、调试过程中使用的施工图表和技术文件以及相关的三维数字化模型。

（2）提供船厂组织制造、安装过程使用的工程管理图表和文件。

（3）提供船厂进行生产准备的图表和文件,确定造船过程用料(含设备)清单(包含各类物料清单(BOM))。

从上述所承担的设计任务来看,生产设计是三个设计阶段中用时最久、任务量最多的一个阶段。要做好生产设计,需要从事初步设计、详细设计的部门以及船厂的有效配合。

综上,船舶设计各阶段的主要设计内容及流程(以运输船舶为例)如图1-4所示。

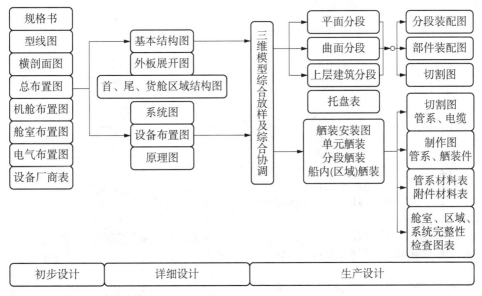

图1-4 船舶设计各阶段的设计内容及流程(以运输船舶为例)

由此可知,船舶设计作业以完成数字化信息为特征,其劳动成果为各种数据,如各种计算书、三维数字化模型、图纸、清单、托盘表、建造方针和质量验收清册等,这些都属于设计作业的产物。

2. 各设计阶段间的内容衔接及协调方式

1）各设计阶段的相互联系

船舶设计过程总体上是呈顺序模式进行的,但实际上各个设计阶段的工作可以并行交叉进行,即船舶设计表现为宏观串行、微观并行这样的状态。也就是说,初步设计、详细设计、生产设计阶段在整体串行的同时也可并行开展部分工作,即后续阶段的设计工作不用等到上一阶段的所有任务全部完成后再开始。若后续阶段某些任务的所需资源和信息满足开始条件且与其他任务不冲突,那么这些任务便可与前一阶段的对应任务并行。船舶各设计阶段的内容及相互联系如图1-5所示。

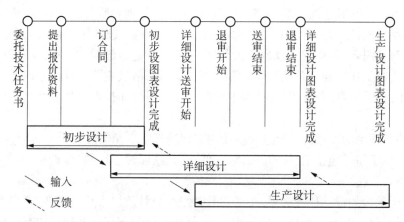

图 1-5　船舶各设计阶段的内容及相互联系

由此可知,生产设计在船舶设计三阶段中既作为一个独立的设计过程,又是与前两个设计阶段(初步设计、详细设计)相互渗透的一种设计过程。

2) 各设计阶段的设计输入与输出

由于不同设计阶段的设计内容不同,因此,不同设计阶段的设计输入和完成后的设计输出也各不相同。各设计阶段的设计输入和设计输出内容如表 1-1 所示。

表 1-1　各设计阶段的设计输入和设计输出内容

设计阶段	主要设计输入	主要设计输出
初步设计	● 船东提供的设计任务书及合同要求 ● 船检部门相关的规范性文件 ● 国家标准、行业标准以及内部作业文件等 ● 船东意见 ● 供应商设备参数 ● 已完工产品中类似设计的信息 ……	● 船体型线图、总布置图、基本结构图等 ● 相关计算 ● 设备造型 ● 船东有特殊要求的图纸文档 ……
详细设计	● 初步设计的输出内容 ● 船东提供的设计任务书及合同要求 ● 船检部门相关的规范标准文件 ● 国家标准、行业标准以及内部作业文件等 ● 船东、船检意见 ● 供应商设备参数 ● 已完工产品中类似设计的信息 ……	● 说明书、总布置图、船体型线图、肋骨型线图、外板展开图、基本结构图等 ● 载重线标志图、舱容曲线(或数据表格)、防火控制图、舱室内部舾装图等 ● 各类计算、布置图、系统图、原理图 ● 详细的设备、材料清单 ● 规范和法规(或船东)有特殊要求的计算书以及试验报告等 ……
生产设计	● 初步设计、详细设计的输出内容 ● 合同要求 ● 项目设备订货资料 ● 船检部门相关的规范标准文件 ● 国家标准、行业标准以及内部作业文件等 ● 船厂建造能力:包括制造场地、设备能力、	● 船体套料图、加工图、部(组)件图、拼板图、结构图等图表和生产装备运行指令 ● 各类生产数据、材料表、托盘表等物料清单 ● 设备、管系、电缆等舾装切割图、加工图、制作图、安装图、托盘表等 ● 工艺文件

（续表）

设计阶段	主要设计输入	主要设计输出
	钢材日切割量等生产资源配置 ● 内部的资源配备情况 ● 船东、船检、船厂等协作单位的意见 ● 已完工产品中类似设计的信息 ……	● 三维数字化模型 ……

3）各设计阶段的设计协调方式

做好船舶设计过程中各设计阶段的相互交接与协调是做好生产设计的前提条件。所涉及的，除设计部门内部各专业的协调外，还涉及部门工作关系的综合协调，如船东方面、船检方面，以及对设备厂商方面的厂内外工作的协调，主要有设计前与设计中的协调，如图 1-6 所示。这是确保有效开展生产设计至关重要的环节。

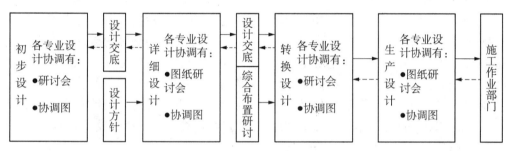

图 1-6 各设计阶段的设计协调方式

（1）设计前的协调方式。

所谓设计前的协调是指完成一个阶段设计进入下一阶段的设计协调。一般以会议形式进行协调。按照船舶设计阶段划分，如下形式的协调会议尤为重要。

① 初步设计与详细设计技术交底的协调会，也就是由从事初步设计部门的主办方向详细设计、生产设计部门、工程计划管理和施工作业部门的相关人员交底，并分专业进行讨论，包括新船特点、规格书确认、悬而未决问题的研讨，以及详细设计、生产准备部门提出的质疑与答疑，以进一步完善初步设计的主要图样、资料和文件。

② 详细设计的设计方针会议。即由从事详细设计部门的主办组织各有关专业设计主管和设计人员参加。会议将根据船舶建造方针的要求，针对新船特点，结合承造船厂具体情况，在推进科技创新、控制成本的思想指导下，提出设计注意事项，以及攻关项目、新工艺、新技术的应用，并制订设计计划进度，谋求设计部门与船厂工程管理部门的合理协调。经研讨形成的设计方针将作为详细设计、生产设计工作的指南。

③ 详细设计与生产设计技术交流协调会。即由从事详细设计的各设计专业主办，向参与生产设计人员介绍详细设计主要图纸、资料的状态、送退审情况以及主要设备订货等情况，以便为后续设计交接做好充分准备。

④ 舾装综合规划研讨会。即由从事舾装生产设计的主办根据船舶建造方针对舾装的要求，组织包括单元划分的范围，预舾装技术的应用、舾装工法等进行研讨，以便得出有利舾装顺利进行的最佳方案。

（2）设计中的协调方式。

所谓设计中协调是指设计进行中涉及技术上的综合协调,尽管可能只反映在单个专业上,但影响却是多专业的,包括如分段划分、分段总组、单元组装、预舾装等方面的协调;各专业因客观原因引起的诸如来自订货、船东及船检方面的变动协调;各专业预开孔以及需要特别加强部位的协调;大件进舱项目的协调等。其主要的协调方式是采用三维数字化模型研讨会以及出具协调图等。

① 三维数字化模型研讨会的协调方式。这是集中本部门的集体智慧和取得各部门的帮助,共同提高设计质量的有效协调方式。在整个设计过程中,三维数字化模型研讨会可分阶段多次召开。请详细设计人员、船东、船检参加,重点审查生产设计是否正确反映了详细设计所确定的性能方面要求;请船厂工程技术及管理人员参加,重点研讨生产设计是否满足现场施工及其管理要求,以便在三维数字化模型以及后续的生产设计图表等资料中得以反映。

② 出协调图的协调方式。主要有障碍点追踪表、未解决问题清单、协调图、节点会议等。障碍点追踪表是要明确障碍点的追踪解决路线、责任人和解决的时间要求以及提出方的问题内容、理由和处理方的答复内容。未解决问题清单是要明确障碍点追踪表中的相关问题,并提出处理期限。协调图主要是船体与舾装进行设计协调的方式,一般情况下,由船体出协调图提交给有关舾装专业,在规定期限内将管子或电缆开孔,以及结构加强等信息反映在协调图上退给船体。节点会议是设计部门内部的协调会,应对各设计专业主办提交的障碍点追踪、未解决问题清单和设计实际进度进行检查,查找未按期完成设计的原因,并提出解决措施。

1.3 造船生产设计概论

1.3.1 造船生产设计的内涵

由前述可知,作为船舶设计的组成部分,生产设计(production design)是指在确定船舶总的建造方针前提下,以详细设计为基础,根据船厂施工的具体条件,按工艺阶段,施工区域和单元绘制带有各种工艺技术指示和各种管理数据的工作图表,同时提供生产信息文件的一种设计过程。其目的是为科学、合理、有效地组织生产,追求目标是优质、高效、短周期、低成本以及确保安全造船。因此,所谓造船生产设计,广义上是指从船厂施工角度出发,通过设计形式,考虑高效率、短周期、低成本,确保安全地解决怎样造船与怎样合理组织造船生产的一种设计过程。狭义上是指在详细设计以后,结合船舶建造方针与施工要领,进行船体放样与舾装综合规划,建立数字化三维模型,并在此基础上设绘制有管理指示的工作图表。其中,按照零部件、分段和区域绘制的工作图表具体指导各作业阶段的现场施工,而经计算得出的装配零部件与分段重量、焊缝长度、管件数量、电缆长度以及涂装面积等物量,可作为各作业阶段生产管理的指标。

由此可知,生产设计区别于初步设计和详细设计,它是设计工作向现场施工的延伸,是船舶设计工作的拓展和深化,是用以解决如何将设计出来的船舶产品制造出来的设计,是面向制造和管理的设计。它提供的不是船舶建造的最终结果而是建造的过程。生产设计是充分体现"设计、生产、管理"和"壳、舾、涂"两个"一体化"的主要方法,是实现现代造船的重要方面。

所谓壳、舾、涂一体化是指以船体为基础,以舾装为中心,以涂装为重点,把壳、舾、涂三大作业系统有机地结合起来,并确立在空间上进行分道,在时间上进行有序的立体优化排序,其运作模式如图 1-7 所示。

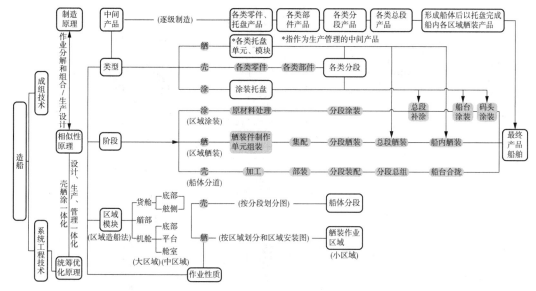

图 1-7　现代造船的壳、舾、涂一体化运作模式

所谓设计、生产、管理一体化是指船舶设计、组织生产、生产管理之间的相互结合,从全局、全厂、全船的角度统筹、协调各系统的问题,整体优化船舶建造流程。其中要在设计思想、建造策略和管理思路的结合中建立以正确的管理思想为三者结合的主导,其运作模式如图 1-8 所示。

1.3.2　造船生产设计的理论基础

应用成组技术原理与系统工程理论的基本原理组织造船生产,是生产设计的理论基础。

1. 成组技术原理的应用

成组技术是研究事物间的相似性并加以合理应用的一种技术。生产设计应用了成组技术的两个基本原理:一是相似性原理,乃是对产品作业任务的分解,按照作业的相似特性进行分类成组;二是中间产品制造原理,乃是将分类成组的作业任务视之为产品制造过程中的"产品"(中间产品),最终产品是以中间产品为导向逐级(指制造级)组合的过程。在船舶建造中,其生产设计的基本准则如下:

(1) 按照作业性质分壳、舾、涂三大作业类型组织生产。

(2) 按照作业任务所处的空间部位分区域组织生产。

(3) 按照作业任务在生产过程中的相似内容分类成组组织生产。

(4) 按照作业任务在生产过程中的作业时序组织生产。

(5) 各类型作业任务均以"产品"形式组织生产。

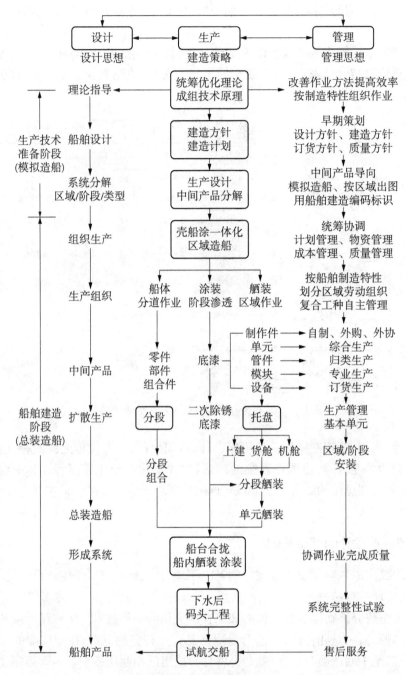

图 1-8 现代造船的设计、生产、管理一体化运作模式

成组技术是使生产设计优化的基本原理,通过对设计、生产、管理三大领域的有关特性要素做出分析,用建立相似或相同类型的设计族、制造族与建造顺序族,使之以同族工件或施工单元作为施工作业对象组织生产,变单件生产为批量生产。生产设计强调按工艺阶段、工件类别、舾装区域或单元进行设计,并通过编码指示施工流程。以管件加工为例,船舶管系的管件数量多、规格复杂,一艘万吨级散货船管件多达上万根,而且很难找到性质、形状

完全一样的管件,尽管如此,只要应用成组技术的相似性原理去观察、分析、处理,就可以发现它们在结构、形状、尺寸、材料、精度要求等固有特性方面具有基本的相似性,由此导致管件在工艺过程、设备、工装、工艺参数、管件定位夹紧方式等方面,以及这些管件的工时、成本、材料准备等方面具有二次相似性。利用这些相似性就可以把管件分类、划线、归组,人为地扩大批量,同时可以在生产过程中避免大量重复进行相似作业。

2. 系统工程理论的应用

系统工程的基本原理是运用统筹优化理论,其准则如下:

(1) 从整体观点、综合观点、动态观点和寻优观点处理各系统间的关系。

(2) 要充分做好大系统的分解和协调,做出定量、定性的分析。

鉴于按照成组技术两个基本原理所形成的以中间产品为导向,壳、舾、涂按照区域/阶段/类型组织生产的作业系统极为庞大和复杂,因而又需要在生产管理与生产设计过程中应用系统工程技术中的统筹优化理论来处理各系统之间的关系。在船舶建造中,其生产设计应用系统工程的统筹优化理论就是要运用上述准则做好两个"一体化"。

作为按照成组技术原理的设计准则进行产品作业任务分解和组合的设计过程,上述两个"一体化"统筹优化准则就是生产设计的前期准备。即以统筹优化理论为指导,应用成组技术原理,以中间产品为导向,按区域组织设计,按照生产作业任务包输出工作图表及生产管理所需要的相关生产管理信息,从而达到壳、舾、涂作业在空间上分道、时间上有序,实现设计、生产、管理一体化,以确保均衡、连续地总装制造。

由此可知,生产设计利用成组技术、系统工程等原理通过任务分解、区域设计等手段,将船舶先"拆"后"合"进行建造,解决"怎样合理造船"以后,再通过舱室完整性、区域完整性和系统完整性来确保船舶的性能和功能,是一个先"系统",再"区域",最后再"系统"的复杂过程。

1.3.3 造船生产设计的基本原则和主要特点

1. 生产设计的基本原则

鉴于生产设计与建立现代造船模式的生产作业体系均属于同一理论,而且生产设计又是建立现代造船模式的基础,为此,生产设计必须遵循如下基本原则:

(1) 贯彻按照区域设计的原则。强调适应现代造船模式按区域组织生产而必须按区域进行设计,以便设计与按区域组织生产的部门一一相对应。

(2) 贯彻以中间产品为导向的设计原则。强调在设计过程中,必须把所设计的船舶产品作为最终产品,按其所划分的各个制造级进行逐级分解,以组合成各类零部件、分段、总段、托盘、单元、模块等作为不同的中间产品,连同其所需要的全部生产资源,以工作包(WOP)形式进行生产设计。

(3) 贯彻设计、生产、管理一体化的设计原则。强调在设计过程中必须做好设计、生产(工艺)、管理的有机结合,而这种结合是用先进的造船工艺技术,通过扩大预舾装、在统筹优化"怎样造船"的前提下,经各部门的相互协商,从工程管理角度提出合理要求,最终以设计形式把"怎样造船"体现在三维数字化模型、施工图表和管理图表上,作为指导现场施工和现场管理的依据。

(4) 贯彻壳、舾、涂一体化的设计原则。强调在设计过程中,必须做好壳、舾、涂三类作业的有机结合,而这种结合是在一体化建造计划的指导下,通过壳、舾、涂生产设计之间的协调，以最大限度满足各作业的均衡，连续地总装造船。

（5）贯彻各设计阶段相互结合的设计原则。强调设计必须前期做好工程管理及生产设计方面的准备，含技术准备、计划准备、工程控制准备、设计控制准备和质量控制准备等，把前期准备作为开展生产设计工作的前提，并在生产设计过程中处理好各设计阶段的相互渗透，互相交叉的密切联系，使生产设计的前期准备能与各个设计阶段的相互结合，贯穿在船舶设计过程的始终。

（6）贯彻切合船厂的造船生产管理、作业流程的设计原则。强调设计应根据船厂的生产管理、生产组织的实际，其前提是基本建立了现代造船模式，以便切合船厂的造船业务流程、作业流程和物流进行生产设计。

2. 生产设计的主要特点

传统的船舶设计有施工设计阶段，但这种设计并没有解决"怎样造船"的全部问题。就船体结构图而言，施工设计图纸往往只表示结构的最后状态，却未呈现该结构及其零部件的制造安装顺序、施工方法与工艺要领；就舾装图纸而言，只表示设备与系统的原理、布置及安装的最后状态，而没有体现出设备与系统制造、安装阶段、顺序、方法与试验要求等内容。并且，施工设计更没有表示出在船舶建造中，涉及安全的要求与解决的措施。为此，还要有赖于船厂施工部门编制有关工艺，以及管理方面的文件才能配合施工设计解决"怎样造船"和"怎样组织造船生产"的问题。

生产设计既不同于传统造船的施工设计，也不同于传统造船的工艺准备工作，其主要特点如下：

（1）生产设计融设计、生产、管理为一体。生产设计是以三维数字化模型和工作图表的形式完整表达了施工作业任务的几何形态、技术要求以及施工工艺与作业顺序的，还以工作包形式提供了作业任务的材料数量、规格、重量、切割长度、装配长度、焊接长度以及涂装面积等信息，为工时管理、生产管理做出劳动力、工程计划、场地安排与调配提供了依据。

（2）生产设计贯穿于船舶设计的全过程。从前期准备的时间上看，生产设计早在初步设计（即合同设计）阶段就已开始，如拟定建造法并进行分段的初步划分；在详细设计阶段就提出船舶建造方针与施工要领，并进行区域划分和单元划分，考虑区域舾装方案等，最终在生产设计阶段将拟定的建造方案用三维数字化模型以及工作图表形式表达出来，作为指导现场施工和组织生产的依据。由此可知，生产设计要解决的是"怎样造船"的问题，这必将涉及船厂的整个生产体系，必须通过前期准备，将船舶建造总思路贯穿于整个船舶设计过程的始终。

（3）生产设计过程体现"模拟造船"过程。即通过设计方式对造船生产过程的各种因素（如人力、器材、设备、场地）加以综合协调和优化，按照作业性质/区域/阶段/类型进行作业任务的合理分解和组合。在这个过程中所遇到的工艺、技术和管理上的问题均完全体现在三维数字化模型以及工作图表中，以确保船舶建造过程能行之有效地按图施工。显然，生产设计就具有"模拟造船"的特点，这也为数字化造船奠定了坚实的基础。

1.3.4 造船生产设计的基本内容及工作流程

1. 生产设计的分类

1）按工程类别划分

造船生产设计包括船体生产设计、舾装生产设计、涂装生产设计，其基本内容如下：

（1）船体生产设计的基本内容如图1-9所示。其负责从船体数字化放样开始,经零件加工、结构预装配到船体总装的一切生产技术准备工作,涵盖船体型线数字化放样、曲面建模、平面建模、装配计划的制订,绘制各阶段工作图表。提供船体生产信息,以及船体工法设计等方面的内容。

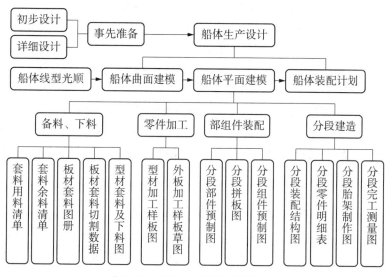

图1-9 船体生产设计的基本内容

（2）舾装生产设计的基本内容如图1-10所示。在舾装综合规划的基础上,进行三维综合放样和单元划分。将某一区域的综合部件、管路分成若干单元以及需要现场安装的零件。最终输出的图表包括安装图、零件图、舾装件制作图、托盘管理表等。

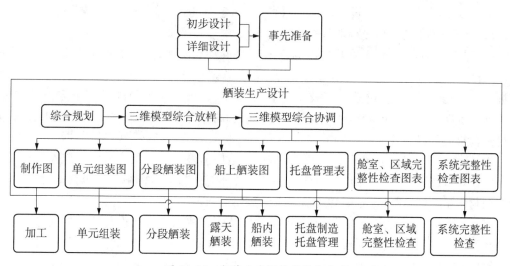

图1-10 舾装生产设计的基本内容

舾装生产设计按照其专业划分又可分为机装(机舱舾装)、甲装(甲板舾装)、居装和电装,各专业的基本内容如下:

① 机装生产设计的基本内容。负责主、辅机舱内从下面的双层底到上面的机舱棚顶和

烟囱区域内有关管舾装和铁舾装工作。机舱铁舾装一般分为两类,一类为主机和轴系的舾装;另一类是其他铁舾装件,包括通风管系、油水箱柜、辅机安装基座、交通装置、起重梁和起重吊环等。主要解决机舱舾装设备的布置、管路走向,以及制作和安装等技术问题,为现场提供三维数字化模型,以及有工艺指令的图纸和管理信息的图表。

② 甲装生产设计的基本内容。负责除上层建筑、机舱区域以外的甲板区域的舾装工作。主要解决甲板上舾装设备的布置、管路走向以及制作和安装等技术问题,为现场提供三维数字化模型,以及有工艺指令的图纸和管理信息的图表。

③ 居装生产设计的基本内容。负责上层建筑结构及其有关的铁、管、木舾装工作。主要解决以居住、工作舱为主的室内舾装设施的布置、管路走向以及制作和安装等技术问题,为现场提供三维数字化模型,以及有工艺指令的图纸和管理信息的图表。

④ 电装生产设计的基本内容。负责全船所有的电气设备、电缆等舾装工作。主要解决全船电气设备的布置、电缆走向以及制作和安装等技术问题,为现场提供三维数字化模型以及有工艺指令的图纸和管理信息的图表。

需要说明的是,由于不同船厂的生产组织方式各不相同,因此,生产设计的组织方式也不尽相同。主要区别在舾装生产设计上。偏重区域多一点的船厂,其舾装生产设计分为船装(如甲装、居装)、机装和电装。偏重专业多一点的船厂,其舾装生产设计可分为铁舾装、管舾装、机舾装、电舾装和内舾装。虽然生产设计的组织方式如何,但生产设计的主要工作内容区别不大。

(3)涂装生产设计的基本内容。在详细设计的基础上,将涂装技术要求、工艺措施、管理指标、安全技术合为一体、按单元、分段、分区域进行建模以及作业图表文件的设计和绘制(简称设绘),为现场提供三维数字化模型以及有工艺指令和管理信息的图表。

2)按工作顺序或阶段划分

生产设计可划分为生产设计的前期准备、船体建模、舾装综合规划、舾装综合放样及模型评审,以及工作图表的设绘,其基本内容如下:

(1)生产设计前期准备的基本内容。该阶段主要对所要建造的船舶,从全厂性、全船性、综合性的角度,对生产、设计和管理等方面的工作进行统筹与协调。既涉及技术问题,又有进度和工程管理问题,包括生产技术准备、计划准备和工程控制准备三个方面的内容。①生产技术准备的基本内容包括会同船厂确定船舶的建造方针,编制各专业的施工要领,并进行劳动量估算以及各专业之间的技术协调,为设备、场地、材料管理提供数据等。②计划准备包括确定船舶建造顺序计划、负荷计划和日程计划,最终编制综合日程表以及生产设计内部的计划日程表,控制船舶设计与建造的各主要环节。③工程控制准备包括工时控制、物量控制与质量控制,它是控制船舶建造成本的重要措施。

(2)船体建模/舾装综合规划/舾装综合放样及模型评审。生产设计的首要任务是船体结构建模,这是各个专业协同设计的基础。其后进行舾装综合规划,通过评审后,进行舾装综合放样,按区域建立三维数字化模型,之后会同船东、船检对模型进行评审,为下一阶段工作图表的设绘奠定基础。

(3)工作图表的设绘。工作图表是生产设计的产物,是指导船舶建造信息的载体,主要包括施工图表和管理图表两大类。施工图表是制造过程的工艺技术依据,是施工方法的图表化,其技术语言是各种工艺符号、编码、数字等。管理图表是生产管理工作的基本依据,主要是关于工艺流程、材料、设备、半成品的配套、成本控制、工时、物量负荷的平衡和生产日程计划控制等内容,其中最重要的是各类物料清单表(bill of materials,BOM)表和托盘管理表。对船体生产设计来说,主要是设绘船体工作图表;对舾装生产设计来说,应在舾装综合放样的基础上,按照工艺阶段、施工区域和单元分别绘制安装图、零件图、制作图和托盘管理表等舾装工作图表。

2. 生产设计系统及工作流程

船舶生产设计系统是用于造船生产设计的数字化集成系统,它融合了计算机辅助技术(CAD)、计算机辅助工艺过程设计(CAPP)、计算机辅助制造(CAM)等技术,具体包括船舶三维建模技术、船体结构、管系(包括风管)、电气、铁舾件、涂装、焊接工艺规划、精度控制等生产设计系统。生产设计系统的工作流程如图 1-11 所示。

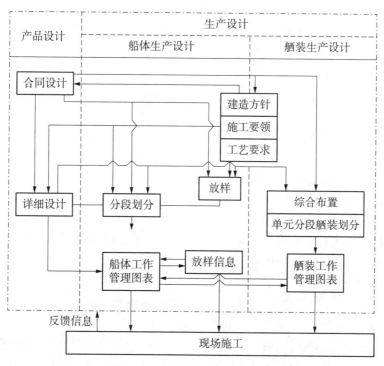

图 1-11　生产设计系统的工作流程

注:涂装生产设计按照钢材预处理、分段先行涂装、后行区域涂装融合其中。

生产设计的完整性与深入程度决定了能否缩短船舶的建造周期和提高船舶建造的效率及质量。因此,要做好生产设计,设计师和生产工程师的相互配合极为重要,需要从事初步设计、详细设计的部门以及施工部门的有效配合。

1.3.5　造船生产设计的发展及趋势

1. 造船生产设计技术的发展

生产设计从其初始概念的形成到完整概念的建立是经历一个认识和发展的过程的。众所周知,船体建造从铆接到焊接是船舶建造技术的飞跃,其标志是推行分段建造法。分段建造可建立内、外场组织生产,将零部件加工从装配作业中独立出来,使其实现专业化生产。

分段建造同时要求船舶设计不仅要解决"造怎样的船",而且要求提供分段制造的有关图样和工艺文件,指示如何控制变形、合理设置装配余量,以及加工焊接坡口等"怎样造船"的技术问题。

20世纪50年代初,造船界受汽车制造业用流水作业生产方式按照工位设绘作业图纸,使图、物相一致的启示,提出了推行生产设计的初始概念。首先从船体建造入手,再逐步扩展到舾装。把各工位从事的作业细节、顺序清楚地表达在工作图表上,达到如同汽车制造在流水作业线上图、物相一致的要求。这样,使船体建造提高了生产效率。

20世纪60年代,造船技术又得到了新的发展。如推行单面一次埋弧成型焊使平面分段流水作业不用翻身,从而加速装配作业的专业化和标准化;随后,推行的预舾装技术又使分段装配与船体总装之间增加了分段舾装作业环节。与此同时,随着起重能力增大,推行了上层建筑分层舾装,大大提高了舱室内部舾装的完成性;在舾装作业最为集中的机舱区域,采用了平台预舾装法和青空舾装法。所有这些新技术的应用说明,在完善船体生产作业的同时,在舾装领域已形成了区域舾装的概念,船体生产设计的理念也延伸到了舾装领域,随即开始了按舾装区域进行生产设计。

进入20世纪70年代,随着船厂分段涂装工场的设立以及区域涂装概念的形成,生产设计也延伸到涂装领域。

近些年来,由于数学放样技术、数控技术以及CAD/CAM、CIMS等技术的发展和应用,如今生产设计已形成了一门非常完整的成熟技术,现正在向数字化方向发展。

综上,生产设计是随造船技术的发展而逐步形成的设计技术,先是适应船体分段建造,分作业阶段、定工位、组织流水作业,逐渐发展到适应船体分道建造、区域舾装、区域涂装。

2. 船舶设计建模技术的应用

目前,我国造船设计中应用的计算机辅助设计系统(CAD/CAPP/CAM集成系统)大都采用三维建模技术进行产品设计,它通过三维线框建模、曲面建模、实体建模以及特征建模等技术建立产品模型。

在传统的船舶设计和制造中,设计人员通过二维图纸和相关资料下达加工、制造以及部分管理信息。使用计算机后,所有船舶设计信息是以产品几何模型以及相关的属性存储在计算机中,使设计的各环节(包括设计、分析、工艺加工,生产管理信息等)使用同一个产品模型,共享信息,从而实现CAD/CAPP/CAM系统的集成。通过产品建模,不仅能绘制二维图纸,而且能生成三维图形、三维实体模型,以及动态漫游画面。还可对三维模型零部件进行物理性能(如惯性矩、强度、温度、振动等)计算,并通过仿真软件对产品模型进行加工、装配过程的模拟,以验证设计的合理性。此外,设计所建立的三维产品模型对设计者、船东、船检、作业者,易于观察、理解和沟通,可缩短设计者和他人的交流时间,大大减少了以二维图纸表达产品的说明、图表等文件。

3. 造船生产设计的数字化

目前,生产设计的理论基础、设计理念与原则、设计内容与方法均已清楚,但是,仍然需要不断完善,尤其要适应数字化造船的需要。要实现数字化造船,必须实现船舶设计数字化、制造装备数字化、生产过程数字化、管理数字化和企业数字化。而船舶设计数字化主要是利用以产品3D数字化模型为主要特征的产品设计(CAD)、结构设计(CAE)、工艺设计(CAPP)和产品数据管理(PDM),以及虚拟样船、仿真、虚拟制造等数字化技术完成产品设计的全过程,以实现产品设计手段和过程的数字化。显然,造船生产设计的数字化也是数字化造船的重要组成部分,其关键技术主要包括全信息船舶数字模型、产品数据交换、数据集成、制造仿真等。

回顾我国船厂在引入生产设计技术的当初,开展生产设计仅局限于船体,设计是在图板上手工绘制的。随后应用 CAD/CAM 技术进行了船体、管系、电缆等方面的生产设计,进而在一些骨干造船企业引进了国外造船先进的设计软件系统,才为开展壳、舾、涂一体化生产设计提供了条件。如今,又突破了三维建模技术,更为深化生产设计开创了条件。只有推进设计计算机化、信息化与数字化才能促使这项设计技术的进一步发展,因此,造船生产设计的数字化将是其发展趋势。为实现造船数字化生产设计,还必须在以下几个方面展开和突破:

(1) 建立异构平台统一数据源/单一数据源。二维和三维集成设计是实现船舶高效设计的必然趋势,而船舶集成设计主要应用在详细设计和生产设计之间,因此,必须建立异构平台的统一数据源/单一数据源,以实现 2D 与 3D 之间的数据传递和互通。即如何通过将 2D 和 3D 设计整合在一个平台上,实现 2D 与 3D 的数据集成,以解决上下游数据不流通、信息复用率低等问题。

一是建立信息共享平台,推进应用现代集成制造系统(CIMS)与产品数据管理系统(PDM),并通过诸如 TRIBON、AM、SPD 等软件系统实现船舶产品的三维数字化设计。

二是在船舶设计的不同阶段,出于对设计效率和各专业特殊需要的考虑,充分发挥不同软件工具的优势,联合形成的多软件设计平台。以模型数据为核心要素,将船舶各类数据以通用的方式进行存储,形成统一数据源,从而服务于不同软件平台,既保证异构软件平台的灵活性,也能有效减少重复建模、重复数据录入的人力成本。

(2) 研究并推进 3D 模型在不同软件间的转换。与二维设计相比,三维设计具有可视化程度高、模型信息集成度高、设计协调性好、可拓展性强等特点,因此,在推进 3D 模型在不同软件间的转换过程中,要求如下:

一是要求设计院提供准确的 3D 模型能"直接"或者"经转换后"可供船厂后续生产设计使用,并使设计院提供的 3D 模型成为船东、设计院以及船厂认可的施工依据,从而改变目前在船舶设计、建造过程中,船东、设计院以及船厂三者之间的技术载体、审核及施工依据均有赖于二维纸质图样。

二是推进 3D 模型在不同软件间的转换。应从设计院先行,即设计院在提供二维图样的同时,还应提供准确的 3D 模型。船厂可以采用专用的模型数据转换接口,或配置同设计院一致的三维设计软件能对提供的 3D 模型进行深化,并开展生产设计,这样才能大大缩短生产设计的周期。

(3) 推进异地协同设计。随着计算机网络技术,尤其是网络互联技术的广泛应用,改变了企业内部以及企业之间、企业与设计院之间的业务合作模式,为船舶产品远程异地设计的实施提供了新的平台,也使得设计的内涵与外延增加了全新的内容。这可以解决不同设计组织在不同设计阶段之间的信息共享问题,通过企业与设计院之间的异地协同设计,可以使设计院的设计融入企业尽可能多的生产工艺信息,同时,可使企业能够尽早地获得详细设计信息,使并行设计延伸到详细设计,从而提高设计质量和加快设计进度。尤其是对初步设计(2D)、详细设计(2D＋3D)以及生产设计(3D)协同设计内容及程序的研究。

（4）逐步建立基于智能制造的生产设计模式。数字化船厂是以数据驱动业务，即以精益管理为基础，以数据驱动为路径，数字化转型是通往船舶智能制造的必由之路。因此，需要面向智能制造模式下新的生产模式、管理模式和服务模式开展生产设计，实现 3D 模型到现场、设计输出信息数字化/指令化。

为推进造船生产设计的数字化，除了要深入研究上述的技术外，更为重要的是要打好基础，能用信息技术构建完整、可靠、实用的产品设计、生产、管理信息共享平台，为此要求：

一是在理顺生产作业流程、定点、定岗作业的基础上，构建企业资源数据库（ERP）与作业信息反馈数据库。

二是在理顺船舶设计流程，合理划分设计阶段，明确各阶段设计内容的基础上，建立船舶设计信息库，含设计所需各类标准、代码、图形、文件、管理数据库以及各类产品数据库。

三是在理顺生产管理流程、建立生产管理体系的基础上，构建生产管理信息数据库，含各类管理标准、作业标准、代码、文件、管理数据库等，以及各类主导产品的工程数据库，包括完工记录、工时、物量统计、质量、成本分析等数据。

四是在构建设计、生产、管理信息共享平台的基础上，能有效推广 CIMS 的应用。

第2章

造船生产设计的前期准备

造船生产设计实质上是进行怎样合理组织造船的生产策划,可以分为准备阶段和生产设计阶段。生产设计准备阶段的主要工作有建造技术的准备、建造计划准备和建造控制准备。建造技术的准备主要是做好产品建造法、建造方针、施工要领、设计要领以及与造船相关的各种工作。建造计划准备主要是制订建造程序计划、建造负荷计划和建造日程计划。生产设计阶段就是将准备阶段对造船工程建造的策划要求,必须在生产设计工作中充分贯彻执行,在生产设计输出信息中体现各方面的要求。因此,参加设计的人员,不只是设计部门的人员,还有工程管理、质量管理等方面的管理人员。

综上,造船生产设计的前期准备工作主要有编制船舶建造方针与施工要领;编制造船生产设计要领;建立按作业性质和区域划分的生产设计组织结构;建立生产设计标准体系;建立生产设计编码系统,以及配置造船生产设计的软硬件。

2.1 编制船舶建造方针与施工要领

2.1.1 船舶建造方针的内涵及编制

1. 建造方针的内涵

一是以船体为基础、舾装为中心、涂装为重点,融现代造船工法和技术为主导,通过工艺、计划、成本、质量、施工系统等综合平衡后的一揽子统筹优化的整体建造方案;是工程管理系统中建造程序计划的核心,是船舶建造总纲和工作宪法。

二是以现有造船技术装备为基础,根据产品特性和生产模式的需要,按照生产能力、流程和生产组织形式,预先统筹规划产品建造全过程,统筹设计、物资、生产、质量、安全和成本等工作内容的新造船综合性文件。

2. 建造方针的编制

建造方针是在合同签订前后的初步设计和详细设计阶段中进行编制。要从系统工程的角度综合利用船厂生产资源,对工程的设备、场地、工艺惯例、技术素质、新工艺的应用深度、广度和管理效能等进行综合性安排。它并不是单纯的建造构思,而是应该从技术协议开始,在初步设计、详细设计过程中全面掌握设计信息,对船舶产品从建造法、总计划线表到分段划分、施工要领、区域划分、单元划分、质量控制、成本控制等都要作出具体的安排。因此,在制定时需由掌握综合信息的造船工程管理部门牵头,集中船厂各职能科室和车间的意见,同时又给各部门指明共同的工作目标,方针一旦确定,各部门必须严格执行。

建造方针主要是由合同概要、主要技术参数和主要物量、基本方针、部门方针、附图等几个方面的内容组成。具体编制要求详见船舶行业标准《船舶建造方针编制要求》(CB/T 3801—2013)。

1) 编制依据

主要有下列依据:

(1) 船舶建造合同。

(2) 船舶技术规格书、总布置图、机舱布置图、典型剖面图、基本结构图、型线图等。

(3) 主要技术参数、物量。

(4) 大节点线表计划;船位安排。

(5) 船厂加工、制造能力,起重能力,场地资源等生产要素。

对于系列船来说一般仅首制船需要编制建造方针,后继船的设计和建造如发生较大差异时可编制补充说明。

2) 编制内容

主要有下列内容:

(1) 合同概要,列入合同中有关建造的重要事项,以提请设计和建造人员重视。如船东、船型、建造数量、产品工程编号、所入船级社和船级符号、挂旗、合同签订日期、生效日期、交船日期,以及违约责任及合同价的调整等内容。

(2) 主要技术参数和物量,如船型参数、船体结构参数、主要技术参数以及主要物量(如分段总数、总段总数、管子数量、电缆长度、除锈面积)等内容。

(3) 建造基本方针,主要包括分段划分、区域划分、分段总组、典型分段建造方案、搭载方案、舾装方针、涂装方针,以及新工法及攻关项等内容。其要点分述如下:

① 根据反映加工开始、分段制造、上船台(坞)、下水(出坞)、交船等产品建造节点的产品线表计划,提出整个建造过程中设计进程、物资供应的主要节点日程。

② 提出主要包括分段划分与制造方式、总组划分与总组方式、分段或总段搭载程序等船体建造方面的内容。

③ 提出主要包括舾装区域的划分、对舾装件生产设计的要求、舾装托盘的范围和管理,以及预舾装目标(如先行舾装率、舾装单元化率、下水前舾装完整率)等船舶舾装方面的内容。

④ 提出主要包括涂装的标准/技术要求、涂层的保护工作要求等船舶涂装方面的内容。如钢材预处理及要求、分段涂装及要求、船台(坞)涂装及要求、码头系泊涂装及要求以及交船涂装及要求。

⑤ 提出主要包括机舱部分下水(出坞)状态、主船体及其他部分下水(出坞)状态、下水(出坞)前涂装状态等内容。

⑥ 提出涉及船体、舾装、涂装方面的新工法及攻关项目,并明确新工艺的实施方法和责任部门。

⑦ 结合船厂数字化造船现状及发展目标,提出需采取的具体措施。

⑧ 提出主要包括设计阶段、分段制造阶段、总组和搭载阶段,以及码头调试阶段提效、降本的主要措施。

⑨ 提出产品建造过程中应当控制的相关文件和要求,明确质量追踪的具体工作的措施。 .

⑩ 提出主要包括分段制造场地、总组场地、舾装单元模块制造场地以及定置管理要求。

⑪ 提出健康安全环境（HSE）管理方面的要求，主要包括区域安全管理，以及采用新工法、新材料对环境的影响分析，同时据此采取的对策及措施。

此外，在规格书的基础上对新造船项目上的技术难点进行分析、预警，提请相关部门注意。例如主辅机选择性催化还原（SCR）系统的设计、双燃料主机发电机控制单元（GCU）的海水冷却设计等。

（4）专项方针，主要是工程管理、物资采办、建造精度控制、质量管理、环境与职业健康安全、成本管理等方面的内容。如物资采办需落实船东对重点设备供应商的确定、控制采购成本，以及制订物资纳期计划。质量管理需确定拍片一次性合格率、一次报验合格率、设计部门错误率、外协采购合格率等指标。

（5）主要部门方针，包括设计部、采购部、生产运营部、品质保障部、安保部、生产保障部、财务部、经营部、制造部、配套部等，各部门制订本项目上的职责和管控要点。这些方针一般为船厂管理的总体要求，可在各项目上通用。

在船舶建造方针中，应配置必要的附图和表供设计和各管理部门详细领会总的建造原则、方法和程序。如分段划分图、分段/总段要素表、舾装区域划分图、搭载网络图，以及船台（坞）和码头的配置图，总组场地的配置图、典型分段组立详细顺序图（DAP）、总组要领图、舾装作业顺序图（WSD）等。

拓展 2-1　208000DWT 散货船建造方针

2.1.2　船舶建造施工要领的编制

建造方针主要侧重于从整个产品的角度来说明产品的建造方法、建造程序，以及各主要环节所采用的工艺原则及其相互间的顺序关系，而施工要领主要是说明基本的工艺步骤、技术要点和施工方法。因此，其编制目的是要在船舶建造时，将各专业在施工工艺、技术要求和作业顺序、作业方法等详细地系统综合，并纳入工程管理的轨道，付诸实施，以达到建造方针所要求的目标和效益。

施工要领按照专业可分为船体施工要领、机装施工要领、甲装施工要领、居装施工要领、电装施工要领和涂装施工要领以及专题施工要领。各专业施工要领的编制都是在造船工程管理部门一个系统内加以综合、协调，并经过日程、物量、工时、周期、场地的定量分析完成的。建造方针完成以后，应编制各专业的施工要领，将建造方针提出的各项具体内容在设计、施工管理的方法上加以落实；从技术上指明作业的顺序、方式、日程、特殊的施工注意点和技术要求，以作为指导生产设计和施工管理的技术文件。施工要领既是生产设计的依据，也是生产管理人员、施工人员的依据。

这里需要说明的是，常规船舶的建造，骨干船厂已将施工要领上升为企业的标准，故不再单独编制。对有特殊要求的项目，可将其施工要领的内容纳入建造方针中或对此项单独编制。

2.1.3　船舶工程分解及主要建造方案的策划

1. 船舶工程分解

船舶工程是一项复杂综合的大型项目，其工程分解是结合现代造船模式的要求，应用成组技术原理,以中间产品为导向,按作业类型、区域、阶段,以及工艺路线组织生产的要求进行。

船舶的生产过程实际上是制造零件和部件,即所谓"中间产品"。这些中间产品经过几个制造级逐渐变大、变复杂,最终形成一艘船舶,即最终产品。因此,从中间产品的角度来分解船舶产品是理想的方法,这就是产品导向型工程分解。利用此方法论进行分解,可在造船全过程中均衡地分配作业量,在大小不同、船型各异的船舶混合制造时也能较好地协调分道作业线的产量,从而在制造互不相同的中间产品过程中获得批量生产的许多好处。

1) 船舶工程分解总体结构(WBS)

所谓 WBS(见图 2-1),就是将工程项目中的各项内容按其相关关系逐层进行分解,直到工作内容单一、便于组织管理的单项工作为止,再把各单项工作在整个项目中的地位、相对关系用树形结构图,直观地表示出来的方法。其主要目的是使项目各参与方从整体上了解工程项目的各项工作(或任务),以便于进行整体的协调管理或从整体上了解自己承担的工作与全局的关系。

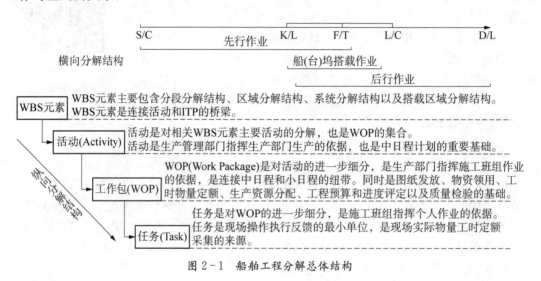

图 2-1　船舶工程分解总体结构

船舶工程分解总体结构可分为横向分解和纵向分解。

(1) 船舶工程横向分解结构:从横向上分为先行作业、船台(坞)搭载作业和后行作业。船台(坞)搭载作业是连接先行和后行作业的桥梁,既制约着先行和后行作业,又伴随着先行和后行作业。

① 先行作业的范围:分段从钢材备料到总组阶段的全部作业,考虑中间产品的完整性,包含壳、舾、涂以及支撑等方面的作业,对于舾装作业而言,对应的是预舾装的作业内容,包含单元舾装、分段预装和总段预装。

② 船台(坞)搭载作业的范围:船台(坞)进行总段或散装分段搭载合拢的相关作业,对于舾装作业而言,对应的是单元、设备搭载和合拢缝附近的合拢管或跨合拢缝的舾装件或单元的预埋或安装工作。

③ 后行作业的范围:随着搭载的进行逐步形成区域后,以区域完整性和系统完整性为导向的安装、涂装作业,以及所有系统及设备的调试效用作业,作业之间体现相互制约关系,

后行作业基本上是舾装作业。

（2）船舶工程纵向分解结构：从纵向上分为：WBS 元素→活动（activity）→工作包（WOP）→任务（task）。对于先行作业、搭载作业和后行作业，其 WBS 元素的构成方式不同。

① 先行作业 WBS 元素的构成方式，以分段分解结构为主，对应的舾装作业是预舾装托盘中对应工作包的制造、试验、表面处理、集配及安装等。

② 搭载作业 WBS 元素的构成方式，为搭载区域分解结构，对应的舾装作业是搭载合拢缝附近的合拢管或跨合拢缝的舾装件或单元托盘的制造、表面处理、集配及安装等。

③ 后行作业 WBS 元素的构成方式，以区域分解结构和系统分解结构为主，主要是舾装作业，既包括以舱室完整、区域完整为目标的区域预埋和区域安装托盘的制造、试验、表面处理、集配、安装及完整性检查等，也包括以系统完整性为目标的系统完整性检查、舾装件补漏安装及精密仪器仪表托盘的安装等。

不同类型的 WBS 元素下的活动（activity）→工作包（WOP）→任务（task）有不同的分解方式。各层次上（activity→WOP→task）应保持内容的完整性，必须包含所有必要的组成部分；每个层次具有相似的特性，且层次间的内容尽可能相互独立，不能相互交叉，层次之间的工作责任和界线应明确。

2）船舶工程分解及要点

船舶在进行 WBS 分解过程中，应根据产品自身的特点、工作的组织方式、船舶建造程序计划来分解，分解后的结构必须满足船舶产品建造的工艺流程和工艺特点，分解后的项目单元在产品功能上相对独立，与技术、资源、组织结构相适应。并且 WBS 元素在整个分解结构中不能重复。船舶工程分解 WBS 元素来源于产品分解结构（Product Breakdown Structure，PBS），主要包含下列部分：

（1）分段分解结构（block breakdown structure，BBS），图 2-2 所示为某船的分段分解示例。

（2）区域分解结构（zone breakdown structure，ZBS），图 2-3 所示为某船的区域分解结构示例。

（3）系统分解结构（system breakdown structure，SBS），图 2-4 所示为某船的系统分解结构示例。

（4）搭载区域分解结构（erection-seams breakdown structure，EBS），图 2-5 所示为某船的搭载区域分解结构示例。

2. **主要建造方案的策划**

在建造方针的编制中，对船舶产品从建造法、总计划线表到分段划分、分段总组、区域划分、作业阶段/类型划分、船台（坞）搭载等主要建造方案都要进行精心策划，简要分述如下：

1）分段划分及分段总组的策划

分段划分是建造方针的重要内容，分段划分是否合理，直接影响发挥船厂设备潜力、提高劳动生产率、改善劳动条件、提高产品质量和降低生产成本等经济技术指标。在长期的生产实践中，人们总结出一些划分船体分段的原则，主要有分段最大重量限制原则、船体结构强度合理性原则、施工工艺合理性原则、钢材最佳利用率原则、扩大预舾装原则、便于涂装原则以及组织均衡生产原则。此外，还应从作业类型相似性上去考虑，以便形成分道生产线。

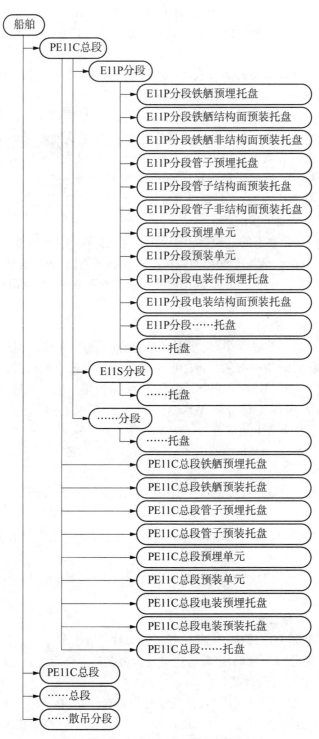

图 2-2 某船分段分解结构(BBS)示意图

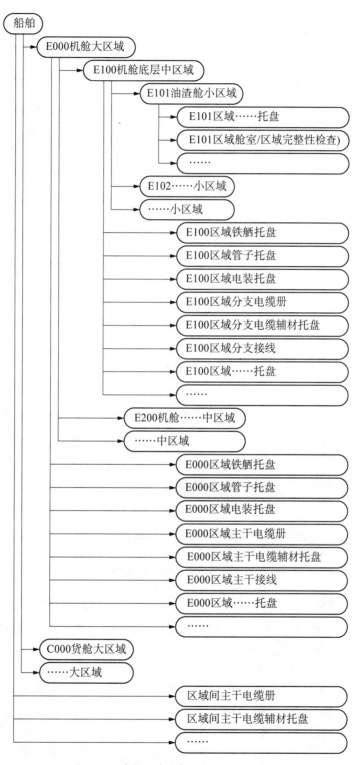

图 2-3　某船区域分解结构(ZBS)示意图

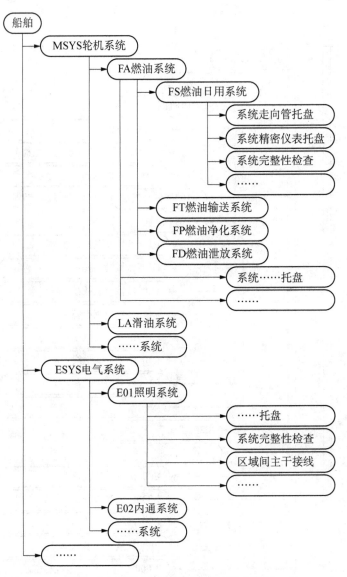

图 2-4 某船系统分解结构(SBS)示意图

根据分段划分的主要原则,正确处理各项要求之间的矛盾,经过综合协调后确定分段划分方案。这里要补充说明的是,随着数字化造船技术的发展以及新生产装备的开发与应用,影响分段划分的因素、原则也在发展和变化。

分段划分是一项复杂细致的工作,它涉及初步设计、详细设计及生产设计三个阶段。一般而言,主要由设计部门(即详细设计和生产设计)和船厂生产部门的相关人员共同研讨决定分段划分方案。初步设计阶段(即粗划分),是在基本结构图上,初步确定外板、甲板、内底板、纵舱壁等强力构件的分段接缝位置;在横剖面图上,确定货舱平行舯体部分的分段接缝位置。详细设计阶段(即细划分),主要是做进一步细化和完善,如对货舱平行舯体以外部分进行分段划分。经过上述两个阶段的策划,分段划分的方案已基本成形,将划分的结果绘制成船体分段划分图,图 2-6 即为某货船的分段划分图。

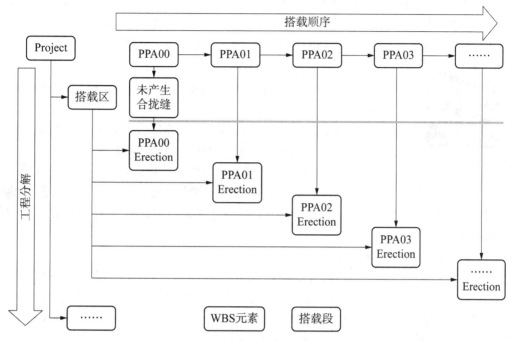

图 2-5　某船搭载区域分解结构(EBS)示意图

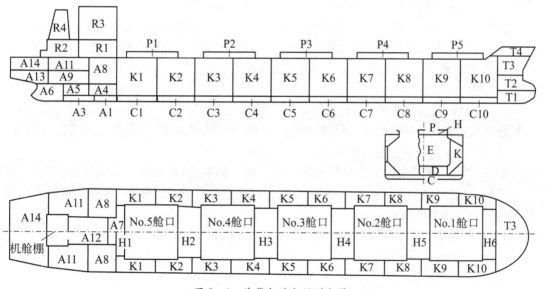

图 2-6　某货船的分段划分图

在船体分段划分的基础上,结合船厂总段生产场地和起吊能力以及分段结构情况,对相关区域的分段进行总组策划,组合成相应的总段,同时给出与船体分段划分图相对应的船体总段划分图。

依此可布置分段、总段生产场地,为工程管理提供物量,并为全面开展生产设计工作创造条件。

在后续的生产设计过程中,还会对分段划分、总段划分接缝位置及结构进行微调、进一步优化,最终在生产设计阶段完成精细化的分段划分图和总段划分图,并给出各分段、总段要素表,以此作为建模、舾装综合规划以及绘制分段、总段等施工图纸的依据。

案例 2-1 某散货船船体划分

2)舾装区域的划分

船舶舾装工作一般都是以托盘为导向组织实施的,在托盘划分之前,首先要进行舾装区域的划分。

船舶舾装区域由大到小划分,既要符合区域舾装法的要求和实际生产的需要,又要有利于贯彻托盘划分的基本原则,使船厂能获得科学组织生产的准确依据。船舶舾装区域的划分是根据船体的基本结构形式、分段划分和总段组装的范围及综合考虑舾装件的密集程度、设计工作量、劳动力的分配、设计出图计划、程序等要素后制订的,最终以舾装区域划分图的形式体现。

(1)舾装区域的大区分。

舾装区域的大区分可以有很多方法,不同种类的船舶其划分方法也有很大的区别。以货船为例,任何货船按船上的位置和船体基本结构都可分为机舱区域、货舱区域、艏部区域、艉部区域、上层建筑区域。这是由于它们各自的功能不同,结构形式也有较大的区别,所包含的舾装内容也不一样,同时又与船体分段划分相协调。

① 机舱区域,包括机舱前壁与后壁之间的空间、轴弄、机舱棚、烟囱所围成的部分。对于液货船来说,仅是多了泵舱,可以将它划入机舱区域或单列。

② 货舱区域,包括机舱前壁至船艏防撞舱壁和机舱后壁至船艉防撞舱壁之间的空间。

③ 艏部区域,艏部防撞舱壁至船艏部分。其结构较为复杂,特别是特种船舶的艏部。

④ 艉部区域,艉部防撞舱壁或机舱后壁至船艉部分,它的情况与艏部区域相似,但结构更复杂一些。

⑤ 上层建筑区域,对于非客船来说,一般主甲板以上的居住空间均属于上层建筑区域。一般该区域还包括一些诸如二氧化碳站室、氧乙炔室、消防控制室、货物控制室等工作舱室。但位于上层建筑内的应急发电机室划归机舱区域。

图 2-7 为普通货船的大区域划分图。对于特殊的船舶,根据以上的大区分方法,可以进行类推。例如客船,主甲板上方和下方均设有居住舱室,货舱区较小,则可以将居住区域的范围扩大至主甲板以下。

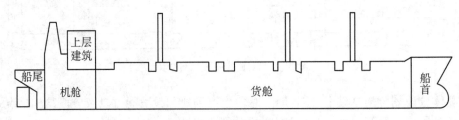

图 2-7 货船大区域划分

(2)舾装区域的中区分和小区分。

舾装区域的大区分由于区域范围太大,无法适应设计工作和生产管理的要求,还必须将其划分成小的中区分和更小的小区分。中区域的划分一般以层为单位,在舾装量较大的情况下,也不便于作业组织,因此,在中区域基础上再划分出小区域,小区域可以是舱室也可以是中区域的局部。还是以货船为例来说明。

① 机舱区域,机舱区域的舾装件最密集,生产设计的工作量也最大,为此,必须分成较小的区域。根据机舱结构形式是以甲板(平台)层次组成的特点,可首先以每层甲板(平台)作为中区分的划分。每层甲板都有机舱开口,因而可再以船体中心线和肋骨线前后、左右进行小区分的划分,如图 2-8 所示。

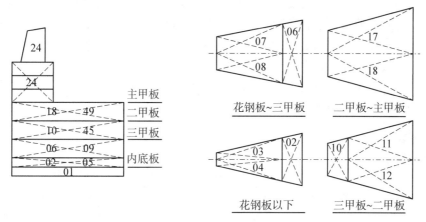

图 2-8　船舶机舱区域的划分

② 艏、艉部区域,也是以层次划分为特点的,但是其舾装件的数量相对要少得多,所以一般一个层次就可以划分为一个区域。

③ 上层建筑区域,设有各种各样的房间,铁舾装件也不少,但大量的是木作舾装件。所以区域划分既按层次划分,也按房间进行划分,特别是木作舾装件应以房间划分,而管舾装件可按层次划分。为此,可先按竖向的甲板(平台)层次划分中区分,同一层次再按房间划分小区分。

④ 货舱区域,其特点是双层底以下和主甲板以上的舾装件较多,而货舱内就只有少量的舾装件;而且管路相对比较简单,直管子多,所以区域可以划得更大一些。一般分成三层:主甲板以上作为一个层次、双层底以下作为一个层次、货舱内作为一个层次。对 10 万吨级及以上的船舶,可将货舱前后再一分为二,就可适应设计工作量的分配了。

图 2-9 所示的除机舱区域以外的船装区域的划分,包括上述的艏部、艉部、货舱、上层建筑区域。

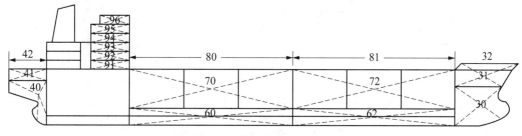

图 2-9　货船船装区域的划分

必须指出,在对舾装区域进行中、小区域划分时,应充分考虑船体分段划分和船舶总装方案对区域划分的影响。同时,应把舾装单元作为相应区域的小区分,并尽可能扩大舾装单元的划分数量。

（3）电装区域的划分。

电气舾装有其自身的特点:一是电缆一般中间不能加接口,因而往往要跨好几层甲板,给区域的划分带来困难;二是电气的焊接件在生产设计的深度还不够时,往往有较大部分没有参加综合布置,所以在安装时要等到其他舾装件安装结束后才能进行;三是电气设备比较娇贵,很多设备不能进行预舾装,特别在生产管理尚不完善的情况下更是如此。为此,根据这些特点和工作量的大小可以将区域划分得大一些。例如机舱内每一层次就只设一个区域,货船的货舱区域往往也只设一至两个区域。

案例 2-2　某集装箱船
区域划分图

在舾装区域划分好后,即可对区域内舾装件进行托盘划分,包括舾装单元的划分,有关舾装托盘的划分方法将在第 5 章 5.3 节中讨论。

3）舾装单元的划分

单元舾装是现代造船模式中区域舾装的重点,特别是机舱区域单元舾装可以较大提升预舾装率,提高设计和建造质量、降低后行作业量。因此,需要对单元预先进行规划,以便合理安排单元内的设备纳期以及单元制作场地,图 2-10 为某船机舱底层区域舾装单元划分。舾装单元划分的基本原则如下:

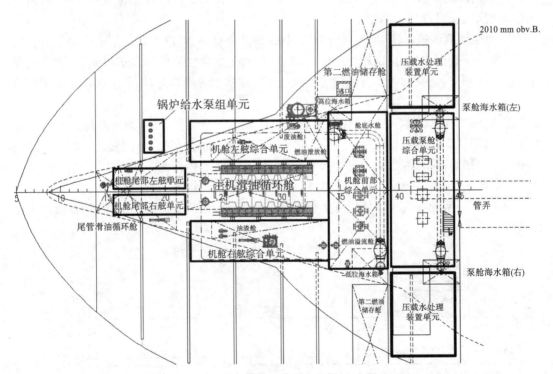

图 2-10　某船机舱底层区域舾装单元划分

（1）单元主要分为集成单元、设备单元和管束单元三大类，应具有相对完整、独立的系统功能。

（2）单元要便于安装，需充分考虑现场的结构形式和安装阶段，结合分段、总段划分图进行合理划分。

（3）单元划分要考虑车间场地大小、平台大小以及起重能力。

4）作业阶段/类型的划分

（1）作业阶段的划分。

按照典型的壳舾涂一体化总装造船作业流程，通常其作业阶段的划分如图 2-11 所示。

案例 2-3 某集装箱船
单元划分图

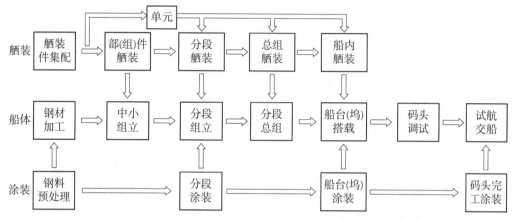

图 2-11 船舶建造壳舾涂一体化作业流程及作业阶段划分示意图

船体建造作业阶段可划分为钢材加工、中小组立、分段组立、分段总组、船台（坞）搭载五个作业阶段；舾装作业阶段可分为舾装件集配、单元舾装、部（组）件舾装、分段舾装、总组舾装、船内舾装六个作业阶段；涂装作业阶段则可分为钢料预处理、分段涂装、船台（坞）涂装、码头完工涂装四个作业阶段。上述各阶段分别完成壳、舾、涂作业，再经码头调试与试航交船两个阶段，最终完成船舶的建造。

这里需要说明的是，舾装作业阶段的设定与船厂设施与舾装技术水平密切相关。不同船厂可采用不同的舾装作业流程与舾装技术，如分段舾装可分为分段预埋、结构面预装和非结构面预装三个阶段；船内舾装可分为区域阶段预埋、下水前区域阶段安装和下水后区域阶段安装三个阶段。因此，对某个船厂来说，最终设定多少个作业阶段一定要根据自身的生产条件，以作为生产设计按阶段设计的依据。

（2）作业类型的划分。

作业类型有两种含义：一是指作业任务划分的类型，即船舶建造过程中的中间产品类型。对船体建造作业是指各类零部件、分段、总段；对舾装作业是指各类舾装件托盘、单元、模块。另一是指舾装作业按照不同专业划分相同工种的类型，即把舾装作业划分为管工、钳工、电工、薄板工、铁舾工、木舾工等工种作业类型。

5）典型分段/区域作业顺序的策划

由于单个分段的零部件数量都有上百个，这些零部件可以通过不同的组合方案最终形成分段,如果在设计中各行其是,势必会导致设计和生产工作的混乱。同理,典型区域的作业也是如此。因此,需要对全船所有典型分段/区域进行策划,从符合现场生产能力、效率最高、质量最好的角度出发制订优化的建造方案,以此作为生产设计的准则。即在确立的壳舾涂作业流程基础上进一步明确分段组立过程与区域舾装的作业顺序,并用示意图呈现。

拓展 2-2   分段划分、分段总组及分段建造方案简介

(1) 典型分段组立的详细顺序(detail assembly procedure, DAP)。

DAP 与组立树是对应的,其设计就是将分段结构按照一定规律,由大到小进行层层分解的过程。通过对分段结构分析,综合船厂的设备设施能力、生产能力、场地布置、工艺流程等因素,根据分段不同的作业阶段将所属的各型组立划分为小组立、中组立以及大组立,并用图示的方式来表现分段的装配顺序,以此模拟船体分段的组立过程。它是指导船体生产设计的文件。

DAP 充分反映了整个分段在建造过程中的各种零件之间的装配顺序,但绝不是仅将分段的装配顺序描述出来就结束了,更多的是结合实际生产情况,对整个分段建造的模拟,并不断地优化,设计出最贴合船厂生产工艺水平的装配流程图,以有效减低分段建造难度,达到缩短整个分段建造周期的目的。

由此可知,DAP 的设计过程比较细致地考虑了分段制造过程中的所有工艺问题。因此,对典型分段都要设计详细组立流程,以清楚地表达该分段所有组立的制造过程、装配关系、组立方式和基面;清楚地表达组立流向、组立面积和重量。

(2) 舾装作业顺序图(work sequence diagram,WSD)。

WSD 是在研究区域壳、舾、涂作业流程的基础上用示图的方式来表现该区域的舾装作业顺序。因此,在以提高预舾装率为目的的方针下,需要对舾装对象进行合理的中间产品导向型工程分解,在详细组立要领 DAP 和搭载计划的基础上,制订该区域的 WSD。它是指导舾装生产设计的文件,含单元、托盘的划分。

各区域的预舾装、单元组装、涂装设计和工艺要点是策划 WSD 的重中之重,故应按各区域划分的小组立、分段、总组、船台(坞)等作业阶段,分别规定结构舾装件、铁舾件、管舾件、电舾件,以及主要设备和基座的安装内容和技术要求。由此,生产设计就可按照 WSD 的策划来划分单元、托盘,同时建立对应于作业阶段、区域和类型的舾装生产任务包。

6) 船台(坞)搭载方案的策划

案例 2-4   5300TEU 船台(坞)大合拢(吊装)程序三维图

搭载方案就是船舶的建造法。目前各船厂主流选择的建造法有总段建造法、塔式建造法、层式建造法以及岛式建造法。确定建造法后,就需要对之前设计好的总段或分段按照相应建造法的要求制定吊装的次序。决定搭载顺序应考虑各区域船体、舾装工作量的平衡,以及合拢时精度控制的便利。以塔式建造法为例,一般情况下,以机舱双层底分段或总段,或最靠机舱的一个货舱双层底分段或总段为搭载起始,以此为基准,逐渐由中部向艏艉,由下向上进行。搭载方案的最终体现是船台(坞)吊装网络图(也称吊装顺序图),图 2-12 是一艘散货船的船台(坞)吊装网络图。

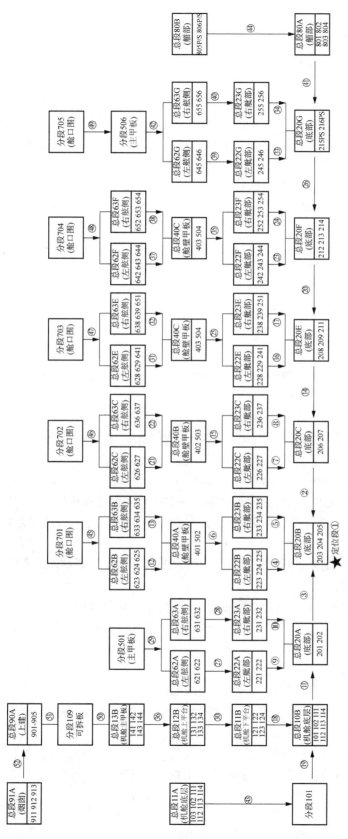

图 2 - 12 一艘散货船的船台（坞）吊装网络图

造船生产设计及数字化技术

7) 船舶建造精度计划

实施造船精度管理必须有具体的精度控制计划。生产设计、工艺准备和施工各个阶段的精度管理,都要按照精度控制计划的原则和要求分别予以实施,最终达到实现船舶建造的精度目标。

精度控制计划应根据船厂设备和实际加工水平来制订。一般按船舶区域、船体结构特征以及船厂的技术能力,采用精度造船和无余量建造并用的工艺技术措施。货舱区域采用无余量切割和精度建造工艺,船艏、船艉和机舱区域采用无余量上船台搭载工艺方法。

(1) 补偿量和余量的确定与设置。

对于全船各部位补偿量和余量的设置在理论计算的基础上并根据承造船厂的实际予以确定。按照船舶建造阶段划分,各主要阶段补偿量和余量的确定与设置情况如下:

① 零件切割加工阶段的补偿量和余量的确定与设置,主要有零件切割缝补偿量、零件边缘加工余量和补偿量、零件成形加工余量和补偿量。为确保零件的下料精度,生产设计在套料过程中应考虑加放切割补偿量,其补偿值按照切割机常规作业要求进行。零件放样时,应考虑 CO_2 气体保护衬垫焊的焊缝工艺间隙。

② 组立阶段的补偿量和装配余量的确定与设置,主要有部件的焊接补偿量、板缝对接收缩补偿量、板列端部与两侧的余量、角焊缝板材的横向收缩补偿量、分段内部接缝的补偿量和装配余量、分段端部和侧边的补偿量和装配余量等。分段余量设计好后,在分段划分图上标记余量和余量切割时机。

③ 总组及船台(坞)合拢阶段的补偿量和余量以及船台(坞)合拢反变形确定与设置。将分段对接缝处(含同一截面上的构架)的补偿量和余量设置情况,绘制成全船分段补偿量和余量的布置图,习惯上称之为分段精度布置图(见图 2-13)。

(2) 理论线、基准线和对合线以及检验线的设置。

作为船体形状及内部构件位置的基准线主要有船体构件理论线;部件装配基准线;分段装配及船台(坞)合拢基准线,以及单元、设备定位基准线等。同时,这也是确定构件形状的尺寸、分段制作精度、总段合拢及船台(坞)合拢精度的基础。依据船体结构特点和建造工艺,确定各建造阶段的基准线,并绘制船体构件理论线图、全船基准线设置图等,作为船舶建造精度控制的依据。

应扩大对合线安装应用范围,减少偏差发生概率。如拼板对合线的设置,具有线型的 T 型材复板(如大肋骨、鞍座及水平纵桁等)的拼接对合线(或校直线)的设置,部件与组件装配对合线的设置。

(3) 船体结构装焊精度控制的策划。

各主要类型分段精度控制点如表 2-1 所示。

部件与组件主要精度控制内容:(边缘)直线度、板架平整度、错位、构件间距、角度、火工矫正等。主要构件拼板后应检测其主尺度长、宽、对角线等。

总组以分段中心线、肋检线、水线、直剖线及对合线为基准;大型总段需要借助三维模拟软件展开分析,实现总段数据的顺利衔接。对线型及重心外飘的分段,在总组定位时,必须根据临时支撑布置图纸增设支撑,从而保证其定位尺寸。

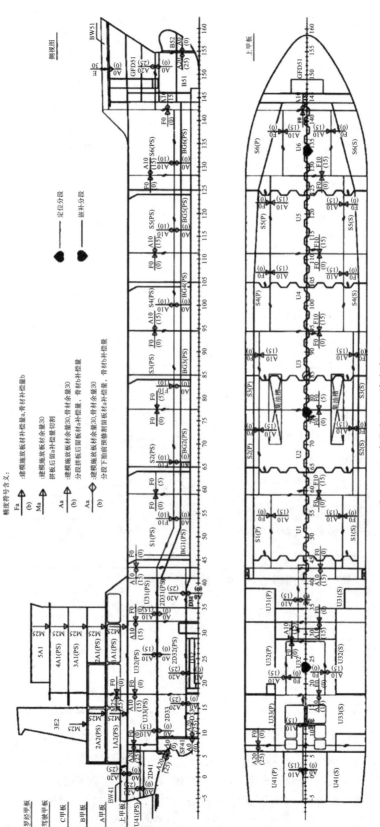

图 2 - 13　某货船分段精度布置图

表 2-1 各主要类型分段精度控制点

分段	主要精度控制点	
船艉分段	艉轴管轴线长度	分段外板线型
	控制首端舱壁的垂直度	挂舵臂上、下舵承与舵机平台三孔同心度
	艉轴管距基高度	控制舵杆中心线与艉轴轴线的直角度
	艉轴轴线与艏端舱壁的直角度	上、下舵承距基线高度
	控制平台的水平及距基线高度	
机舱分段	主机基座水平	分段外板线型
	主机凹槽尺寸	机舱大肋板趾端与平台理论面的重合度
	内底及平台的水平	机舱半立体分段的整体尺寸
	油舱区构件的垂直度和水平度	
双层底分段	内底拼板尺寸	型钢尺寸、直线度、平整度和角尺度
	划线精度且基准统一	外板线型及舭龙骨安装尺寸
	纵桁和肋板装配间隙	埋入式箱脚艏艉、左右、对角线间距及水平度
	内底板的水平(考虑板厚差)	
舭侧分段	纵壁拼板尺寸	纵壁板的水平(考虑板厚差)
	划线精度且基准统一	型钢尺寸、直线度、平整度和角尺度
	平台和肋板装配间隙	甲板梁拱尺寸
隔舱分段	隔舱分段主尺度	
	舱壁分段自由边平整度	
	隔舱分段自由边加强	
船艏分段	平台的水平及距基线高度	纵横舱壁的垂直度
	分段外板线型	艏部外板线型
	大肋板趾端与平台板理论面的重合度	
上层建筑分段	上层建筑分段主尺度	纵横舱壁的垂直度
	内部构件间距	纵横舱壁的火工后平整度
舱口围	主尺度	
	舱口围平整度	
	船坞安装前的规方度	

　　船台(坞)合拢按照精度控制线(如格子线、分段中心线、肋骨检验线、对合线等)进行定位。合拢过程中需控制中心线、基线高度、左右水平和宽度及肋位线的偏差;检测前后总段的肋骨检验线的距离;保证外板线型光顺;特别需确保货舱区壁板的垂直度。尤其是在对轴、舵系分段定位时,应根据精度策划单进行分段定位精度控制。对线型较大的船艏艉总段,合拢时必须根据临时支撑布置图纸增设支撑来保证其定位尺寸。在合拢过程中,需控制

船体基线挠度和船体主尺度,并进行测量和记录。

2.2　编制造船生产设计要领

2.2.1　生产设计要领作用

一是生产设计工作量大,从事设计的人员也多,要把设计工作划分成更多的部分以利于设计的平行作业,这就须确定建造船舶的统一设计作业标准。二是生产设计涉及的内容多,每项内容都可列出多种设计方案,如果在设计中各行其是,势必导致设计工作的混乱。因此,必须从全局上对各种设计方案经过论证,综合协调后形成优化的方案并制成文件作为设计时共同遵守的准则,以使生产设计有条不紊地进行。由此可知,设计要领就是生产设计的工作准则,建造方针则是它的重要依据。其作用大致可归纳为以下几点。

1. 预先协调

主要反映在工艺阶段间的预先协调以及专业之间的预先协调。如各工艺阶段的衔接关系需要预先协调加以确定;有关预制项目与预制时机,以及系统的走向等问题,各专业必须预先协调才能确定。

2. 结构处理确保一致性

主要反映在典型节点的一致性以及各区域结构细节处理的一致性。现在各船厂已有相应的专业标准。

3. 确保全船工艺一致性

设计要领书所描述的全船工艺要领作为生产设计的依据,就可使工作图表充分反映统一的工艺意图。

4. 确保新工艺、新技术推广

对于新工艺、新技术的推广均应根据船厂技术条件、设备条件以及经济性要求,通过可行性分析之后才能确定。同时,将新工艺、新技术推广计划纳入设计要领中,从而通过生产设计反映在工作图上,以确保新工艺、新技术的推广和应用。

5. 确保工法作业的一致性

工法作业纳入设计是生产设计的特点之一,但工法作业的设计与结构设计不同,它只反映施工过程的需要,而非船体本身的需要,因此,它在详细设计图纸中是找不到依据的。在设计要领中,只有将工法作业的范围、部位以及结构细节预先确定,才能有统一的依据。

6. 确保出图模式的一致性

出图模式如有改变或重新确定,必须在设计要领中加以明确。对于具体产品,根据其建造特点适当修改出图模式是时常发生的,如豪华邮轮等特种船型的建造,但不能各行其是,必须在设计要领中预先提出修改要求,以实现图面的一致性。此外,还有出图深度的规定等要求。

2.2.2　生产设计要领的主要内容及编制

1. 设计要领的主要内容

1)分段划分的精细化

分段划分涉及因素很多,一个较好的分段划分方案,必须经过周密的综合分析才能确定,其内容包括全船具体的分段接缝位置、分段的尺度、分段的重量、分段的类型、分段接头的形式以及分段的拼接步骤等。

2）建造方案的精细化

它的内容很广,大致包括以下各项：

（1）设计分段建造要领,包括胎架的设置要求、部件组合要求、分段组合成总段的要求等。

（2）根据船台（坞）吊装程序,设计全部分段接边结构的要领;设计全船分段吊装要领及上层建筑吊装要领。

（3）根据预舾装方案,设计分段预装和单元组装的结构要领。

（4）确定焊接的主要方式与方法。

3）舾装各专业的预装要求

主要指舾装各专业对船体提出的预装要求,包括预装范围、预装状态、预开孔,以及缓装、缓焊等。为此,应做好协调工作,主要内容如下：

（1）预装项目和预装时机的确定。如分段预舾装和单元组装的范围、方式、时机及吊装程序。

（2）系统走向对船体结构贯穿开孔的要求等,如管子、风管和电缆的走向、开孔及贯通件。

（3）主机、轴系和舵系安装对船体总装的要求。

（4）大型机电设备的吊装程序。

（5）主机座、辅机座、海底阀箱的布置。

（6）舱室布置,包括门窗的设置要求。

（7）涂装作业对建造程序的要求等。

4）精度管理方案的精细化

内容包括全船余量分布原则和切除时机、补偿量的加放和分布原则、精度控制规定等。

5）工法的确定

主要包括吊装、结构加强、支撑底座、临时通道、工艺孔、安全设施、脚手架以及预密试等作业。

6）对设计工作的要求

包括出图模式、出图深度等。

2. 设计要领的编制

设计要领是对建造方针的细化,一般不规定共性内容,如工作规程、工作标准、通用工艺等,仅制订设计中带有特性的问题。因此,随着标准化工作的逐步完善,不少内容都可以上升为企业标准,从而简化设计要领的编制。

设计要领的编制要与设计阶段密切配合,既要及时从设计中取得信息,又要把经过综合分析确定的信息输送给下一个设计阶段。所以,设计要领的编写在时间上不作为单独一个阶段,而是与设计并行。在详细设计进一步深化时,才能提出较完整的设计要领,并将其作为生产设计全面展开的依据。

现在,一般在签订生产设计合同时就会提交一份设计要领,大致表达该工程项目的设计深度。然后,各专业与船厂的对口部门分别就三维数字化建模和出工作图表的要求进行讨论,最终形成目标船的设计标准,以作为后续生产设计的工作准则。

2.3　建立造船生产设计组织机构

　　生产设计的内容涉及面很广、工作环节多,要由相应的组织机构来完成具体的设计任务。生产设计的内容与形式必须满足船厂生产和管理的要求。生产设计的管理体制也应与船厂的生产和管理的要求相适应。因此,必须建立一个按照作业性质、区域划分的生产设计组织机构。在这个设计机构里,应按照作业性质划分,设立船体生产设计、舾装生产设计和涂装生产设计部门。其中,舾装生产设计按其区域划分又可分为机装、船装、电装生产设计。船装生产设计还可细分为居装(内装)与甲装(外装)生产设计,机装与船装生产设计又可再细分为有其共性的管装与铁舾装生产设计。

　　这里需要说明的是,组建生产设计的组织机构及设计队伍的规模应视其需达到的设计能力来确定,且生产设计各个专业设计部门的设置应与船厂的生产作业部门相对应,其关系如图 2-14 所示。

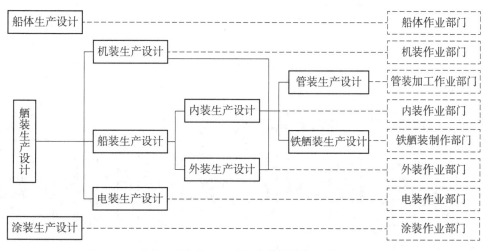

图 2-14　生产设计各专业设计与生产作业部门对应设置示意图

2.4　建立造船生产设计标准体系

　　标准就是为了在一定的范围内获得最佳秩序,经协商一致制定并由公认机构批准,共同使用和重复使用的一种规范性文件。标准宜以科学、技术的综合成果为基础,以促进最佳的共同效益为目的。标准的类别主要有技术标准、管理标准和工作标准,具体来说有基础标准、产品标准、方法标准、安全标准、卫生标准、环境保护标准等。标准化则可以反映出一个企业、一个行业甚至一个国家的科技水平、管理水平和经济发达程度。我国标准按照法律的约束性分为强制性标准和推荐性标准,但多数为推荐性标准,非强制执行而是自愿采用。

　　开展生产设计必须要有技术标准与管理标准。它的主要作用在于统一设计准则、减少设计工作量、提高设计质量以及便于设计管理等。为此,在生产设计前就需建立供生产设计用的设计标准体系。

2.4.1 生产设计标准体系的结构

生产设计标准体系是从系统观点,分析研究生产设计标准的特点,指示生产设计标准范围、结构层次、专业内容的总体构成。目前,我国使用的船舶专业技术标准是由许多标准体系所构成的,如船舶总体、船舶结构、船舶性能与试验、船用材料及检验方法、船舶建造技术及工艺、船舶制造工艺装备、管理要求及方法等国家标准及行业标准。生产设计标准体系是一个较新的系统,它是随着生产设计深入开展的需要而形成的。鉴于生产设计是融设计、生产、管理为一体,作为生产设计标准就必然会涉及有关综合性与各个专业性的设计技术、工艺技术、设计管理、生产管理和安全生产等方面的有关标准、规则、指导文件、设计要领、施工要领及标准图册等。又由于生产设计是船舶设计的组成部分,其工作图表直接用于指导现场施工与管理,并且生产设计还涉及详细设计中有关的设计标准,以及现场施工过程中的作业标准和质量标准,为此,这些相关标准也纳入了生产设计的标准体系。

曾在收集国内外有关生产设计标准资料后,我国有关部门结合我国开展生产设计的实际,研究编制了船舶生产设计标准体系,如图 2-15 所示。

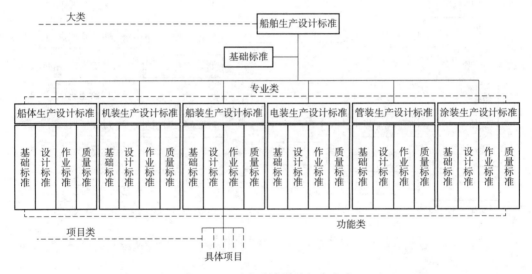

图 2-15 造船生产设计标准体系

从图中可以看出,船舶生产设计标准体系结构层次由上到下可分为大类、专业类、功能类和项目类四个结构层次。

大类:船舶生产设计标准。

专业类:分基础标准(综合性标准)、船体生产设计标准、机装生产设计标准、船装生产设计标准、电装生产设计标准、管装生产设计标准和涂装生产设计标准七类。

功能类:分基础标准、设计标准、作业(包括加工、制作、装配和安装)标准和质量标准四类。

项目类:具体项目标准。

2.4.2　生产设计标准的主要内容

根据船舶生产设计标准体系的结构,现将生产设计标准的主要内容分别加以叙述。

1. 基础(综合性)标准

如:造船生产设计图样与技术文件的基本要求,造船生产设计工作流程,造船生产设计与初步设计、详细设计的衔接要求,船舶建造编码系统,建造方针书的编制要领等。

2. 船体生产设计标准

(1)基础标准。如:船体建造工艺符号,补偿量、余量符号,船体结构通用件符号,船体结构焊接坡口型式等。

(2)设计标准。如:船体分段工作图设计绘制(简称设绘)要领,板缝排列要领,工艺孔形式与布置要领,船体结构的管子、电缆开孔及其补强规则,船体分段吊点布置与补强要领,分段余量、补偿量设置及修正要领,船体零件表编制规则等。

(3)作业(如加工、装配)标准。如:船体放样技术要求、船体结构变形的加热矫正、船体零件加工技术要求、分段装配要领、船体总装要领、脚手架架设要领等。

(4)质量标准。如:船体建造精度标准,造船施工中船板表面质量评定及表面缺陷整修标准、船舶钢焊缝射线照相和超声波检查规则、船舶钢焊缝手工超声波探伤工艺和质量分级、船舶钢焊缝射线照相工艺和质量分级、船体焊缝表面质量检验标准等。

3. 机装生产设计标准

(1)基础标准。如:机装区域划分原则及其代号、机装图形符号等。

(2)设计标准。如:机舱综合布置图设绘要领、机装辅机基座设计要领、机装单元组装设计要领、机装箱柜及其附件标准图册、机舱起重梁和起重吊环设计要领、机舱交通装置布置要领、机舱平台开孔挡水板设计要领、机装托盘管理表的编制要领等。

(3)作业(如制作、安装)标准。如:船舶轴系及主机的安装定位、船舶辅机的安装、低速重型柴油机整体吊装技术要求、无键螺旋桨油压安装技术要求、主机环氧树脂塑料垫块浇注技术要求、船用主锅炉安装技术要求等。

(4)质量标准。如:机装精度标准等。

4. 船装生产设计标准

(1)基础标准。如:船装区域划分原则及其代号、船装图形符号等。

(2)设计标准。如:舱室区域综合布置设绘要领、甲板区域综合布置设绘要领、船装设备基座设计要领、船装单元组装设计要领、船装交通装置布置要领、船舶上层建筑整体吊装技术要求、船装托盘管理表的编制要领等。

(3)作业(如制作、安装)标准。如:甲板敷料施工技术要求,舵系安装技术要求,电液起货机、起锚机、舵机安装技术要求,电动起艇机安装技术要求,电动系泊绞车安装技术要求,电液舱口盖装置安装技术要求,粮食、食品冷库施工技术要求等。

(4)质量标准。如:船装精度标准等。

5. 电装生产设计标准

(1)基础标准。如:船舶电气图形符号等。

(2)设计标准。如:导电系统图设计要领,专业舱室综合布置要领,主干电缆布置技术要求,电缆管、电缆筒以及电气设备支架设计要领,电缆托盘管理表的编制要领等。

（3）作业（如制作、安装）标准。如：船舶电气设备安装工艺、船舶电缆敷设工艺、上层建筑整体吊装电缆连接工艺的技术要求、船用电缆接线箱连接工艺的技术要求、导航设备安装技术要求等。

（4）质量标准。如：电装精度标准等。

6. 管装生产设计标准

（1）基础标准。如：船舶管系符号代号、船舶管路附件图形符号、船舶通风系统图形符号、船用钢管系列标准、管系安装工艺符号、船舶管路和识别符号的油漆颜色等。

（2）设计标准。如：管子零件图绘要领、管系支管设计要领、管支架及其附件设计要领、标准型支管图册、管路附件标准图册、通风系统布置要领等。

（3）作业（如制作、安装）标准。如：船用管子加工通用技术条件、管子先焊后弯通用工艺技术要求、管子无余量下料工艺技术要求、管子绝缘包扎通用工艺技术要求、舷外附件的安装与试验、支架板安装技术要求等。

（4）质量标准。如：弯管精度标准、管舾装精度标准等。

7. 涂装生产设计标准

（1）基础标准。如：涂装前钢材表面锈蚀和除锈等级、涂装前钢材表面粗糙度等级等。

（2）设计标准。如：船舶涂装设计技术要求等。

（3）作业标准。如：船舶除锈涂装工艺技术要求、喷丸与抛丸除锈工艺技术要求，船用外加电流阴极保护装置安装技术条件、船用牺牲阳极安装技术条件等。

（4）质量标准。如：船体二次除锈评定等级、船舶涂装膜厚管理技术条件等。

2.4.3　生产设计标准的级别

我国标准分为国家标准、行业标准、地方标准和企业标准四个级别。

国家标准是指对需要在全国范围内统一的技术要求所制定的标准。国家标准是四级标准体系中的主体，其他各级标准不得与之相抵触。国家标准由国务院授权的国家标准化管理委员会制定、批准、发布，在全国范围内统一实施，如 GB/T 34000—2016《中国造船质量标准》，其中"/T"表示是推荐性标准。

行业标准是指对没有国家标准而又需要在全国某个行业范围内统一的技术要求所制定的标准。行业标准是对国家标准的补充，是专业性、技术性较强的标准。行业标准的制定不得与国家标准相抵触，国家标准公布实施后，相应的行业标准即行废止。行业标准由国务院有关行政主管部门制定，我国船舶行业标准一般是由中国船舶工业总公司发布。其中"/Z"是指导性技术文件。这里需要说明的是，1995 年 4 月，船舶制造与修理企业、船舶配套设备制造企业、科研设计院所、船舶行业相关高等院校，以及企、事业单位共同组成了中国船舶工业行业协会，也开始制定相关行业标准，如 T/CANSI 18—2020《双燃料船舶双壁管设计、制作及安装要求》。

地方标准是指对没有国家标准和行业标准而又需要在省、自治区、直辖市范围内统一工业产品的安全、卫生要求所制定的标准。地方标准在本行政区域内适用，不得与国家标准和行业标准相抵触。国家标准、行业标准公布实施后，相应的地方标准即行废止。地方标准由各省、自治区、直辖市标准化行政主管部门批准、发布，在该地方范围内统一实施。如由江苏海事局制定的 DB32/T 4125—2021《船舶载运散装液体危险货物作业条件及要求》。

企业标准是指企业所制定的产品标准和在企业内对需要协调、统一的技术要求和管理、工作要求所制定的标准。企业标准是企业组织生产、经营活动的依据。企业标准则由企（事）业单位制定。企业标准一般要比上一级的标准要求更高，有关规定也不得与上一级标准相抵触。各企业可根据本企业的具体情况酌情考虑进行设计标准的编制，如 Q/SWS12-001-2001《高桥造船有限公司企业标准：船体制图》。企业在制定了本企业的标准以后，一般都要按照该标准来执行，对于生产设计中无企业级标准规定的项目，通常选用上一级标准。

由于生产设计与船厂的工艺技术、工艺装备、生产管理体制、管理水平等因素密切相关，因此，作为生产设计标准，其大部分属于企业标准。企业标准是生产设计标准中数量最多且最基本的标准。随着生产设计的进一步深化，在企业标准制定的基础上再逐步统一，以便创造条件逐步编制出新的船舶专业标准级和国家标准级的生产设计标准。

2.4.4　新船设计前的设计标准准备

生产设计前，还需要整理新设计船所用的船厂惯例和标准，这也称之为新船设计前的设计标准准备（shipbuilding design practice，SDP），即根据某一船型的特点和船厂已有的企业标准加以归纳、整理和提炼的设计标准文件。一般在设计开始前需送船东、船检认可。

通过编制 SDP，可以把复杂的设计简单化，众多简单的设计实现标准化，最大限度地规范设计人员的设计行为。SDP 的主要内容如下：

（1）建造流程、生产设备与设施能力。

（2）各部门工作职责。

（3）国际标准、国家标准、船舶行业标准和企业标准。

（4）船体设计的标准和方法，如套料和钢材管理，切割、成型、坡口、校正、焊接、装配等。

（5）舾装设计的标准和方法，如管系设计、机装设计、船装设计、电装设计、舱室和空冷通风设计等。

在 SDP 的基础上，结合前期制定的建造方针的技术部分内容，可以进一步细化并制定《目标船设计标准》，将一些不需船东确认的设计节点和建模、出图要求，通过这个标准加以固化，这样设计人员在一个项目上只需要看一份标准就可以指导生产设计，也避免了多项目并行时的设计标准混乱问题。

2.5　建立造船生产设计编码系统

2.5.1　编码概述

1. 编码的内涵

编码是人们通过对某些事物或概念进行分析、概括和规范后，并赋予其一定规律性，易于人或计算机识别和处理的符号、图形、颜色、缩减的文字等。或者说，编码是按照不同的目的要求通过科学的分析和分类方法，以符号标记的形式对工作对象的有关特性进行描述和标识的过程。编码可以采用数字、英文字母或便于计算机和人识别与处理的其他符号。它是人们统一认识、统一观点、交换信息的一种技术手段。编码作为信息的一种表现形式，它是信息标准化、规范化的基础。

通过编码可对从初步设计开始到交船以及售后服务整个过程中的所有造船活动内容进行信息分组、传递、交流和管理;通过建立共同认可和统一的语言、统一的标识就能为实现设计、生产、管理一体化提供前提条件。

2. 编码的基本原则

编码结构应综合考虑兼顾平衡以求代码设计达到最优化结果。编码应遵循以下基本原则:

(1) 唯一性。编码与编码对象之间是一一对应的关系,即一个编码对象被赋予一个代码,一个代码只反映一个编码对象。

(2) 可扩充性。代码结构必须能适应代码对象不断增加的需要,也就是说必须为新的编码对象留有足够的备用码。

(3) 简短。在不影响代码系统的容量和可扩性的前提下代码位数应尽可能短。

(4) 规范性。无论是机器处理信息还是手工处理信息,都应用规范的代码,以提高代码的可靠性。

(5) 适应性。代码设计应便于修改,以适应分类编码对象的特征或属性,以及相互关系可能会出现的变化。

(6) 含义性。代码应尽量有最大限度的含义,这样可以反映分类编码对象更多的属性和特征。

(7) 系统性。代码的逻辑性很强,编码时要考虑代码的系统性,以保证系统中各代码的协调运行,从而发挥系统的整体效益。

(8) 稳定性。代码不宜频繁变动,因此,编码时应充分考虑其变化的可能性,尽可能保持代码系统的相对稳定。

(9) 识别性。代码应尽可能反映分类编码对象的特点,以助记忆,便于人们理解和使用。

(10) 可操作性。代码应尽可能方便业务员和操作员的工作。

3. 生产设计编码的内涵及重要性

所谓生产设计编码,从设计角度来说,它是应用成组技术的相似性原理,把船舶设计、生产、管理中体现的有关特征,以英文字母和数字的结合形式予以表征的一项设计技术;从管理角度来说,它是一种代表事物名称、属性、特征、状态等按一定规则组合起来的符号和代号。

生产设计编码是生产设计的基础,也是一种提高船厂经营、生产和管理的手段,其重要性如下:

(1) 在船厂内部建立了一种简明扼要的共同语言(如用编码代替文字信息命令),它可以系统地描述船舶建造过程,并贯彻到整个生产组织过程中,从而简化了生产设计过程,丰富了设计内容,实现了设计信息表达的精准程度。以船体零件编码为例,它不但起到零件对号入座的作用,还能表示该零件的生产特征、所属船舶、分段、组立,并表明该零件的加工方法、安装阶段和组立去向等,即起到成组技术"以数代性"的作用。

(2) 编码是船厂建立综合数据库实现信息共享的基础之一,它有助于最大限度地减少船舶产品设计工作的重复,可提供较为可靠的原始资料和数据。

（3）编码为计算机集成制造系统（computer integrated manufacturing system，CIMS）建立了一个包含有大量基础信息的应用基础平台。

（4）在编码过程中，建立起来的技术标准和管理标准大大丰富了标准化的内容。

2.5.2　生产设计编码系统的构建

生产设计编码系统应由工程分解与组合的作业组织、按区域进行成本管理两条主线构成。其中按照作业组织的编码构思如图 2-16 所示。

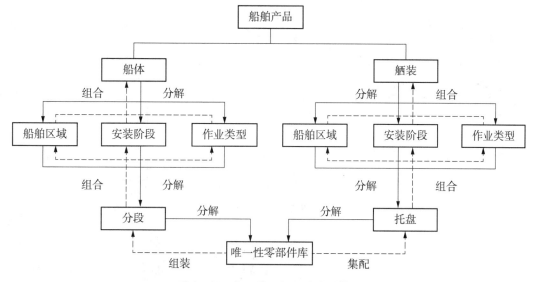

图 2-16　按照作业组织的编码构思

工程分解和组合是每艘船舶产品按船舶区域、作业阶段、作业类型划分为分段（船体）或托盘（舾装），然后根据分段或托盘来构建零件或部件的代码。编码与作业组织的关系如图 2-17 所示。

由于国内各船厂在生产组织、管理方式、信息化系统等方面存在差异性，生产设计编码是不统一的，但编制生产设计编码的思想及其结构的构成具有共通性。本书在这里以江苏现代造船技术有限公司的生产设计编码系统做一简要介绍。

1. 图号编码

一般由船厂代号、船号、图纸专业代号、区域号、制造级号、阶段号以及图纸类型组成，如图 2-18 所示。

2. 船体生产设计编码系统

基于现代造船模式的船体生产设计编码系统就是应用编码技术和设计软件，将经过产品导向型工程分解和分道组合的各类中间产品，按照现代造船模式形成的生产作业体系进行数字化模拟造船，且使设计、物资、生产、管理的信息快速传递并共享。

根据图 2-16 中工程分解和组合的总体构思，船体生产设计编码用船体分道作业法的逻辑表达，以标识中间产品（分段）的分类及其通过各制造级的工艺流程。代码按顺序等级组成，以便与逐级上升的制造级相对应。

利用编码标识所有生产体系的各个阶段，例如，制造船体的零件、部件、组件、分段和总

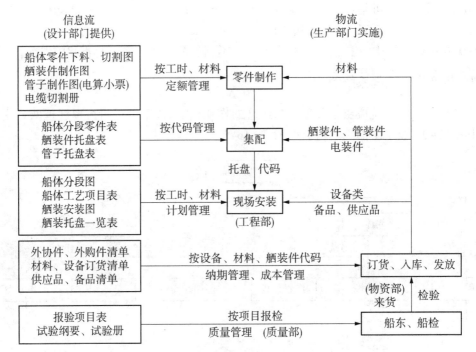

图 2-17　船舶建造编码与作业组织的关系

| XX | XXX | - | XX | - | XXXX | - | X | X | X | X |
| ① | ② | | ③ | | ④ | | ⑤ | ⑥ | ⑦ | ⑧ |

①—船厂代号,例如 XD;②—船号,例如 129;③—图纸专业代号,例如船体结构 H1、管系 M2;④—区域号,可以是分段号、总段号、批次号、小区域号等,例如 212S;⑤—制造级,用 1～7 对应船舶各专业建造的 7 个制造级;⑥—阶段号,用字母表示在相应制造级的阶段,例如 C 表示预埋、B 表示预装;⑦—同阶段托盘序号,用数字表示;⑧—图纸类型,用字母表示,例如 B 表示部件图,W 表示拼板图。

图 2-18　图号编码的组成

组等阶段所必需的资料和数据,都清清楚楚地表达在一张张详细的图纸中,并将这些有用的、具有指导意义的信息传递给各部门人员,以此清晰地表达船体作业类型、作业阶段、作业场所、作业方法等内容。这种代码描述,对于设计和生产之间的有效联系是必不可少的。船体生产设计编码的构成如图 2-19 所示。

由图 2-19 可知,船体结构代码分为专用船体结构代码、通用船体结构代码、标准船体结构代码三大类。

目前,国内骨干船厂,采用不同类型的编码系统,其主要存在组成编码的字符及数字所取的含义不同、表示的方式不一样、与不同设计软件的匹配等方面的差异。如比较典型的,能与 TRIBON 或 AM 设计软件很好匹配的船体生产设计编码系统,这种编码系统是以中间产品为导向,贯彻工程分解与组合的精细化。整个船体生产设计的编码系统主要包含了工程编码和船体零件编码两部分。

1) 工程编码

工程编码一般由船舶分类号、船舶分组号、船舶序号组成。

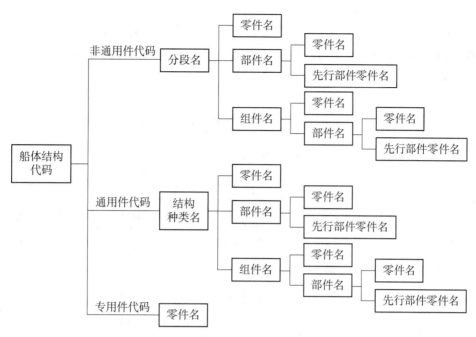

图 2-19　船体生产设计编码的构成

2）船体零件编码

船体零件编码的结构形式一般由零件名（如分段号、组立名、零件类型码、零件编号）和加工流向（如打磨码、加工码、流向码）两大部分组成，其结构形式如图 2-20 所示。

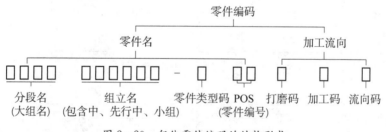

图 2-20　船体零件编码的结构形式

船体零件编码一般遵循以下原则：①以分段为单位编码；②每个零件都要有一个编码；③在同一分段内，材料、形状、尺寸和流向完全相同的零件可共用一个编码；④按照从船艉到船艏、从船舯到船舷、从下到上的顺序进行编码，环形组合的零件，应从中开始，顺时针方向编码；⑤大幅连续板件，如外板、甲板、平台板等可全船统一编码；⑥零件漏编或结构修改增加零件时，根据已编到的该类别的最大零件码顺编下去。如果取消零件，则让该零件码空缺。

（1）分段名。分段名一般由区域号、环段号、层号、位置号组成。第一位区域号，如用数字表示：1—艉部、2—机舱、3 至 7—货舱、8—艏部、9—上层建筑。第二位环段号，如用数字表示：该区域自尾向首数 1，2，3，…。第三位层号，如用数字表示：自下向上数 1，2，3，…第四位为位置号，分段位置主要是区分分段位于左舷、船舯还是右舷，通常用英文字母 P（左舷）、

S(右舷)、C(中间)分别表示。

(2) 组立名。组立名一般由特征码、位置码、区位码三部分组成,如图 2-21 所示。其中组立名中的特征码是用英文字母表达船体结构名称,位置码可用顺序号或肋位号或标尺号来表达该船体结构所对应的位置,如表 2-2 所示。

图 2-21　组立名的组成

表 2-2　组立名中的特征码

序号	船体结构名称	特征码	位置码	序号	船体结构名称	特征码	位置码
1	底部外板	BS	顺序号	16	主甲板	MD	顺序号
2	内底板	IB	顺序号	17	甲板	DK	标尺号
3	纵桁	GD	标尺号	18	平台板	PF	标尺号
4	肋板	FL	肋位号	19	甲板横梁、强横梁	BM	肋位号
5	斜肋板	CF	顺序号	20	甲板纵桁	DG	标尺号
6	污水井围板	BL	顺序号	21	支柱	PL	顺序号
7	舭龙骨	BK	顺序号	22	纵舱壁	LB	标尺号
8	坞墩加强	DB	顺序号	23	横舱壁	TB	标尺号
9	舷侧外板	SP	顺序号	24	槽型舱壁	CB	肋位号
10	组合纵骨	SF	标尺号	25	底墩/顶墩	SL	顺序号
11	舷侧纵桁	SS	标尺号	26	水平桁	HG	标尺号
12	舷侧竖桁	ST	标尺号	27	锚链舱结构	CL	顺序号
13	强肋骨/强框架	WF	标尺号	28	尾柱	SF	顺序号
14	护舷材	FD	顺序号	29	尾封板	TS	肋位号
15	边舱斜板	HP	顺序号	30	……	……	……

当多个小组立在同一位置码上的,用区位码区分各个小组的位置,并遵循以下原则:

① 对左右对称的分段,右舷编码同左舷一致。

② 跨中(仅左)分段中的左舷组立,按从船中向左的顺序,编码 A、B、C、E、F、G、H、J、K 依次进行。

③ 跨中(仅右)分段中的右舷组立,按从船中向右的顺序,编码 Q、R、S、T、U、V、W、X、Z 依次进行。

④ 管弄处的肋板,按从上向下,再从船中向两舷的原则命名。先以位置区分,再用结构类型区分。

（3）零件类型码。按照属性分类，便于现场归类。一般用英文字母来描述船体零件类型，如表 2-3 所示。

表 2-3　零件类型码

编码	描述	编码	描述
P	不拼接的板	B	肘板
K	需要拼接的板	C	补板
D	垫板	X	舾装件加强
W	面板	S	加强筋
Y	通用零件	L	纵骨或肋骨

（4）零件号。一般用数字表示，每个部件上的零件从 1 开始编号。

（5）打磨码。一度打磨用 D 表示，二度打磨用 G 表示。

（6）加工码。反映零件不同的加工方式，一般用英文字母来表达，如表 2-4 所示。

表 2-4　零件加工码

编码	加工方式	编码	加工方式	编码	加工方式
R	辊弯加工	H	折弯加工	N	机加工
P	水火加工	K	压折加工	W	压筋加工
F	折边加工	M	肋骨加工	V	边缘加工

（7）流向码。一般由"当前工位码"+"下级工位码"组成，其结构形式如图 2-22 所示。

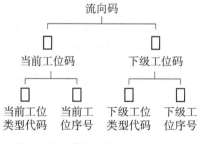

图 2-22　零件流向码的结构形式

根据船厂车间的生产组织能力，按照中间产品为导向分道作业，按其划分的制造级或者阶段进行逐级作业分解，将组合成的各类中间产品划分为小组（部件）、先行中组（组件）、中组（子分段、片体）等。另外，考虑某些船厂存在多个厂区或场地，因此，用工位序号进行区分，工位序号从数字"1"开始，工位类型码如表 2-5 所示。

表 2-5 工位类型代码

阶段类型	工位类型代码	阶段类型	工位类型代码
先行小组	C	曲型中组（曲面片体）	R
部件（小组）	S	平面中组（中组）	K
普通拼板（小组）	W	大型中组（子分段）	M
流水线拼板（小组）	L	大组（分段）	G
T 型材装焊流水线（小组）	T	总段	P
先行中组（中组）	N	整船	E

示例：某零件 221P-BS1A-S1 G R M1G1，其含义为 221P 分段的底部外板组立 BS1A 中，零件号为 1 的加强筋，其中底部外板组立区位码为 A，该零件下料后先需要二度打磨，然后再进行辊弯加工，在大型中组场地 1 上完成装配，最后配送至大组场地 1。

3. 舾装生产设计编码系统

舾装生产设计编码系统是实施舾装件从设计到成本管理的关键，是为管理舾装件和材料而按一定的分类标准确定的体系。根据图 2-16 中工程分解和组合的总体构思，以及图 2-2 某船分段分解结构（BBS）、图 2-3 某船区域分解结构（ZBS）、图 2-4 某船系统分解结构（SBS）、图 2-5 某船区域搭载分解结构（EBS），舾装生产设计编码的构成可以用区域舾装作业法的逻辑表达。

一般说来，区域舾装将整艘船划分成几个不同的区域，并分为三个基本阶段，即单元舾装、分段舾装和船上舾装。为此，必须重视两个阶段：一是"零件获得"，二是"托盘集配"。即将舾装作业全部信息和资源，按照区域/阶段/类型的分类方法来编制，提交给采办人员，由他们事先考虑需要购买的设备、自制件、外购件以及原材料的准备。然后，按照区域/阶段/类型划分的工作单元集配成"托盘"。这种体现设计、采办、生产相互联系的舾装作业信息分类，便构成了区域舾装作业的代码框架，其结构如图 2-23 所示。

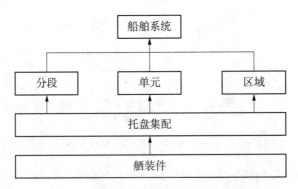

图 2-23 区域舾装作业法的代码框架结构

区域舾装作业法，采用与船体结构代码逻辑基本相同的舾装作业代码系统标识中间产品的分类，及其通过各制造级的工艺流程。按层次等级组织，代码以便与逐级上升的制造级相对应。因此，在舾装生产设计中，必须根据类型与阶段所需的产品特征，将设计信息分类归组,绘制以区域表示的作业单元工作图表,并利用编码标识生产体系的各个阶段,将制造各种船舶舾装件、托盘、单元、区域或系统等阶段所必需的资料和数据,都清楚地表达在相应的工作图表中,传递给各部门人员,以便于按照零件获得、托盘集配、单元舾装、分段舾装和船上舾装各个阶段进行管理。

舾装作业代码主要包括舾装托盘代码和舾装件代码。舾装生产设计中的“托盘”指的是用于某项舾装作业的一整套舾装件,是主要的舾装统计单元,不仅是用来集配材料,而且是一种管理思想。通过舾装托盘代码可以进行舾装件的生产管理和成本管理等。舾装件代码是分别给单个舾装件所取的符号。舾装件的数量庞杂、工序繁多、工程的分散程度大,为了使船舶设计的信息能够有效运行,必须对舾装件分类及编码。舾装件通常分为管舾装件、铁舾装件、电舾装件、机械设备和其他舾装件,本节简要阐述舾装托盘,以及管舾装件、铁舾装件、电舾装件的编码方法。

1) 舾装托盘编码

舾装托盘编码应包含工程代码、作业类型、作业单位、作业阶段、作业场所、作业顺序等各方面信息,每个“托盘”都有唯一的托盘代码。图 2-24 为某船厂的舾装托盘编码,由 9 个部分 18 位组成,分别是船厂代号、船舶代号、科室代号、专业代号、区域代号、阶段代号、工序代号、托盘序号、托盘类型。

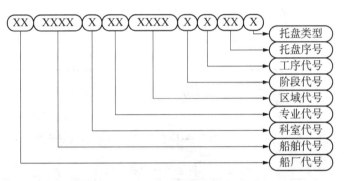

图 2-24　某船厂的舾装托盘编码

(1) 船厂代号通常由两位大写英文字母组成,一般以船厂名称的汉语拼音或英文名称的缩写来表示。

(2) 船舶代号由四位数字组成,代号千位表示船舶类型,其他三位表示顺序号,船舶类型如表 2-6 所示。有时船舶代号也会采用船号表示,船号命名根据另外一套标准。

表 2-6　船舶类型

序号	船舶类型	示　例
1	战斗舰艇	驱逐舰、护卫舰等
2	辅助舰船	登陆舰、侦察船、布雷舰(船)、捞雷船、供应舰、补给舰、消磁船、靶船、训练船等
3	海洋开发用船	海上钻井装置、钻井驳船、钻井辅助船、铺管船、浮油回收船、采油用平台、海底采矿船、海水提铀船、海上浮式生产储油(气)船、近海供应船等

(续表)

序号	船舶类型	示例
4	客船、客货船、货船、游艇	客船、客货船、旅游船、杂货船、散装货船、矿砂船、运煤船、运木船、冷藏运输船、集装箱船、滚装船、载驳船、补给船、自航驳船、交通船、运水船、气垫船、水翼船（艇）等
5	油船、液货船、化学品船	成品油船、原油船、食用油船、沥青船、液化船、矿油船、散化船等
6	拖船、港作船、渡船、推船	港作拖船、海洋拖船、打捞救助船、工程拖船、供应拖船、三用拖船、顶推船、带缆船、引航船、消防船、粪便/污油/污水回收船、汽车渡船、火车渡船、联检船、垃圾船、水面清扫船、绞滩船等
7	驳船、趸船、舟桥	干货驳、液货驳、甲板驳、船载驳、趸船、浮桥舟、铁路舟桥、分节驳、冷藏驳、泥驳、起重驳等
8	渔类船、农用船	渔业监督船、渔业救助船、渔业调查船、渔业实习船、渔业冷藏运输船、拖网渔船、围网渔船、刺网渔船、钓鱼船、捕鲸船、捕虾船、水产采集船、渔业基地船、渔业加工船、渔业补给船、综合作业渔船、排灌船、多用途水泥农船等
9	特种船舶	挖泥船、航标船、布缆船、浮船坞、测量船、破冰船、潜水工作船、海洋打捞船、海洋地质勘探船、地质取芯船、海洋调查船、水声船、极地考察船、卫星跟踪船、环境保护船、修理船、医疗船、抛石船、打桩船、起锚船、炸礁船、电站船等
10	其他	以上均未涉及的船舶类别

（3）科室代号由一位大写英文字母组成，其中，机装用 M 表示、甲装用 F 表示、居装用 A 表示、电气用 E 表示（见表 2-7）。

（4）专业代号由一位大写英文字母与一位数字组成，如表 2-7 所示。

表 2-7 科室代号和专业代号

科室	科室代号	专业	专业代号	科室＋专业代号
机装	M	机装管理	M0	MM0
		设备	M1	MM1
		管装	M2	MM2
		空冷通	M3	MM3
		甲板机械	F1	MF1
		内装	F2	MF2
		铁舾	F3	MF3
		辅助作业	F4	MF4
甲装	F	甲装管理	F0	FF0
		轮机设备	M1	FM1
		管装	M2	FM2

（续表）

科室	科室代号	专业	专业代号	科室＋专业代号
		空冷通	M3	FM3
		甲板机械	F1	FF1
		内装	F2	FF2
		铁舾	F3	FF3
		辅助作业	F4	FF4
居装	A	居装管理	A0	AA0
		舱室设备	M1	AM1
		管装	M2	AM2
		空冷通	M3	AM3
		甲板机械	F1	AF1
		内装	F2	AF2
		铁舾	F3	AF3
		辅助作业	F4	AF4
电气	E	电气管理	E0	EE0
		电装件	E1	EE1
		电气设备	E2	EE2
		电缆	E3	EE3
		电气铁舾	E4	EE4
		电气辅助材料	E5	EE5

（5）区域代号，其中的“区域”是“区域舾装法”中区域的含义，是广义的区域，因此，区域代号包含分段号、总段号、区域代号、单元代号或系统代号等。区域代号一般用四位表示，由数字和大写字母组成，不足 4 位的用 0 补齐 4 位。

（6）阶段代号指的是船舶建造制造级，由一位数字组成，如表 2-8 所示。

表 2-8　船舶建造阶段代号（制造级）

阶段	阶段代号	制造级
准备	0	生产准备
零件	1	零件加工
部件	2	部件预制
组件	3	组件装焊、单元制作
子分段	4	子分段装焊
分段	5	分段装焊、分段预装

(续表)

阶段	阶段代号	制造级
总段	6	总段装焊、总段预装
船台、船坞	7	船台、船坞装焊、区域阶段舾装
码头	8	码头装焊、码头舾装
其他	9	其他特殊情况

（7）工序代号由一位大写字母组成，如表 2-9 所示。

表 2-9　工序代号

工序	代号
预埋	A
结构面预装（翻身前）	B
非结构面预装（翻身后）	C
辅助作业	F
单元	U
其他	Z

（8）托盘序号由两位数字组成，表示托盘属性相同的情况下有多个托盘，例如某分段管子预装托盘有多个，这就需要用托盘序号来区分这些托盘，通常用 01～99 表示。有时也用托盘序号来体现托盘的安装顺序。

（9）托盘类型由一位大写字母组成，如表 2-10 所示。

表 2-10　托盘类型代号

托盘类型	代号
内场制造托盘	N
外场安装托盘	W
备料托盘	G
管支架制作托盘	B
设备托盘	E
走向管托盘	L
电缆托盘	C
电气辅材托盘	F
……	……

2）管舾装件编码

管舾装件编码包括设计编码和物资编码,设计编码的对象主要是管路和阀附件。阀附件编码一般按详细设计原理图上的代号进行编制,有的还要加上系统代号。管路设计编码组成如图 2-25 所示。其中,编号①是托盘代号,可参考舾装托盘编码;编号②是系统代号,前两位一般与详细设计的系统代号一致,第三位是该系统根据压力或材质再细分出来的代号,用数字表示;编号③是管路代号,与详细设计中原理图中的管路代号一致;编号④是表面处理代码,具体含义如表 2-11 所示。

$$X \quad - \quad XXX \quad - \quad XXXX \quad - \quad X$$
$$① \qquad ② \qquad ③ \qquad ④$$

图 2-25 管路设计编码的组成

表 2-11 表面处理码

代码	表面处理类型	代码	表面处理类型	代码	表面处理类型
A	镀锌	H	酸化涂底漆	O	喷砂涂滑油
B	浸锌	I	纯环氧漆	P	喷砂涂底漆
C	酸洗	J	焦油环氧漆	Q	磷化涂油漆
D	酸洗涂树脂	K	特涂	R	磷化涂树脂漆
E	酸洗涂滑油	L	喷塑	S	酸洗钝化
F	磷化涂底漆	M	磷化	……	……
G	酸洗涂漆	N	喷砂涂树脂	Z	不处理

由于管舾装件的组成零件(钢管、法兰、弯头、异径等)多为标准件,因此,管舾装件的物资编码一般采用标准号和规格号来表示,参照相关附件标准的标记示例。如船用水舱不锈钢吸入口(AS125S CB/T4230-2013),表示满足 CB/T4230-2013 标准的 AS 型通径 125 的水舱吸口。

3）铁舾装件编码

铁舾件编码包含铁舾件的托盘号、类别代号、属性代号等信息。铁舾装件编码组成如图 2-26 所示。其中,编号①是托盘代号,可参考舾装托盘编码;编号②是类别代号,主要用来区别铁舾件的类别和型式。铁舾件的类别一般由铁舾件名称的英文缩写表示;铁舾件的型式代号用来区别同一种铁舾件中的不同类型,一般用字母或数字表示。比如,A 型直梯类别代号为 LVA,直梯的类别代号为 LV,型式编码为 A。编码③是属性代号,由序号、来源号、表面处理代号组成。序号是表示铁舾件的顺序,一般由数字组成,比如,001、002、003、…;来源号根据铁舾件来源方式不同分类也不同,一般铁舾件来源方式如表 2-12 所示,表面处理代号参见表 2-11。

$$X \qquad - \qquad XXXX \qquad - \qquad XXXXX$$
$$① \qquad\qquad ② \qquad\qquad\qquad ③$$

图 2-26　铁舾装件编码的组成

表 2-12　铁舾件来源代码

类别	范　围	代号
自制铁舾件	需要船厂采购材料及自行制作的铁舾件	A
外购铁舾件	船厂直接采购的成品	S
外协铁舾件 01	船厂提供制作材料和设计图纸,由外协厂家进行制作	C
外协铁舾件 02	船厂提供设计图纸不需要提供制作材料,由外协厂家进行制作	D
原材料	需要船厂采购材料,直接安装无需二次车间加工	M
数切件	不需要提供车间加工图纸,只需要提供切割数据的板材零件	C
堆焊	各类堆焊标记	W

　　为了在设计过程中清楚区分铁舾件编码上述三部分代号的功能,一般铁舾件编码会在各部分代号之间使用分隔符进行分开。如 221P_LVA_001AP,表示 221P 分段 A 型序号 001 的油漆自制直梯。

　　4) 电舾装件编码

　　电舾装件编码由设计编码和物资编码组成。设计编码的对象主要是电缆绑扎件、贯穿件、自制件。电舾装件的物资编码一般都由船厂物资管理系统统一编码,并进行归类管理。

　　电缆绑扎件主要包含组合式电缆托架和电缆扁钢。

　　(1) 组合式电缆托架的设计编码的组成主要包含四个部分,每部分的具体命名可依据生产企业的要求来确定(见图 2-27)。其中,托盘代号可参考舾装托盘编码。编号①表示组合式电缆托架的型号、规格,例如 2NGS——双层 500 mm 宽 1560 mm 长的轻型电缆托架;编号②表示组合式电缆托架支撑腿高,例如 1200——电缆托架支撑腿高 1200 mm;编号③表示组合式电缆托架的安装方式,例如 R——电缆托架反向安装;编号④表示组合式电缆托架安装是否带腹板,如 P——电缆托架带腹板安装。

$$X \qquad XXXXX \qquad XXXX \qquad X \qquad X$$
$$\text{托盘代号} \qquad ① \qquad\quad ② \qquad\; ③ \qquad ④$$

图 2-27　组合式电缆托架设计编码的组成

　　(2) 电缆扁钢设计编码的组成主要包含四个部分,每部分的具体命名可依据生产企业的要求(见图 2-28)。其中,托盘代号可参考舾装托盘编码;编号①表示电缆扁钢型号、规格,例如 BDA——用于腐蚀性较强区域宽度 50 mm 的电缆扁钢;编号②表示电缆扁钢长度,如 50——电缆扁钢长度 500 mm;编号③表示电缆扁钢支撑腿高,例如 15——电缆扁钢支撑腿高 150 mm;编号④表示电缆扁钢安装是否带腹板,如 P——电缆扁钢带腹板安装。

X   XXX   XX   XX   X

托盘代号   ①   ②   ③   ④

图 2-28 电缆扁钢设计编码的组成

电缆贯穿件主要包含腰圆形贯穿件、圆形贯穿件、带填料函式电缆管。

(1) 腰圆形贯穿件编码组成主要包含两个部分,其每部分的具体命名规格可依据生产企业的要求(见图 2-29)。其中,托盘代号可参考舾装托盘编码;编号①表示腰圆形贯穿件类型、形式,如 BBH——BH 型长度 250 mm 的腰圆型浇注式电缆框;编号②表示腰圆形贯穿件规格,如 B2010——壁厚 10 mm,内径宽度 200 mm,内径高度 100 mm 的腰圆型电缆框。

X   XXX   XXXXX

托盘代号   ①   ②

图 2-29 腰圆形贯穿件设计编码的组成

(2) 圆形贯穿件编码组成主要包含两个部分,每部分的具体命名规格可依据生产企业的要求(见图 2-30)。其中,托盘代号可参考舾装托盘编码;编号①表示圆形贯穿件的类型、形式,如 YTD——YT 型加套管圆形电缆筒;编号②表示腰圆形贯穿件的规格,如 4025——通径宽度 40 mm,长度 250 mm 的圆形电缆筒。

X   XXX   XXXX

托盘代号   ①   ②

图 2-30 圆形贯穿件设计编码的组成

(3) 带填料函式电缆管编码组成主要包含三个部分,每部分的具体命名规格可依据生产企业的要求(见图 2-31)。其中,托盘代号可参考舾装托盘编码;编号①表示带填料函式电缆管的类型、形式,如 WG——WG 型鹅颈弯式带填料函电缆管;编号②表示填料函规格,例如 19——内径 19 mm 的填料函。编号③表示填料函规格,例如 450——电缆管的总高度 450 mm。

X   XX   XX   XX

托盘代号   ①   ②   ③

图 2-31 带填料函式电缆管设计编码组成

2.6 造船生产设计软件

开展生产设计除需要建立上述船舶建造编码系统与生产设计标准体系外,还需配置造船生产设计软硬件。尤其是造船生产设计的数字化需要功能强大的生产设计软件系统。此外,对所应用的设计软件还要进行一定的客户化开发工作,以满足船舶企业的管理特点和产品建造要求。

2.6.1　船舶主流三维设计软件简介

在现代造船中,船舶设计必须要用专门的设计软件进行,以在计算机上预演(模拟)完成船舶设计建造的全过程,这也是造船数字化的重要基础。目前,应用的主流三维设计软件有CATIA、TRIBON、AM、SPD、Intergraph Smart 3D 等。

1. TRIBON 系统

TRIBON 系统是由瑞典 KCS(Kockums Computer System)公司(后更名为 Tribon Solution)设计开发的一套用于辅助船舶设计与建造计算机软件集成系统。TRIBON 集CAD/CAM 与 MIS(信息管理系统)于一体,覆盖了船体、管子、电缆、舱室、涂装等各专业的一个集成造船专家系统。总体上,TRIBON 系统可分为船体设计、舾装设计、系统管理及维护三大部分,包括初步设计模块、基本设计、船体建模、船舶装配模块、装配计划和工件准备模块等。

2004 年,Tribon Solution 公司被 AVEVA 集团收购,TRIBON M3 是 TRIBON 的最新版本,也是最终版本。AVEVA 公司已经决定不再推出新版本 TRIBON 软件,目前的TRIBON 用户后续只能一直使用 TRIBON M3 或者升级到 AVEVA 集团最新推出的AVEVA Marine(简称 AM)软件。

2. AM(AVEVA Marine)系统

AM 系统是由英国 AVEVA 公司按照业界通用标准开发的新一代船舶与海洋工程设计专用软件。与以前的 TRIBON M 系列有所不同,AM 是集成了海工行业广泛采用的 PDMS(数字化三维工厂设计系统)的精华与 TRIBON M3 船体设计模块而成的一套完整的设计和生产应用系统。涵盖了船舶工程的全过程,包括初步设计、结构设计、舾装设计、工程管理、资源管理、三维建模、图纸生成、报表输出等功能。

1) AM 系统的主要特点

AM 是目前船舶行业中应用最为广泛的生产设计辅助软件,它具有以下几个特点:

(1) 以数据为中心的设计理念,实现了数据的一致性和完整性,避免了数据冗余和错误。

(2) 支持多专业、多用户、多地点的协同工作,实现了对项目的高效管理及控制。

(3) 提供了丰富的三维建模工具和可视化效果,实现了对船舶结构和设备的精确表达和展示。

(4) 提供了强大的图纸生成和报表输出功能,实现了对各种格式和标准的支持。

(5) 提供了灵活的二次开发接口和工具,实现了对软件功能的扩展和优化。

2) AM 系统的主要模块

(1) Monitor:让用户选择进入各个模块的界面。

(2) Admin:用来执行管理员任务的模块,包括创建和删除数据库文件、创建和删除用户、控制每个用户对项目数据库的访问权限、将数据库分组为多个数据库(mdb)等。

(3) Hull Design:集成了 TRIBON M3 的船体专业的功能,包括曲面建模、平面建模、板材套料等;同时也集成了 AVEVA 特有的初步结构设计和空间管理等功能。

(4) Marine Drafting:制图模块,可以提供自动、半自动和手工的绘图工具,允许用户在船舶设计过程中创建任何类型的图纸,如船体视图、模型零件图、安装图、装配图、制作图等。

（5）Outfitting：主要的三维图形驱动的数据模块，为用户提供了全尺寸三维建模的环境，包括了管系、通风、设备、铁舾、内装、电气和钢结构。在此模块中，数据库包含了三维模型中所有的属性信息，并可以通过交互方式查询和设计模型，创建 MTO、项目定价、方案展示以及模型干涉检查等。

（6）Outfitting Draft：用来创建和操作的快速出图模块，该类图纸的标注都采用标签形式，图面中的模型和信息可以跟随 3D 模型的修改而变化，在出图之前，需要对出图模板进行配置，需要一定的 PML 语言基础。

（7）Isodraft：为管道生产安装生成 ISO 轴测图，能自动生成完成的材料清单、自动管段识别、自动拆分图纸以及支持自定义图纸等。

（8）Spooler：管道分离模块，用于管道拆分，将线轴数据输出为等轴测图，为 Isodraft 绘图做准备。

（9）Paragon：元件数据库，用来存储各种标准元件库、制造商元件库、自定义元件库等。在建模时，用户可以通过元件库，创建指定规则的模型。元件库的管理可以分为标准元件库和目标船元件库。标准元件库是通用库，所有项目都可以引用，目标船元件库则为指定项目使用。

（10）Lexicon：该模块支持用户创建定义属性（UDA）、系统属性（USDA）、元素类型（UDETS）和状态值（STAVAL），方便不同的用户创建和储存不同的模型和信息。

（11）Propcon：用于构建 Properties 数据库，包括材料属性和元件数据等。

AM 在船舶设计和建造中具有很高的应用价值和优势，从操作简易性、系统美观性、人机交互等方面来看，AM 比 TRIBON M3 有了长足的进步，尤其在系统的二次开发方面，AM 也比 TRIBON M3 有了质的提升，它可以提高设计效率、降低成本、缩短工期、保证质量、减少风险等。

3. SPD 系统

船舶产品设计（ship product design，SPD）系统由我国东欣软件工程有限公司自主研发而成，是为造船以及海洋工程提供的新一代以数据为核心、规则驱动的解决方案。

1）SPD 系统的主要特点

SPD 系统是基于 Open GL 图形库进行开发的造船 CAD 设计软件，能够满足船体结构、管系、风管、电气、铁舾件、涂装等专业三维全数字化设计的需求。通过三维模型对船舶产品进行性能、结构强度、工艺合理性和制造可行性分析。船舶产品三维数字化图形平台为船舶设计系统提供了具有三维建模技术的二维、三维图形和数据处理的技术基础。

SPD 全面关注船舶产品的全生命周期，在统一平台下，SPD 可以提供船舶设计、生产和管理的整个生命周期的信息；也可以帮助作出决策，更容易地进行异地协同设计、生产，进而使船厂及工程公司更具有竞争力。SPD 可以通过生成多种数据格式的方式，很好地和其他船舶设计软件产品集成，各用户单位均可提取相关设计管理信息，实现设计软件与管理软件的数据共享。

2）SPD 系统的主要功能模块

（1）各专业设计共用的模块：主要用来建立工程目录和环境，根据不同的科室和专业，建立相对应的管理机制。它的主要功能有：操作者权限管理、工程及模型管理、数据管理、干涉检查、三维漫游、系统更新、数据备份、图纸处理等。

（2）船体建造：HD-SHM船体建造系统是使用最广泛的船体生产信息制作系统。它可单独成系统工作，也可作为SPD船舶产品设计系统的一个组成部分，完成船体建造所需的船体线型光顺、外板和结构零件生成、加工、装配等全部生产信息制作。

（3）船体设计：SPD船体结构设计系统是覆盖船舶技术设计、详细设计、生产设计全过程的三维船体设计系统。系统进行船体型线定义、结构布置、建立具有拓扑关系的三维船体结构模型数据库。该模型具有船体结构的几何、拓扑、物理、工艺等属性。通过船体模型，建立起产品结构树。根据船体模型，可以生成完全符合船体制图标准的船体图纸，并且船体图纸与船体模型数据库互相关联，高度一致。

（4）风管设计：具有设备布置、风管布置、部件布置、支架处理、生产信息、图纸输出、风管表册等功能，采用参数化设计的方式可以提高风管设计的效率，通过参数化来制作风管标准部件，既方便风管的建模，又满足风管加工、制作、材料的统计。

（5）电气设计：电气设计系统涵盖了从项目设置、电气原理、三维模型到生产图纸和表册输出的全部过程，具有电气设备、电气基座、电缆通道、电缆导架、电缆贯穿件设置及电缆自动布置等功能，实现了与船体结构和舾装其他各专业之间的实时干涉检查。

（6）铁舾设计：铁舾设计系统涵盖了标准部件、铁舾件处理、零件托盘、图纸处理、生产用表等功能，利用交互式参数化建模实现了快速建模的功能，既方便了铁舾件的建模，也满足了铁舾件加工、制作、材料的统计。

2.6.2 软件的接口及二次开发

各船舶企业都有自己的管理特点和施工建造要求，对软件的应用都有较高或特定的要求。而CAD/CAM软件的应用大部分仅局限于系统提供的基础功能，如三维建模和图纸的导出，而后续的工艺和图面信息处理往往还是要通过传统的CAD手段解决。因此，在应用软件过程中，必然要对软件进行一定的客户化开发工作，以达到充分利用系统功能，提升软件的使用效率。

船厂常用的AM和SPD系统均可以使用.NET API接口实现软件的二次开发。目前，C♯是.NET API接口使用最广泛的语言。

1. AM接口及二次开发

AM数据都存放在数据库中，在Admin模块中可以根据类型创建。

AM提供了多种二次开发的接口方式，使用最广泛的方式是用AVEVA Marine.NET API和PML两种方法进行二次开发。其中AVEVA Marine.NET API是AM的主要二次开发接口，使用C♯语言编写，提供了一整套完整的API函数库，可用于扩展AM的功能。

1）AVEVA Marine.NET API二次开发接口

（1）开发环境：AVEVA Marine.NET API需要在Visual Studio开发环境中使用，因为它是基于.NET框架的。在使用AVEVA Marine.NET API进行二次开发时，需要使用AVEVA Marine.NET API的类库和程序集，可以通过添加引用来获取。

（2）API函数库：AVEVA Marine.NET API提供了一整套完整的API函数库，可以用于实现各种功能。这些函数库主要包括以下几个方面。

AM的Common Application Framework(CAF)接口为.NET程序员提供了许多接口来访问支持应用程序开发及定制各种服务。在命名空间中实现了两个子系统，即Aveva.

Application Framework 和 Aveva. Application Framework. Presentation。

CAF 提供了以下接口来进行对象管理和对应用程序服务的访问：

① Service Manager：管理所有应用程序服务。

② Addin Manager：管理应用程序插件（插件）。

③ Settings Manager：管理应用程序设置。

④ Comrnand Bar Manager：管理应用程序工具栏和菜单。

⑤ Window Manager：提供对主应用程序窗口、Status Bar、Splashscreen 以及 MDI 和停靠窗口集合的访问。

图 2-32 显示了 AVEVA 插件的定制架构，由 CAF 来管理，.NET 接口来访问数据库和各个模块功能。

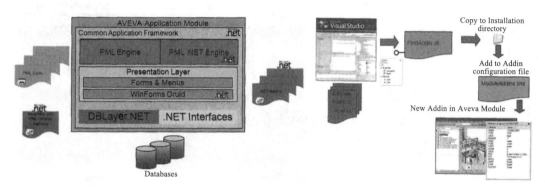

图 2-32　AVEVA Marine . NET API 二次开发的接口方式

2) PML(AVEVA Programmable Macro Language)二次开发接口

PML 是一种专门为 AVEVA 软件设计的宏语言，可以用于编写自定义的命令、窗体、函数、方法等，或者与其他软件进行数据交换和协作。PML 有两个版本，PML1 和 PML2。

（1）PML1 是一种基于过程的语言，包含循环语句、条件语句、字符串处理、跳转语句等。PML1 可以用于控制 AVEVA 软件的内部功能，如创建和修改模型元素，生成报表和图纸等。

（2）PML2 是一种基于对象的语言，扩展了很多现代面向对象语言的特征，如类、对象、继承、多态等。PML2 可以用于创建图形界面应用程序，如窗体和控件，并支持. NET Framework 的调用和集成。

PML 可以通过 AVEVA 软件的命令行或编辑器来执行，也可以通过外部程序或文件来调用。PML 可以与其他语言如 C♯ 或 FORTAN 进行交互，实现数据和功能的共享。

2. SPD 接口及二次开发

SPD 数据分为系统数据和工程数据。系统数据是与工程无关的数据，比如，专业定义、参数化部件库、表册模板等。工程数据是每条船各不一样的数据，比如，托盘定义、实体部件库、管子原理库、模型记录等。这些数据分别以网络文件或 SQL SERVER 数据库的形式存储。其中网络文件保存在文件服务器上，通过 SPD 专用接口（如 Common File 类）、索引文件类（如 Index File 类）访问；SQL SERVER 数据库保存在数据库服务器上，可以通过 SPD 封装的数据库接口（如 Spd Database 类、Spd Record 类）访问，也可以通过 ODBC 或 ADO 等接口访问。网络文件和数据库通常会提供业务层的接口。比如,托盘定义通过 Spdt Pallet 类访问;管子原理库通过 Principle File 类(原理文件)、Ppd Pipeline 类(管路原理)、Ppd Vpart 类(阀附件原理)、Ppd Device 类(设备原理)等访问;模型记录通过 Model File 类、Mdd Rec 类及其派生类访问。

SPD 二次开发接口是在 SPD C++类库、函数基础上封装的.NET 类库,以支持第三方通过 C♯、VB.NET 等.NET 平台上的编程语言对 SPD 进行二次开发。

1) SPD 二次开发接口模块组成

SPD 二次开发接口主要由两个模块组成:

(1) Spd Customization.dll:提供独立于图形平台的一些功能接口。比如,打开工程、读取 SPD 公用数据、各专业的标准和原理、浏览索引文件、读取各专业模型等。绝大多数接口都是在这个 DLL 中。如果第三方开发的应用软件不依赖于 SPD 图形平台的功能,即运行于 SPD 图形平台之外,或者虽然运行在 SPD 图形平台内,但是不使用图形平台的功能),应该引用这个 DLL。

(2) Spd Arx Customization.dll:提供依赖于图形平台 Auto CAD 的一些功能接口。比如,获取 SPD 设计系统已经打开的模型文件、添加新命令、实体选择、坐标输入等。如果二次开发的应用软件在 SPD 图形平台内部运行,应该再引用这个 DLL。

2) SPD 二次开发的类接口

以下是 SPD 二次开发的类接口:

(1) SQL Server 数据库与数据表:数据库类 Spd Database、数据表基类 Spdt Record、区域表 Spdt Area、舱室表 Spdt Cabin、分段表 Spdt Block、系统代码表 Spdt Code、图号表 Spdt Dwgno、托盘表 Spdt Pallet。

(2) 网络文件操作类:Comm File。

(3) 索引文件:索引文件基类 Index File、实体部件库 Component File、船体定义库 Hull Def File、模型文件 Model File、舾装产品库 Outfit Pdb File、原理库 Principle File。

(4) 实体部件库:实体部件库文件类 Component File、实体部件记录 Part Component、管子部件记录 Pipe Component、管材部件扩展属性获取 Pipe Component/Part Component。

(5) 参数化部件库:Para Component。

(6) 原理库:原理库文件类 Principle File、电缆原理 Ppd Elec Cab、电气设备原理 Ppd Elec Dev、管路原理 Ppd Pipeline、阀附件原理 Ppd Vpart、设备原理 Ppd Device。

(7) 模型文件:模型文件类 Model File、模型记录基类 Mdd Rec 及其派生类。

(8) 舾装产品库:舾装产品库文件类 Outfit Pdb File、舾装产品库记录基类 Pdb Rec 及其派生类。

(9) 分段装配与焊缝明细:装配结点 Hull Asmb Data、零件结点 Asmb Part Data。

(10) 单元套料明细:套料数据 Nesting Data、套料零件数据 Part List Node、单元数据 Hdshm Unit Data。

(11) 表册输出:Output Excel。

第3章

船体生产设计及数字化技术

船体建造的工程量占船舶总工程量的一半以上,属于多工种的综合性作业。它与船舶建造的其他专业作业关系极为密切,更是其他专业作业的基础。因此,做好船体生产设计是发挥船厂综合效益的首要任务。

现代船体生产设计及数字化主要依靠专业造船软件系统进行,一般将船体生产设计划分为船体型线数字化放样、船体曲面建模、船体平面建模、船体装配计划、船体工作图表的设绘等内容。因此,本章船体生产设计主要基于 AM 应用为背景并按照此思路撰写。

3.1　船体生产设计简介

3.1.1　船体生产设计的内涵及基本要求

1. 船体生产设计的内涵

船体生产设计是在详细设计的基础上,按照现代科学管理的要求,根据船厂的生产条件和技术水平,以合理的建造方针、施工要领和作业顺序为指导,根据作业阶段和施工区域的生产和管理需要,设绘施工图表和管理图表以及提供有关施工和生产管理信息,用以指导和组织生产的设计过程。具体来说,首先,根据初步设计提供的型线图和型值表进行型线光顺;其次,根据详细设计提供的外板展开图和基本结构图进行板缝规划,以及创建曲面结构和平面结构的三维模型;最后,输出板材套料、板材数控切割指令、板材加工图、板材加工数据、板材加工指令、型材套料、型材数控切割指令、型材加工图、型材加工数据、型材加工指令、结构装配图等二维图表和数据,用于施工作业与管理。

2. 船体生产设计的基本要求

(1)应立足于在船厂的全部产品和舾装各个专业全面推行生产设计,而非单一的进行船体生产设计。

(2)应贯彻建造方针、施工要领、设计要领等文件所提出的要求。

(3)应根据作业阶段和生产区域,包括工位生产活动的需要,设绘工作图和管理表,并提供有关施工信息及技术要点。

因此,必须对船体建造的各个作业阶段在设计前作出规定,一般顺序是:零件加工、部件装配(小组)、组合件装配(中组)、分段装配(大组)、分段总组和船体总装等六个基本作业阶段。

3.1.2 船体生产设计的基本内容及工作流程

1. 船体生产设计的基本内容

船体生产设计按照程序可分为前期准备、三维数字化建模、生产设计图表的设绘等阶段，各阶段工作的基本内容如下：

1）船体生产设计的前期准备

（1）前期设计图纸、技术资料输入评审。即跟踪相关设计阶段的图纸设计状态，对于图纸的修改要提前预知及判断，了解送退审（如船级社、船东及船厂）状态，以及各方面意见封闭情况，做好后期工作的策划，以避免出现大量的修改。同时，对技术规格书、总布置图、舱容图、型线图、中横剖面图、船体结构节点图等主要图纸及资料进行评审。

（2）合作船厂调研，其内容主要有：

① 场地布置。了解船厂钢材堆场、船体加工、分段装焊、分段涂装、总段装焊、船台（坞）搭载场所的布置情况，各厂房车间的尺度、设备配置情况，并了解各个车间的生产能力。

② 组织结构。了解船厂各部门、车间的组成和各生产场所相互关系，各部门、车间的职责范围，物资配套的情况。

③ 生产流程。了解船厂的造船方法、造船全过程的工艺流程、组织形式、产品的生产、加工流程。

④ 生产惯例。了解船厂生产、管理、设计上常用的方法和思路，对正在进行的项目进行实地调研；了解船厂加工车间采用的成熟的且行之有效的工艺、技术和习惯做法。

（3）《目标船生产设计标准》的编制。即通过对合作船厂的调研，将项目设计过程中引用的国家标准（GB）、行业标准（CB）、合作企业标准等进行归类整理，明确生产设计编码、生产设计图号、生产惯例、生产设计节点等详细设计标准。

（4）船体生产设计要领的编制。主要是对项目概况、设计范围、产品工程分解（WBS）、工作包（WOP）分解、质量控制方案等进行策划。

2）船体三维数字化建模

现均应用专门设计软件系统（如 AM 等）进行，三维数字化建模流程如图 3-1 所示。

（1）区域性建模。即根据建模区域的划分，在工艺性图纸及详细设计图纸的基础上，进行区域大板架建模工作，在评审后，根据设计标准及工艺方案进行分段模型细化工作。

（2）分段模型的自检。当船体分段的模型工作完成后，需要对所建模型进行自检，对修改的内容要留下相关记录。

（3）分段模型的校审。当船体分段的模型工作完成并自检修改结束后，由校审人员对模型进行校审工作，并留下校审记录。

（4）专业间模型评审。在专业间模型评审前，应保证本专业模型完成。需评审的是各区域设备布置、舱室布置、通风布置情况，检查有无遗漏、错位现象。

（5）技术封闭状态下的船体分段模型提交。技术封闭状态下的船体分段模型是指：已完整、准确地表达了在技术协调会之前的前期设计图纸资料的信息，满足建造方针确定的船体建造工艺要求，并与其他专业充分协调后的模型。

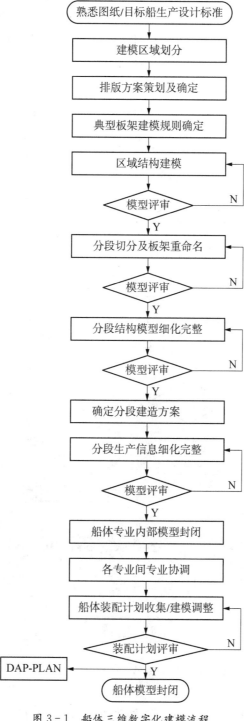

图 3-1 船体三维数字化建模流程

3) 船体生产设计图表的设绘

船体生产设计图表设绘流程如图 3-2 所示。其流程为基于专门的设计软件(如 AM 等)开展船体型线放样、曲面建模、平面建模工作。在此基础上,绘制船体部(组)件图、船体分段结构图、节点图,进行船体零部件的编码与生成,提供套料切割、内场划线的数据,以及余量和补偿量的发放信息;出船体零件明细表和材料汇总表,进行重量和重心统计及涂装面积计算等。一般分船体生产设计一级图表的设绘和二级图表的设绘。

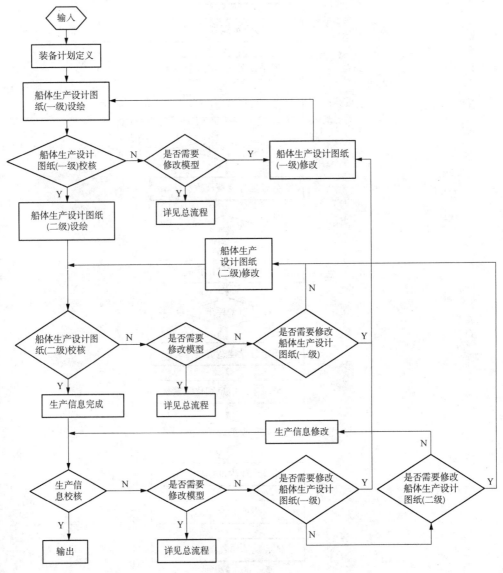

图3-2 船体生产设计图表的设绘流程

(1) 船体生产设计的一级图表主要包含:结构图、拼板图、部/组件图、胎架图及零件明细表等,如图3-3所示。

(2) 船体生产设计的二级图表主要包含:外板加工图、型材加工图、套料图(如备料、余料清单、切割数据)及焊接物量等生产信息,如图3-4所示。

2. 船体生产设计系统及工作流程

船体生产设计系统通过船体型线数字化放样、曲面建模、平面建模,建立了具有拓扑关系的三维数字化船体结构模型,该模型具有船体结构的几何、物理、工艺等属性。从模型中

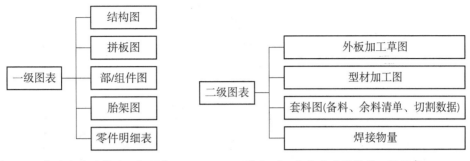

图 3-3　船体生产设计的一级图表　　　　图 3-4　船体生产设计的二级图表

可分解全船结构的板材和型材零件,建立产品结构树,进而生成满足生产所需的各类工作图表。船体生产设计系统主要由船体型线系统、船体结构建模、船体图纸生成、船体零件生成、零件套料、材料管理及生产管理用表等功能组成。

　　船体生产设计通常以项目为单位,工作流程贯穿整个项目的始终,以确保船体生产设计图纸、数据及相关资料满足生产的要求,其工作流程如图 3-5 所示。

3.2　船体数字化放样

　　船体数字化放样的内容主要包括船体型线光顺、船体外板和结构建模、船体内部结构建模以及船体生产信息后处理等。

3.2.1　船体型线数字化放样

　　船体型线图描述了船体外板的形状特征。即通过在三个相互垂直的投影面上,以船体型表面的截交线,投影线和外轮廓线来表示船体外形的图样。其最主要的特征是一组三向光顺的曲线,这些曲线是船舶建造的基础。以前,曲线的光顺是在样台上采用手工放样,其劳动强度大、误差大,其效率低下。现在应用计算机进行数学放样,大大推动了造船向数字化、自动化、智能化方向的发展。

　　1. 船体型线数字化放样的内涵

　　目前,船体曲面的生成基本采用非均匀有理 B 样条(Non-Uniform rational B-splines,NURBS)的方法,在 3D 建模内部空间用曲线和曲面来表现轮廓和外形。即通过光顺好的型线把船体型表面划分为多个曲率较小的四边形区域(也可以是三边形),建立以角节点为控制点确保边界连续的一次、二次或三次曲面(NURBS 曲面)片,再由这些曲面形成船体表面。

　　所谓船体型线数字化放样就是以计算机为工具,运用数学原理和方法进行船体型线放样的工作。通过计算建立船体型线的数学样条函数和运算代替手工放样的原理,对船体型线进行调整和光顺。以 AM 为例,AM 完全吸纳了 TRIBONM3 的 LINES 型线放样设计系统,其可以快速地设计光顺的大部分船型,包括不对称船型和多体船等复杂船型,直接达到生产的要求。即在 LINES 型线系统中建立产品数据模型,正交的网格和 3D 曲线被用来生成双三次 B-样条曲面(bi-cubic b-spline surface),也就是利用三个相互垂直平面上单根曲

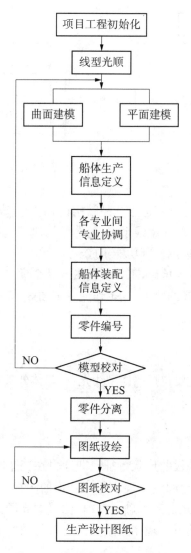

图 3-5 船体生产设计工作流程

线的相互投影关系,用单根型线的光顺解决立体船型的光顺问题。

2. 船体型线数字化放样的内容及流程

确定了数学样条和光顺方法,就具备了用计算机进行三向光顺的必要条件。基于目前 LINES 型线系统的功能,以计算机自行处理为主,人机图形交互处理为辅助的处理方式,其主要工作流程如图 3-6 所示。

1)船体型线数字化放样数据准备

按照型线系统事先安排好计算的顺序和计算方法,将船体型线图和型值表以及船体艏艉部形状与舯部的配合关系,都转换成按照三向光顺计算程序需求的格式数据,并且要根据规定的次序导入 LINES 型线系统。

(1)数据处理的主要内容包括:艏艉轮廓线、圆弧半径线、平边线、平底线以及最高水线等。

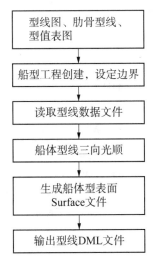

图 3-6　船体型线数字化放样流程

（2）三向光顺计算中，需要提供的主要信息有：站线、水线、纵剖线、甲板/艏楼等线、肋骨线、最大宽度、甲板梁拱值等。

（3）三向光顺计算中，需要提供的主要数据表有：板宽型值表、半宽首末点表、高度表、高度首末点表、水线与纵剖线交点表、横剖站线首末点表、水线平面圆弧信息表等。

2）边界线处理

在单根曲线光顺之前，必须将型线的曲线部分与直线或圆弧分开，即确定边界条件。决定端点条件的船体边界线主要有平边线、平底线、艏艉端切点线以及折角线。

3）三向光顺计算

当边界条件确定后，便可对三个投影面上的各组型线进行光顺计算，也就是三向光顺。其主要任务是修正不光顺的设计型值，使经过光顺计算后的船型曲线型值数据既符合设计要求又能保证使整个船体外表面光顺美观。

4）计算结果输出

基于 LINES 型线系统输出的为船体数字化 Surface 型线数据模型（.DML 文件），用于后道船体结构外板建模、内部结构建模。

3. AM 中的 LINES 型线系统在船体型线数字化放样中的应用

其详细内容可参阅 AM 系统软件-LINES 型线模块。

1）初始化配置

在 AM 程序菜单中，进入 Initial Design 文件，选择启动 Project Tool，创建工程文件夹并定义船型主尺度、坐标、单位参数。

2）建立船型设计项

在 AM 程序菜单中，进入 Initial Design 文件，选择启动 Lines。在 File 菜单下，使用新建功能，创建新船设计项。

3）创建基本曲线

（1）使用 Project Tool 创建工程所在目录及设计缺省（如主尺度等）。

（2）根据型线图确定光顺所需的边界线，如艏艉轮廓线、平边线、平底线、艉封板、艉轴出口及其他一些边界线,并编辑数据文件。

(3)编辑站线的数据文件。

4)船体型值数据录入

(1)使用型值:通常使用 britfair 格式。

(2)插入水线、纵剖、肋骨曲线。使用工具栏 Fairing 命令或者右键进行插值曲线。

(3)创建三维控制线。

(4)创建平行中体。

(5)创建边界(Boundary)曲线。主要是通过 Create 对话框来实现,如图 3-7 所示。

Boundary 曲线一般包括:艉中纵剖线(Stern Profile)、艏中纵剖线(Stem Profile)、Flat of Bottom 平底线(FOB)和 Flat of Side 平边线(FOS)四条曲线。这四条曲线是所有曲线中优先级最高的曲线,它们对船舶的长、宽、高进行了限定。

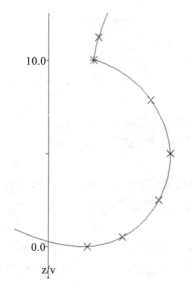

图 3-7　生成 Boundary(边界)曲线

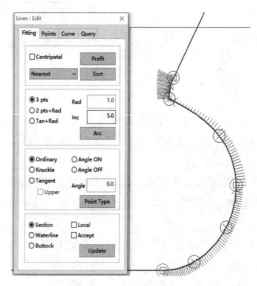

图 3-8　编辑控制点

(6)对比船体型线图,将生成的曲线进行修改调整。注意,控制点的类型有三种,分别为折角点(Knuckle 点)、切点(Tangent 点)和普通点(Ordinary 点),其中 Tangent 点、Knuckle 点可以设置角度,可按照相应需求对关键点进行调整,如图 3-8 所示。

5)三向船体型线光顺

在传统的光顺手段中,为了获得光顺的船体型表面,必须定义很多正交曲线,这是一个费时费力的过程。为了简化并加快光顺进程,在 Lines 中可以采用少量 3D 曲线(如 Pline)的方法,这就需要在原始横剖线基础上创建一系列的 3D 曲线,这些曲线是通过在横剖面上定义 Cline 和横剖线相交形成的。这些 3D 曲线需要经过不断地光顺,并且横剖面的数量也会增加,直到满意。这时可用横剖线插出比较光顺的水线和纵剖线。如果需要进一步光顺,可以通过对 3D 曲线的修改来完成,同时横剖线进行更新,水线和纵剖线也随之更新。在光顺过程中,在船的末端往往按肋距或半肋距插入横剖线,如在艉部常常会插入很多横剖线,这就需要在局部采用适当 3D 曲线来对其进行控制,以达到光顺,如图 3-9 所示。

船体型线的光顺次序如下:

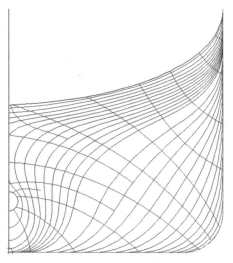

图 3-9　Pline(样条)曲线布置

（1）拆分船型。当使用 3D 曲线进行光顺的时候，很方便的做法是为船的艏、艉部分创建两个数据库，定义同时适合艏、艉两部分船体的 3D 曲线。在 File 下拉菜单中选择 Split Design。

（2）创建三维曲线并光顺。通常将三维曲线投影到两个视图中，通过对相应的二维曲线的光顺操作，来实现三维曲线的光顺。为了避免在这一过程中出现问题，需要对三维曲线进行处理，具体如下：

① 如果 3D 曲线与 FOS 相交，删除平边区域内的点，不包括 FOS 点，并在水线视图中将 FOS 点设为 0 度，如图 3-10 所示。

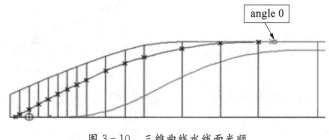

图 3-10　三维曲线水线面光顺

② 如果 3D 曲线与 FOB 相交，删除平底区域内的点，不包括 FOB 点，并在侧剖视图中将 FOB 点设为 0 度，如图 3-11 所示。

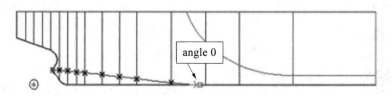

图 3-11　三维曲线纵剖面光顺

③ 对 3D 曲线进行排序。可以使用 Edit 对话框进行排序。

（3）重新拟合肋骨线/站线并进行光顺，如图 3-12 所示。要把用 Pline 插出来的横剖线和光顺过的初始横剖线进行对比，目的是保证用来总体光顺的初始点能够精确地代替原始数据。

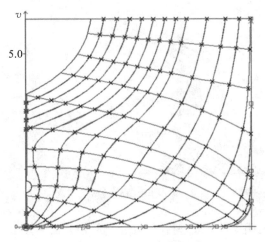

图 3-12　拟合肋骨线/站线

（4）更新肋骨线/站线。以肋骨线/站线为依据拟合水线和纵剖线，查看光顺情况。曲率曲线是判断光顺的直观工具，如图 3-13 所示。

图 3-13　曲率曲线

（5）合并艏、艉段船体。艏、艉段分别完成型线光顺后，便可进行船体合并工作。单击 File，在下拉菜单中选择 Join Design，在弹出的对话框中的 Join With 栏中选择艉部的文件，命名合并后文件的名字，并选择合并的位置，点击 Join 进行合并。

6）Surface Patches 生成

在下拉菜单 Edit 中选择 Patch and Curve Editor，并用左键在图形窗口上点取曲线，选中相应的曲线后，按右键即可打开 Patch。Patch 的图形用户界面如图 3-14 所示。

7）输出型线文件

在 Hull Form 浏览窗体中，创建船体型线名称，并添加生成的 Surface 所有文件，同时右键添加勾选所有文件。接下来，右键 Release，释放文件（＊.DML 文件）。

案例 3-1　某船船体型线光顺（视频）

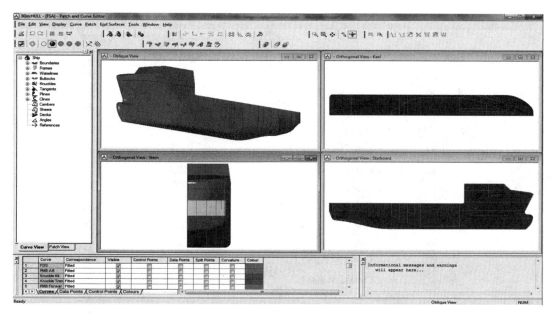

图 3-14　Patch 用户界面

3.2.2　船体曲面建模

1. 曲面建模的内涵

曲面建模(curved hull modeling)主要用于外板和曲型材的建模,是在船体外板型线三向光顺结束之后进行。其主要功能是用来创建所有的船体外板(shell plate)和外板上的各类型材(stiffener),并提供对所创建对象进行修改、删除、复制检查等。

不同于平直结构板架,船体外壳是流线型的双曲度光顺空间曲面,所以,外板及外板纵骨、肋骨需要用曲面创建。某些特殊附体如锚台、舵叶、假舵、分水舯等复杂的线性曲面型,也需要用曲面建模完成。

通过曲面建模,创建外板和曲型材,从而得出其他多种生产及加工信息,如外板展开、型材展开、外板加工图、型材加工图等。

2. 曲面建模的内容及工作流程

曲面建模命令如图 3-15 所示。

曲面建模主要包含创建船体型线(Create Hull Curves)、创建曲面板缝(Create Seam/Butt)、创建曲面型材(Shell Profile)、创建曲面外板(Create Shell Plate)、创建曲面板架(Curved Panel)等内容。

船体曲面建模工作流程如图 3-16 所示。

3. AM 中的 Curved Modeling 在船体曲面建模中的应用

其详细内容可参阅 AM 系统软件——Hull Detailed Design-Curved Modeling 曲面模块。

1) 创建船体型线

在创建一个新的工程后,在曲面建模中首要任务是检查船体外形,即创建一系列肋位剖

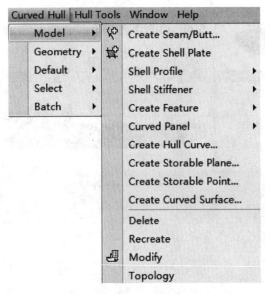

图 3-15 曲面建模命令

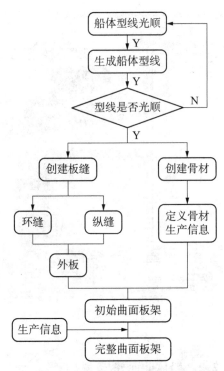

图 3-16 船体曲面建模工作流程

面线、纵剖线和水线组成的船体型线,除肋骨线、纵剖线和水线外,船体曲面上的任何一根曲线也被认为是船体型线。

这里需要指出的是,由于板缝、外板型材的轨迹线都属于船体型线,所以其创建的方法是相同的,后面板缝、外板型材的创建均可参考此步骤。

(1) 打开软件切换到 Hull Detailed Design-Curved Modeling 曲面模块。

(2) 定义型线(Defining the line of a Hull Curve)。前提:需定义缺省项,即缺省值、缺省曲面及缺省限制框。

(3) 定义缺省曲面。选择曲面 Curved Hull-Default-Surface,如果不进行特殊操作,系统总会默认主船体为缺省曲面。

(4) 定义缺省范围。即缺省限制框 Curved Hull-Default-Box。

(5) 创建船体曲线界面。缺省值定义结束,开始下拉菜单:Curved Hull＞Model＞Create Hull Curve。

(6) 船体曲线建模。在 Curve Data 选项卡内,点击 Advanced 键,系统显示如图 3-17 所示界面。

创建船体型线的方法主要有:截面法(By Plane)、柱面法(By General Cylinder)、偏移法(Parallel Another Shell Curve)、合并法(Combination of Curves)、调用法(Get Curve from External Source)等。

(7) 型线数据的应用与存储:

① 判别创建的型线是否符合用户要求:选择下拉菜单 Curved Hull＞Select＞Apply。

② 创建的型线符合用户要求并保存:选择下拉菜单 Curved Hull＞Select＞Apply and

Type of Shell Curve

Type of Plane

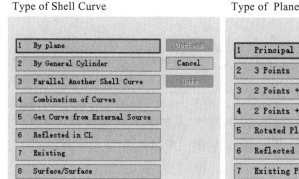

曲线建模方法选择　　　　　　　　截面法

图 3-17　船体曲线建模界面

Deactivate 将型线存入数据库并退出当前操作。

③ 如需放弃当前操作：选择下拉菜单 Curved＞Select＞Deactivate All 退出当前操作。

注意：创建曲面模型只有保存在数据库中才能生效，若仅保存于当前工作区，将不能被调用。

此外，对船体横向曲线、纵向曲线、水平曲线分别按规则命名。

2）创建曲面板缝及要点

在曲面建模中，沿船舶纵向所生成的板缝一般称为纵缝（Seams）；沿船舶横向所生成的板缝称为环缝（Butts），而其他倾斜的板缝，AM 系统会自动定义其归属。曲面板缝类型如图 3-18 所示。

（1）创建纵缝和环缝（Creating Seams and Butts），下拉菜单 Curved＞Model＞Create Seam/Butt。

① Name 板缝名称：在这一栏中已为在HULLREF OBJECT 中定义的板缝提供了前缀。用户需再增加范围，应在 1→9999 一字符串，从而为每一条板缝生成一个单独的名字，通常出现以下两种不同的情况：

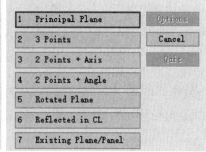

图 3-18　曲面板缝示意图

a. 在选择列表中没有被激活的曲线，系统将给出提示允许用户定义这条板缝线。定义曲线后系统将为这条板缝提供一个名称。

b. 在选择列表中有被激活的曲线，系统将沿这条曲线生成一板缝。系统也将会给这条生成的板缝提供一个名称。

② Symmetry 对称性：包括左右对称、仅左、仅右和跨中四种选择。此栏中的选项和当前缺省的对话框设定是各自独立的，且应在限制框里的范围内。

注意：一般情况的板缝为对称或者仅左仅右，但在甲板曲面上的横缝线定义为跨中，且不设定左右最大、最小范围。

③ 分普通板缝和分段缝。如果是分段缝，在图框内打钩，则相应的模型板缝线条会

变粗。

（2）板缝创建要点：

① 板缝是用来定义所有外板边界的。基于这个原因，在每块板的拐角处板缝与板缝必须保证有交点。考虑后期增加余量信息，因此，每条板缝范围要超出板缝相交点大于余量值（一般为 50 mm）。

② 检验板缝布置合理性：通过 Curved Hull View 中的 Developed Plate 选择相关板缝围出单块虚拟展开板，生成可观察的单板展开草图。据此，可检查板缝与纵骨的间距，对不满足要求的板缝进行调整；检查板缝与平面构件的间距和夹角，并对间距和夹角过小的情况进行调整；

③ 根据各板缝定位点的坐标、起止位置、BOX 的大小整理后列表保存，并严格按照命名规则（如区域代号、板缝类型代号、板缝序号）取名。

3）创建曲面骨材及要点

定义在船体曲面上的船体纵骨、肋骨、横梁、扶强材等都被统称为曲面骨材。曲面建模初期的工作重点是创建曲面骨材并调整好角度，其工作流程如图 3-19 所示。

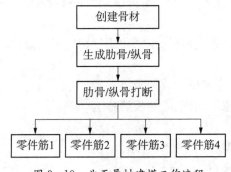

图 3-19 曲面骨材建模工作流程

（1）创建曲面骨材。

① 执行命令：Curved Hull>Model>Create Shell Profile，设置缺省值及范围；定义骨材理论线，即骨材与外板相交轨迹线。

② 选择需要被打断的骨材。执行命令 Curved Hull>Model>Shell stiffener>Splitting；

③ 骨材的合并。其是打断的逆向操作，执行命令 Curved Hull>Model>Shell stiffener>Combine，将断开的骨材合并成一根。

④ 通过骨材展视图，可以检查外板骨材布置是否合理。但必须注意，在展开骨材之前，必须执行 Curved Hull>Model>Shell Stiffener>Prof Profile DB，将外板加强材存到加工型材数据库中。其步骤如下：

第一步：执行命令 Curved Hull View>Shell Stiffener；

第二步：指示要展开的骨材，按 OK，系统会显示展开的型材草图（见图 3-20）。

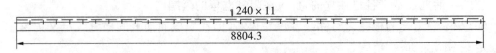

图 3-20 型材展开草图

（2）曲面骨材创建要点：

① 纵骨和肋骨应该整根创建，然后选择参考对象将曲面骨材（Shell Profile）打断成曲面型材（Shell Stiffener），其安装角度、端切形式、连接形式等在曲面型材上进行定义。

② 根据各纵骨定位点的坐标、起止位置创建骨材并调整角度，严格按照命名规则分别对外板纵骨（如区域代号、纵骨编号、分支序号）、外板肋骨（如肋位号、分支序号）取名。

③ 给每根纵骨开流水孔、通焊孔。检查每个流水孔是否与平面构件冲突，流水孔和通焊孔的间距是否合理，对不合理的进行修改。

④ 依次给每段曲面骨材（shell stiffeners）添加坡口、余量、端切形式、骨材大小等信息。

4）创建曲面外板及要点

曲面外板是由板缝创建得到的，板缝也是曲面的边界。

（1）创建曲面外板。下拉菜单 Curved＞Model＞Create Shell Plate，系统显示界面。

① Single Shell Plate，即创建单块外板，应单独选择每一条板缝。选择的时候按顺时针方向，从最靠近船后的那条板缝开始。

② Multiple Plate from Gird，即创建多块外板，依次选中网格内的所有板缝。首先，从最靠近船尾的那条环缝开始选择所有的环缝，点击 OC 按钮。其次，选择所有的纵缝，从距离船舯最远的那条开始，结束以后点击 OC 按钮。

用以上的方法定义完板的边界后，系统显示界面，即 General 页面项。其中，Plate Name：板的名字（即分段名＋组立名＋位置号规则）；Posno：给板定义位置名；Symmetry：定义将要生成的外板在船体的哪一侧（即左右对称，仅左或者仅右）；Thickness inside：船体型表面理论线以内的板的厚度；Thickness out side：船体型表面理论线以外的板的厚度；Quality：材质的代码或材料的规格（若不填，默认为 A 级钢）。

（2）曲面外板创建要点：

① 板缝定义后且已经校验了展开板的尺寸及加工性，就可以开始创建曲面外板，其坡口及余量信息都在板缝中添加。

② 通过点取每块板的板缝可以显示展开板的草图，据此，可以判断展开的板是否太大、加工是否复杂，如果板缝布置不合理，可以通过移动板缝或添加新的板缝。其展开数据可为外板订货提供准确的依据。

③ 将外板展开图提供给船厂确认余量和坡口等工艺信息，根据船厂反馈，生成新的曲面外板（shell plates）。

此外，对船体外板按分段号-"SH"-序号规则命名。

5）创建曲面板架及要点

（1）创建曲面板架。

将创建好的曲面外板和按照分段断开的曲面型材收集在一起即可形成曲面板架。即曲面板架是外板及外板加强材的集合，是曲面建模的最终模型。

① 执行命令 Curved＞Model＞Create Curved Panel。Panel Name：系统显示界面，信息有：曲面板架名称；Block Name：分段名；Shrinkage：分散余量；Sym：对称性。

a. 完成上述菜单后，选完外板，按 OK 钮，再选加强材，按 OK 钮，系统开始生成曲面板架，然后执行命令 Curved＞Select＞Store and Skip 保存板架。

b. 当外板及外板加强材加到曲面板架后，系统会对它们重新命名。即板的名字、加强材的名字。

② 根据实际需要对外板板架进行修改：

a. 使用 Curved＞Select＞Advance，选择要修改的板架。

b. 执行 Curved＞Model＞Modify，系统显示界面，信息有：Add：增加曲面板和曲面筋；Remove：从板架中增加曲面板和曲面筋；Shrinkage：焊接收缩量；Handle Holes：增加曲面开孔。

（2）曲面板架创建要点：

① 对跨中的外板及扶强材，必须在左右舷分别创建曲面板架。

② 生成曲面板架后，若要修改曲面板架上的外板、扶强材，需先将此零件从曲面板架中删除后再进行修改。

③ 对曲面板架按分段号-"CP"-序号规则命名。

曲面建模把外板分解成易管理的曲面板架，程序可以根据这些板架进行数据处理，给生产部门提供详细的生产信息，比如重量重心、胎架计算、外板展开画线、样板样箱计算及型材加工信息等。图 3-21 为曲面板架的建模效果。

案例 3-2　某船船体曲
面板架创建
（视频）

图 3-21　曲面板架建模效果

3.2.3　船体平面建模

1. 平面建模的内涵

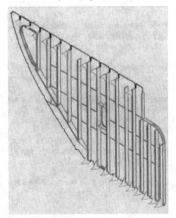

图 3-22　平面板架示例

平面建模主要是对船体内部平面板架进行建模，例如平台、舱壁等。用于建立船体上为平面的板架，以及属于该平面板架的一些属性和零件，包括平面板架的位置等基本属性、边界信息、板缝线、板零件、内孔、边界孔、扶强材、面板、折边、贯通切口、辅助划线等信息。图 3-22 所示的横舱壁板架，由 5 块板、18 根扶强材、24 块肘板、3 块面板和 11 块补板组成。

平面建模在不同的设计阶段具有不同的用途。在初步设计阶段：建立早期的数学模型；根据模型生成设计（送审）图。使用模型信息作为不同活动的基础，如重量初估、材料订货等。在详细设计阶段：进一步细化模型，将早期的设计模型分成生产单元并添加详细的信息;从细化的模型中生成工作图;使用模型作为生产信息的基础。

2. 平面建模的主要内容及工作流程

1) 平面建模的主要内容

平面建模可以分成两个部分:

(1) 板架创建。板架是构成分段的基本单位,船体数据库的结构如图 3-23 所示。

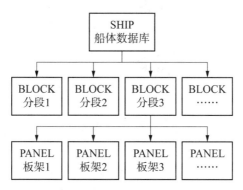

图 3-23　船体数据库的结构

根据详细设计图纸,每块板架需要定义的内容如图 3-24 所示。板的定义包括板厚、相对于理论面的位置和材质。板架内每块板都必须进行板的定义,如果有多块板,必须给出坐标来标识不同的板,如果只有一块板,则不需要坐标。

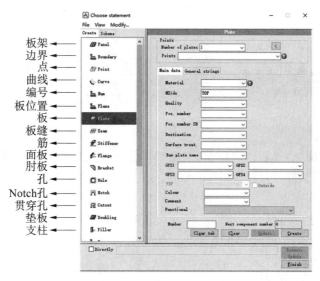

图 3-24　板架定义界面

(2) 船体工艺信息创建。在船体平面建模完成之后,须从 AM 船体结构模型中提取出一些图纸与数据,其主要目的:一是为船厂提供相关的管理信息,方便现场工作的安排;二是使生产现场工作能够顺利地开展,达到设计、生产、管理一体化。

船体生产信息需要定义的内容如图 3-25 所示,主要包括:精度(如余量、补偿量、收缩

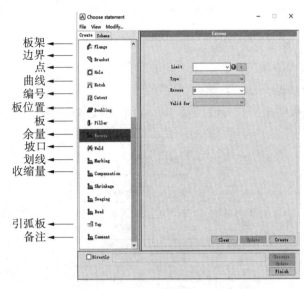

图 3-25 船体工艺信息定义界面

量等)、划线、坡口、类型码和加工码等。

由此可见,通过平面建模主要完成以下工作:一是根据船体结构图创建船体平面模型,包括各类生产信息和工艺信息;二是建立三维数字化模型的同时,生成船体施工图;三是施工图图面信息的标注和出图;四是输出生产和加工信息,如型材加工草图、重量重心表、零件报表等。

2) 平面建模工作流程

定义板架属性→板架边界→板缝创建→板创建→型材创建→孔创建→肘板创建→余量(Excess)加放→补偿量加放→收缩量(Shrinkage)添加→划线(Marking)→坡口(Bevel)创建→定义零件号。

3) 平面建模要领

(1) 基本原则。

根据详细设计图纸,一般选取甲板、平台或纵壁等大结构作为基准板架,依次对连续的主要结构、间断的强构件、散装构件进行建模工作。

(2) 建模顺序:

① 视图定位,在想创建板架的位置剖切一个视图。

② 按建模标准定义板架(PANEL)命名,并定义板架的位置及所属分段等信息。

③ 定义板架边界。

④ 先定义板缝(SEAM),再定义板厚(PLATE)。

⑤ 在板架上添加其他构件。

⑥ 拷贝板架,移动板架,拆分板架。

(3) 建模要点:

① 创建板架边界时,首先应建立主要结构作为基准板架,其他板架的边界尽量参考已存在板架,以形成拓扑关系,尽量少采用绝对坐标植,减少板厚产生的边界误差以及后续改

动产生的漏改,尤其是对要开贯穿孔的边界。板架最少有 2 条、最多有 12 条边界,边界必须形成封闭轮廓。边界标号以出现的顺序给出边界的连接点(角 Corner),SCH 文件中 PAN、BOU 语句只能出现一次。

② 对于板厚分中的板架,一个 SCH 板材语句只能定义一块板,以避免板厚错误。

③ 创建型材时,型材端头应尽量参考已存在构件,少采用绝对坐标值作为端头限制。当型材需延续到其他板架时,不要参照边界来定义型材,避免错位。

④ 无论型材或板材,在开切口或开孔时,一定要注意不要在同一位置重复开两次。

⑤ 对采用切割机自动划线的板材,建模时,一定要按理论线基本原则建模。

⑥ 板架的命名规则:分段名-位置代码-或者_顺序号,长度不能超过 16 位字符。另外,在船体结构建模时,部分肘板结构需要用平面板架创建,那么该肘板板架的命名规则为:分段名-B-数字编号。

⑦ 板架的位置代码命名规则:

横向板架的位置代码,如果此板架正好在肋位上,则用"FR"+肋位号作为位置代码。

纵向板架的位置代码,如此板架在纵向标尺上,命名一律用 LP+标尺代号作为位置代码。

水线面方向板架的位置代码,如此板架在 Z 向标尺上,命名一律用 LP+标尺代号作为位置代码。

斜剖面位置的板架位置代码,用 XYZ 作为位置代码,并将后面的"-"修改为"_"。

3. AM 中的 Planar Modeling 在船体平面建模中的应用

其详细内容可参阅 AM 系统软件——Hull Detailed Design-Planar Modeling 平面模块。

1) 定义板架属性

板架属性定义界面,其相关说明如表 3-1 所列。

表 3-1　板架属性定义说明

Panel name:板架名	Panel type:板架类型
Block:分段名	Data type:数据类型
Valid:板架属性	Location:板架位置

2) 板架边界

板架边界定义界面,其相关属性说明如表 3-2 所列。

表 3-2　板架边界定义说明

Line:使用直线定义板架边界	Curve:使用曲线定义板架边界
Surface:使用外板曲面定义边界	Profile along:沿着型材方向定义边界
Profile crossection:型材截面方向定义边界	Overlap Profile:型材搭接方式定义边界
Plane panel:使用相邻板架定义边界	Intersect panel:使用相交板架定义边界

3) 板缝创建

板缝定义界面,其相关属性说明如表 3-3 所列。

表 3-3　板缝定义说明

Type：板缝类型			Define ends：板缝定义边界
Along line：沿着线	Along curve：沿着曲线	Across panel：贯穿板架
Along panel：沿着板架	Pll to limit：平行于边界	From：从某处开始
Pll to limit tan：平行于边界的切线方向	Pll to seam：平行于板缝	To：到某处结束
Perp to limit：垂直边界		From/to：从某处开始到某处结束

4）板创建

板属性定义界面，其相关说明如表 3-4 所列。

表 3-4　板属性定义说明

Number of plates：板编号	Points：定义板的拾取点
Material：板厚	Mside：朝向
Quality：材质	

5）型材创建

型材创建定义界面，其相关属性说明如表 3-5 所列。

表 3-5　型材创建定义说明

Type：扶强材类型	Dimension：扶强材规格	Side：扶强材在板架的哪一边	Quality：扶强材材质	Material Side：扶强材厚度朝向	Mould line：扶强材位置定义	Reverse Direction：端部结束形式
扶强材端部定义说明：						
Bevel：在扶强材的端部开坡口，如果为 T 型材，可以分别设置腹板和面板的坡口类型					Excess：在扶强材的端部添加余量	
型材端切定义说明：						
Conn：链接代码		Cut：端切形式		Par：辅助端切形式来进一步描述扶强材的端部形式		

6）孔创建

结构开孔可分为：结构自身开孔（如流水孔、通道孔、减轻孔、过焊孔、透气孔、止漏孔、止裂孔、塞焊孔等）和各类舾装（如铁舾、机舾、电气等）开孔（如门孔、窗孔、管孔、电缆通道孔等）。孔属性定义界面，其相关说明如表 3-6 所列。

表 3-6　孔属性定义说明

hole in plate：板架开孔		Hole in stiffener：型材开孔		
Dedignation：开孔类型	Type：定位类型	Offset：扶强材边缘到开孔中心距离	Inclination：开孔倾斜角度	Stiffener：选择所需开孔的扶强材

7）肘板创建

肘板创建定义界面,其相关属性说明如表 3-7 所列。

表 3-7　肘板创建定义说明

Syntax:肘板连接形式	Name:肘板名字
Side:肘板在主板架的哪一侧	Valid for:肘板的对称性
Colour:肘板在视图显示的颜色	Thickness:肘板的厚度
Material side:肘板厚度的朝向	Quality:肘板的材质

8）余量创建

余量创建操作界面,其相关属性定义说明如表 3-8 所列。

表 3-8　余量创建操作界面选项

Limit:余量增加的边界	Type:类型（可区分阶段）
Excess:余量大小	Valid for:添加余量的对称性（仅左,仅右,左右都添加）

注意:目前 Type 里仅选择 Panel 一种模式。

9）补偿量创建

因补偿量种类较多,此处仅介绍三角补偿量操作方法。三角补偿量创建操作界面,其相关属性定义说明如表 3-9 所列。

表 3-9　三角补偿量创建操作界面选项

Type:三角补偿量种类	Limit:选择边界
Conner:选择添加角	Size:三角补偿量大小
Length:三角边长	

10）收缩量创建

在定义完板架的材质信息后可以添加收缩补偿量。收缩量创建操作界面,其相关属性定义说明如表 3-10 所列。

表 3-10　收缩量创建操作界面选项

Main Direction:选择收缩量主平面	Perpendicular to Main Direction:垂直于主平面
Along Main Direction:沿着主平面	Perpendicular to Seams:垂直于板缝
Factor:需要添加的补偿量	Partition:添加补偿量的基数

注:Auto 里打钩的位置一定不可勾选!

11）划线创建

划线创建操作界面,其相关属性定义说明如表 3-11 所列。

表 3-11　划线创建操作界面选项

Marking type:划线种类	Side:位置
Distance:距边界距离	Limit:选择边界
Seam:选择板缝	Type:种类
Name:名字	Line definition:定义线

注:目前模型中划线的位置均已提前设定好,仅需在 Reference plane 里选则需要的位置即可。

12）坡口（Bevel）创建

坡口创建操作界面,其相关属性定义说明如表 3-12 所列。

表 3-12　坡口创建操作界面选项

Selection:选择自定义或自动添加	Code:坡口代码
Text:编辑文字	Side:坡口方向
Start/End:坡口起始位置	start_of_limit:从边界开始
int_with_line:从线开始	int_with_seam:从板缝开始
dist_from_start:距离起点距离	dist_from_end:距离终点距离

注意:Code 里除选择代码外,可以自己填写代码,如 21110 表示开大坡口

13）定义零件号

当一个分段建模完成后,要对分段内的构件赋位置号,这项工作可以自动完成,系统会对每个零件赋唯一的位置号,并对零件进行重名检查。其工作流程如图 3-26 所示。

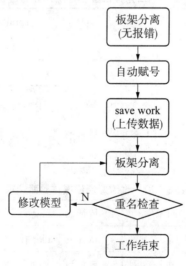

图 3-26　零件号赋值流程图

案例 3-3　某船船体平面板架创建（视频）

① 类型选择操作界面:Planar Hull＞Pos No＞Scope,选择分段。

② 自动生成零件号。

3.2.4　船体装配计划

1. 装配计划的定义

一是分段分解结构(BBS),即船体专业以船体结构的中间产品完整性为导向的产品结构分解,用于指导先行作业的工作分解。二是区域分解结构(ZBS),主要表达以区域完整性为导向的产品结构分解,用于指导后行作业中以区域完整性为导向的舾装、涂装作业分解。

2. 装配结构树的定义

分段的装配定义结构均按照中间产品方式进行。从造船整体流程角度出发,分段及分段以下的制造含四个制造级,即零件(加工)、小组(立)、中组(立)、大组(立)。从中间产品的理念,各类小组,无论先行小组、小组、T 排、拼板,都是小组级的中间产品(或称为部件);各类中组,无论先行中组、中组、子分段中组、曲面片体中组,都是中组级的中间产品(或称为组件);大组即为分段级的中间产品。故可定义其装配结构树,如图 3 - 27 所示。

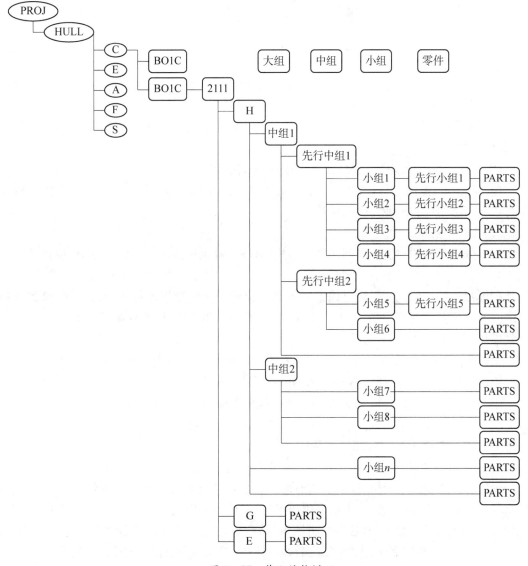

图 3 - 27　装配结构树

其特征在于：一是各节点均代表真实存在的中间产品；二是在各个相关图册中，提供了中间产品的工位及流向，而不是侧重在零件名中进行表达，如图 3－28 所示。

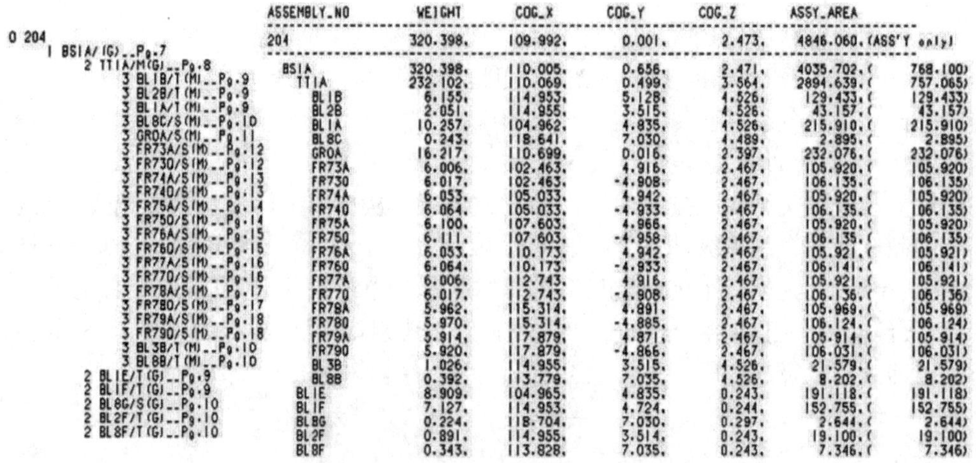

```
0 204
  1 BSIA/(G)..Pg.7
    2 TTIA/M(G)..Pg.8
      3 BL1B/T(M)..Pg.9
      3 BL2B/T(M)..Pg.9
      3 BL1A/T(M)..Pg.9
      3 BL8C/S(M)..Pg.10
      3 GROA/S(M)..Pg.11
      3 FR73A/S(M)..Pg.12
      3 FR730/S(M)..Pg.12
      3 FR74A/S(M)..Pg.13
      3 FR740/S(M)..Pg.13
      3 FR75A/S(M)..Pg.14
      3 FR750/S(M)..Pg.14
      3 FR76A/S(M)..Pg.15
      3 FR760/S(M)..Pg.15
      3 FR77A/S(M)..Pg.16
      3 FR770/S(M)..Pg.16
      3 FR78A/S(M)..Pg.17
      3 FR780/S(M)..Pg.17
      3 FR79A/S(M)..Pg.18
      3 FR790/S(M)..Pg.18
      3 BL3B/T(M)..Pg.10
      3 BL8B/T(M)..Pg.10
    2 BL1E/T(G)..Pg.9
    2 BL1F/T(G)..Pg.9
    2 BL8G/S(G)..Pg.10
    2 BL2F/T(G)..Pg.10
    2 BL8F/T(G)..Pg.10
```

ASSEMBLY_NO	WEIGHT	COG_X	COG_Y	COG_Z	ASSY_AREA	
204	320.398,	109.992,	0.001,	2.473,	4846.060,	(ASS'Y only)
BSIA	320.398,	110.005,	0.656,	2.471,	4035.702, (	768.100)
TTIA	232.102,	110.069,	0.499,	3.564,	2894.639, (	757.065)
BL1B	6.155,	114.953,	5.128,	4.526,	129.433, (	129.433)
BL2B	2.051,	114.955,	3.515,	4.526,	43.157, (	43.157)
BL1A	10.257,	104.962,	4.835,	4.526,	215.910, (	215.910)
BL8C	0.243,	118.641,	7.030,	4.489,	2.895, (	2.895)
GROA	16.217,	110.699,	0.016,	2.397,	232.076, (	232.076)
FR73A	6.006,	102.463,	4.916,	2.467,	105.920, (	105.920)
FR730	6.017,	102.463,	-4.908,	2.467,	106.135, (	106.135)
FR74A	6.053,	105.033,	4.942,	2.467,	105.920, (	105.920)
FR740	6.064,	105.033,	-4.933,	2.467,	106.135, (	106.135)
FR75A	6.100,	107.603,	4.966,	2.467,	105.920, (	105.920)
FR750	6.111,	107.603,	-4.958,	2.467,	106.135, (	106.135)
FR76A	6.053,	110.173,	4.942,	2.467,	105.921, (	105.921)
FR760	6.064,	110.173,	-4.933,	2.467,	106.141, (	106.141)
FR77A	6.006,	112.743,	4.916,	2.467,	105.921, (	105.921)
FR770	6.017,	112.743,	-4.908,	2.467,	106.136, (	106.136)
FR78A	5.962,	115.314,	4.891,	2.467,	105.969, (	105.969)
FR780	5.970,	115.314,	-4.885,	2.467,	106.124, (	106.124)
FR79A	5.914,	117.879,	4.871,	2.467,	105.914, (	105.914)
FR790	5.920,	117.879,	-4.866,	2.467,	106.031, (	106.031)
BL3B	1.026,	114.955,	3.515,	4.526,	21.579, (	21.579)
BL8B	0.392,	113.779,	7.035,	4.526,	8.202, (	8.202)
BL1E	8.909,	104.965,	4.835,	0.243,	191.118, (	191.118)
BL1F	7.127,	114.953,	4.724,	0.244,	152.755, (	152.755)
BL8G	0.224,	118.704,	7.030,	0.297,	2.644, (	2.644)
BL2F	0.891,	114.955,	3.514,	0.243,	19.100, (	19.100)
BL8F	0.343,	113.828,	7.035,	0.243,	7.346, (	7.346)

图 3－28　配套生产图册中的中间产品信息树

对于工位及流向信息，采用 ASSEMBLY 中的工位(working)、流向(destination)两个属性进行表达，其优点在于：

(1) 按照真实产品装配结构进行装配定义，各个节点均代表真实存在的中间产品，结构简明易于理解。

(2) 焊缝计算、中间产品重量计算、占地面积计算等均可直接提取。

(3) 对工位、流向等信息，在装配节点的属性中进行填写，而不再单独占级，装配结构纵深可依据实际生产管理能力进行调节。

3. 装配计划及工作流程

根据分段具体的建造方式制作装配结构树，需要确定船体结构小组立划分、船体结构中组立划分和船体结构大组立的划分。通过实船模型的分解进行船体结构的装配模拟，对结构装配模拟过程中发现的问题可以返回到平面建模或曲面建模模块中，对设计的模型做相应的修改。详细内容可参阅 AM 系统软件：Hull Detailed Design-Assembly Planning 装配计划模块。其工作流程如下：

第一步：通过 View-Addins 找到装配收集界面命令 Assembly Planning；

第二步：打开装配点选择 New assembly，创建装配级；

第三步：零件收集后，模型在 3D View 中颜色变淡后表示收集成功。

3.3 船体生产设计图表的设绘

船体工作图表是用于指导施工的图样，指示了船体建造过程中各作业阶段、各工位“做什么”，其作业对象“怎么做”。主要采用按工序、工位出图模式。其中，在与工作图配套的管理图表中，工作量最为集中的是零件明细表，其应表达的信息有零件名称、零件在图面上的位置、零件加工制作的顺序、工序/工位的作业任务，以及零件组合后的运送去向等。

3.3.1　分段结构图

1. 分段结构图的概念及作用

分段结构图是基于船体详细图以及其他相关图纸,标注分段施工时便于组立的各种信息的施工图。即标注各组立部门进行分段组立装配,总装部门进行分段总组以及大合拢时必要的各种信息的生产设计图,比如,零件形状、零件号、装配方法、尺寸、焊接、定位对合依据、合拢、预舾装件以及余量等信息,它包括了分段装配的全部工艺和管理信息。

通过分段结构图,可表达各零件形状/尺寸、部(组)件,制作零件切割图、部(组)件制作图。通过生产信息及组立装配图等进行现场生产作业。同时,也为其他相关部门提供信息,如为密性试验提供水/油密舱室,为涂装提供面积计算,为预舾装件提供安装参照等。

2. 分段结构图的设计内容及工作流程

分段结构图主要由施工要领、坡口节点及焊接方式、组立树及重量重心、分段组立详细顺序(DAP)、型值表、相关结构剖视图(如外板展开图、水平剖面、纵向剖面、横向剖面)、完工测量图、零件表组成。

分段结构图设绘工作流程如图 3-29 所示。

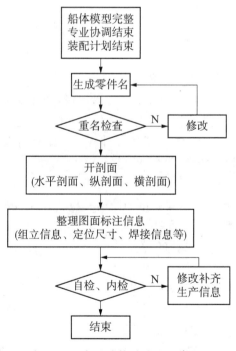

图 3-29　分段结构图设绘工作流程

1) 施工要领

施工要领反映的是船体分段的主要结构形式、分段的建造方式和胎架形式、分段的施工工艺要求(包括特殊工艺措施)、确保分段精度的型线型值,以及分段的焊接工艺及焊接要求。

其中分段施工工艺(按照船厂工艺要求)主要有:部(组)件装焊工艺、中合拢装焊工艺;分段焊接工艺(按照船厂工艺要求)包含:焊接方法及对应部位、焊接顺序以及主要事项。

2) 坡口节点及焊接方式

根据船厂的工艺设备及焊接工艺评定,制订相应的坡口节点图册。

3) 组立树及重量重心

组立树及重量重心主要反映分段各级组立名称、工位、流向,以及分段组立的重量重心、面积。图 3-30 为某货船船体 229 分段组立树及重量重心。

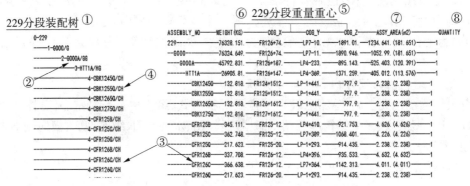

①装配树标题;②装配级;③组立名;④组立工位;⑤重量重心标题;⑥组立重量重心;⑦组立面积;⑧组立数量

图 3-30 某货船船体 229 分段组立树及重量重心

某货船船体货舱底部分段 DAP 图

4) 分段组立详细顺序

DAP 是分段装配计划完成后,将整个分段的装配顺序反映至平面图纸上。DAP 直观地表明了各个组件、部件的制造过程,以及分段的制作方式。即从分段上胎开始,模拟各零件、部件、组件等安装顺序,辅以简单的文字描述,作为现场施工顺序的指导文件。

5) 分段结构剖面图

分段结构图的主要剖面图由外板展开图、水平剖面图、纵向剖面图(见图 3-31)、横向剖面图(见图 3-32)组成。主要表达信息如下:

(1) 分段的主要尺度、分段合拢口位置、主要构件的基准尺度、肋距、纵骨间距、开口、开孔尺寸。

(2) 构件理论线符号及剖面图构件的连续性。

(3) 零件规格(长×宽×板厚材质)。

(4) 标准节点详图代号和一般详图图标。

(5) 流水孔、透气孔、过焊孔、型材贯穿孔(或补板)、止漏孔(或止漏孔段)、减轻孔等工艺类孔的位置和节点代号。

(6) 加强设备下的结构加强应依据船体或舾装详设位置在结构图上给出定位。

(7) 相邻分段的分段名、板件的板厚及构件形式。

(8) 构件接缝端部、边缘应标注切割余量符号及施放余量(或补偿量)标记。

(9) 构件接缝位置还应标注焊接型式与坡口符号。

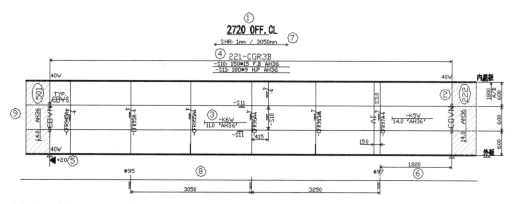

①标题;②合拢口坡口;③零件名;④组立名;⑤合拢口余量;⑥合拢口定位;⑦收缩量;⑧船体标尺;⑨相邻分段、板厚。

图 3-31　纵向剖视图

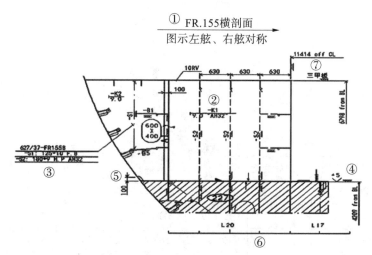

①标题;②零件名;③组立名;④合拢口余量;⑤合拢口定位;⑥船体标尺;⑦主要结构定位。

图 3-32　横向剖视图

6) 完工测量图

某分段完工测量图的样式如图 3-33 所示,其应表达的内容包括:一是用于分段完工后外形检验的实测尺寸,可只用图形表达,也可用表格和图形相结合的形式表达。二是需注明数据的理论值及实测值,其中包含分段长度、分段宽度、分段高度,以及对角线、肋检线间长。

7) 零件表

零件表的样式如表 3-13 所示。

零件表抽取前提条件:分段建模完成、分段装配计划完成、分段零件号已生成、分段重量重心文件检查无误、套料图已完成。

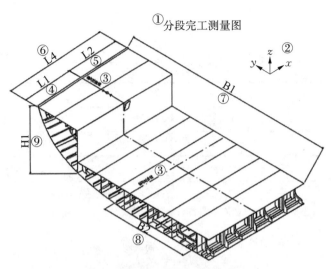

①分段完工测量图

①标题；②三维坐标；③检验线；④尾到检验线长；⑤检验线到首长；⑥分段总长；⑦分段总宽；⑧中到检验线距离；⑨分段高度。

图 3-33 某分段完工测量图

表 3-13 某船船体分段零件表(局部)

船体零件表								船号	分段号	共　页
								SF2103	221_231	第　页
零件编号		数量			流向		后续组立	规格	材质	重量	备注
组立	零件	左	中	右	加工	组立					
221-E002	S1101M	1			M	E	221	FB75×15.0	AH36	3.5	221N150A6005
221-GBG1A	S1103M	1			M	CE	E002	FB250×15.0	AH36	23.6	221N150A6006
	S1105M	1			M	CE	E002	HP320×12.0	AH36	46.9	
221-G000	B3	1				G	221	15	AH36	23.5	221N150A6006
	B2	1				G	221	15	AH36	21.4	221N150A6006
	B1	1				G	221	15	AH36	22	221N150A6006
221-G000A	B3	1				GG	G000	15	AH36	35.9	221N150A6006
	C4	2				GG	G000	20	AH36	4.1	221N200A6001
	C2	1				GG	G000	20	AH36	4.1	221N200A6001
	C3	1				GG	G000	15	AH36	3.1	221N120A6005
	C1	1				GG	G000	15	AH36	3.1	221N200A6005
	B14	4				GG	G000	12	AH36	24.5	221N120A6006
	B2	1				GG	G000	15	AH36	30.7	221N150A6005
	B1	1				GG	G000	15	AH36	31.8	221N150A6006
	A1000B	1			B	GG	G000	18.5	AH36	4026	221N185A6001

（续表）

船体零件表										船号	分段号	共　页	
										SF2103	221_231	第　页	
零件编号		数量			流向		后续组立	规格	材质	重量	备注		
组立	零件	左	中	右	加工	组立							
	A1001B	1			B	GG	G000	17.5	AH36	3 396.4	221N175A6001		
	A1003B	1			B	GG	G000	16	AH36	3 156.2	221N160A6001		
	C21			2		GG	G000	11	AH36	2.2	221N110A6008		
	C25			1		GG	G000	13	AH36	2.7	221N130A6004		
	C26			1		GG	G000	13	AH36	2.6	221N130A6001		
	C5	1				GG	G000	20	AH36	4.1	221N200A6001		
	C23			2		GG	G000	13	AH36	2.6	221N130A6004		
	S1000	1				GG	G000	HB320×12.0	AH36	433.1			
	S1005M	1			M	GG	G000	HB320×12.0	AH36	433.2			
	S1004M	1			M	GG	G000	HB320×12.0	AH36	433			
	S1003M	1			M	GG	G000	HB320×12.0	AH36	433.1			
	S1002M	1			M	GG	G000	HB320×12.0	AH36	432.9			
	S1001M	1			M	GG	G000	HB320×12.0	AH36	433			
	K4W	1			W	FG	G000A	19.5	AH36	3 872.7	221N195A6001		
	K5W	1			W	FG	G000A	19.5	AH36	3 341.1	221N195A6002		
221-FBS1A	K3W	1			W	FG	G000A	19.5	AH36	3 327.1	221N195A6003		
	S1	8				FG	G000A	FB250×12.0	AH36	19.2	221N120A6006		
	…	.				FG	G000A	…	AH36	…	…		

3. 分段结构图的设绘方法

1）AM 软件中结构图开设剖面的操作方法

（1）通过船体模块（Planar Modelling）菜单栏中的 Symbolic View＞Planar Hull View＞Section 命令开设剖面。

（2）跳出剖视对话框，在 Plane 菜单中，根据需求的横（纵、水平）剖面，填写相应的 X（Y\Z）值，在 Limits 菜单中填写剖面的限制范围（要求限制范围超出分段边界 500～700 mm）。

2）AM 软件中结构图剖面处理的操作方法

（1）通过船体模块菜单栏中的 Symbolic View＞Planar Hull View＞Properties 的命令显示需要的结构信息。

（2）选择剖面子图，跳出对话框，勾选需要的信息栏（主要安装角度必选）。

案例 3-4　某集装箱船
船体双层底
分段结构图

（3）通过船体模块菜单栏中的 Annotate＞Hull Note＞Pos No 命令标注零件件号，通过 Assembly 标注零件组立名。

3.3.2　分段拼板组立图

拼板是指在分段制作中两件或两件以上钢板在板材数控下料后，其他构件未装配之前在平地用焊材拼接起来。一般材质的板，其拼板多采用埋弧自动焊，拼板图是拼板工序的指导文件。

拼板组立是指拼板后，需要提前在拼板上安装构件（一般为型材），最后形成了平面板架。拼板组立图是拼板组立的指导文件，其工艺适用于内底板、各层甲板、平台板、纵横舱壁、围壁以及平直的外板等。

1. 拼板组立图的设计内容

拼板组立图的设计内容主要由三部分组成，分别为拼板图、划线图、预装图。

1）拼板图设计（见图 3-34）

拼板图主要表达拼板的零件信息、坡口信息、余量、收缩量、零件尺寸以及拼装焊接完成前后的总尺寸。一般需要表达的信息主要有：钢板排列形式、位置尺寸、钢板规格、钢板边缘要求、余量、补偿量、切割时机、坡口、基准线等信息。

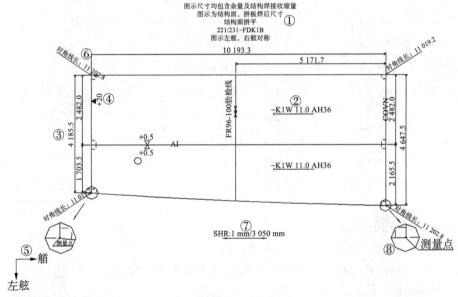

①标题；②零件信息；③拼板尺寸；④坡口余量；⑤拼板视向；⑥对角线尺寸；⑦收缩量；⑧放大节点。

图 3-34　4700 平台拼板图

2）划线图设计（见图 3-35）

划线是指将同一分段内所有需要安装在拼板上构件的理论线划在拼板上，以方便后期构件的安装。划线图就是表达划线实际位置的图纸。

3）预装图设计（见图 3-36）

预装是指将所属拼板组立的零件（一般为型材）进行提前装配焊接，预装图就是在划线的基础上表达零件端部实际位置的图纸，一般需要表达的信息主要有：零件编码、部件编码、

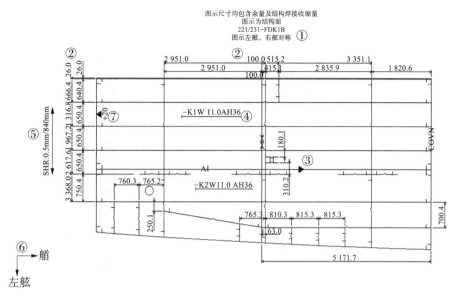

①标题；②划线定位；③板缝符号；④零件信息；⑤收缩量；⑥划线视向；⑦坡口及余量。

图 3-35　4700 平台划线图

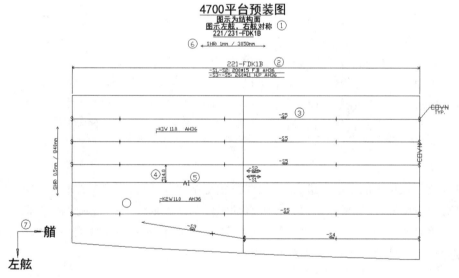

①标题；②预装零件信息；③预装零件号；④预装零件定位；⑤板缝符号；⑥收缩量；⑦预装视向。

图 3-36　4700 平台预装图

零件数量、部件数量、焊接工艺、检验要求等。

2. 拼板组立图设绘工作流程

为满足船厂生产的快节奏，船体生产设计在分段阶段必须以中间产品为导向组织相关设计工作。通过拼板组立图的标准工作流程，实现拼板组立图快速、准确地绘制，其工作流程如图 3-37 所示。

由图 3-37 可知，拼板组立图的设绘要点主要体现在以下三个方面。

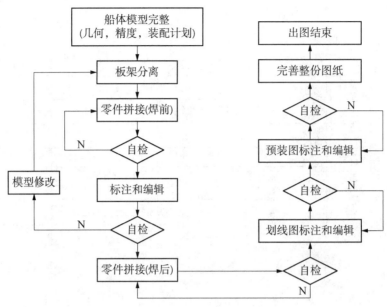

图 3-37 拼板组立图设绘工作流程

1) 板件拼接及标注

在正式进行拼板之前要进行板架分离,完成后就可以对各个拼板零件进行拼接,拼接之前要根据船厂施工要求确定是结构面朝上还是非结构面朝上。拼接完成后就可以对拼板图进行具体的编辑和标注。首先,对各个拼板零件信息(如件号、板厚、材质)、焊缝收缩量、余量、坡口、板厚差、视向等板件的基础信息进行标注。其次,拼板图的尺寸标注,先标注单块板的尺寸信息,再标注拼板整体的尺寸信息以及用于检验拼板的对角线尺寸。最后,还可以根据船厂的具体要求进行其他信息标注。其中对于测量点不清晰的区域还需单独给出放大节点。

2) 划线图编辑及标注

划线图是在拼板图基础上进行的,划线面就是结构面,将拼板上的结构线显示出后可以进行基础信息的标注,完成后可以进行划线的定位标注。划线定位需从组立基准线处划起,如果没有组立基准线则从无余量一端板边划起,注意所有的划线尺寸均为累积尺寸。还可以根据船厂的具体要求进行其他信息标注。

3) 预装图编辑及标注

划线完成后就可将拼板组立的所属零件进行预装配,首先,将其视向信息、余量信息、板缝符号等基础信息进行标注。其次,将拼板组立工位所安装零件信息进行汇总,以及标注所有预装结构的件号(若有安装角度需注明),完成后,将所有预装结构未在划线图中给出的测量值进行标注。最后,还可以根据船厂的具体要求进行其他信息标注。

3. 拼板组立图的设绘方法

对于拼板组立图的设绘也将分为拼板图、划线图、预装图三部分进行。

1) 拼板图设绘

(1) 绘制标题,并正确填写标题内容。

（2）对板架进行板架分离。

（3）通过 Insert＞Plate part 命令将所需要的拼板全部调出并隐藏结构线。

（4）将调出的板架零件选取一块作为参照（一般为最外侧的零件）通过以角点对齐的方式移动其他零件进行拼接，如图 3 - 38 所示。

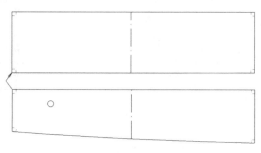

图 3 - 38　参照板架界面

（5）拼接完成并检查无误后就可以对零件、余量、坡口、收缩量、拼板视向、拼板尺寸等信息进行标注并检查，完成拼板图。

2）划线图设绘

（1）绘制标题，并正确填写标题内容。

（2）与拼板图相同的方式将板拼接完成，并通过 Modity-General -选择子图-Line type-Invisible 命令将不是在划线面上的结构线整体隐藏，如图 3 - 39 所示。

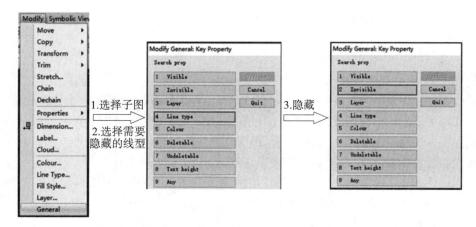

图 3 - 39　隐藏结构线

（3）通过 Modity-General-选择子图-Line type（选择需要改变的线型）-Line type（选择细实线）命令将划线面的结构线改为细实线，如图 3 - 40 所示。

以上步骤完成后就可以对零件、划线视向、收缩量以及划线定位等信息进行标注并检查，完成划线图。

3）预装图设绘

（1）在 Symbolic View＞Planar Hull View＞Section＞Create View 中输入板架名调出做预装图的板架，并且在 Assembly View 中输入其装配路径进行限制，使其只显示拼板和所

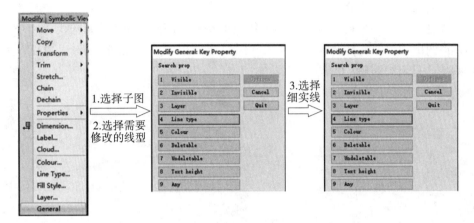

图 3-40 更改结构线型

案例 3-5 某船船体双层底分段拼板图

有预装零件；

（2）通过 Symbolic View＞Planar Hull View＞Properties 命令，选择 stiffener part texts，显示所有预装型材的件号，以及选择 Stiffener attach angle 和 Plate attach angle，显示型材及板材等预装零件的安装角度。

（3）标注板材零件、板缝符号、预装视向、收缩量等信息，以及标注所有预装结构的测量值（划线图上已给出的值不需要）和拼板工位所安装零件信息汇总。

3.3.3 分段部（组）件图

1. 部（组）件的概念及作用

船体部（组）件是船舶制造的一种生产管理模式，是船体分段装配的一个生产阶段，也是将两个或两个以上的零件组成构件的生产过程。如拼装 T 型材、肋板上安装加强材等。其作用是为了加快造船速度，提高造船质量，形成规模生产而采用的生产管理方法。对于劳动密集的船舶制造业来说，可以提高生产效率、降低生产成本。

部（组）件图是一种展示船体各个部件组成关系的图纸，是描述零部件组合最初始的工作图，也是为最初始组合工位的需要而提供的。为了方便生产制造，它一般会对船体的各个部分进行分解和组合，展示出船体各个部（组）件之间的布局和组装方式。

在部（组）件图中，不同的部件和组件会被分解为更小的零部件，并且标注每个零部件的名称、编号、尺寸和材料等信息，以便施工人员能够清晰地了解每个零部件的位置和尺寸。一般需要表达的信息主要有：划线尺寸、零件编码、部件编码、零件数量、部件数量、理论线、零件相对位置、对合线、坐标方位、尺寸、焊接工艺、余量、补偿量、切割边缘要求及定额等信息。此外，部（组）件图还会标注各个零部件之间的连接方式和组装顺序，以便施工人员按照图纸进行组装，这些信息对于保证船体各部分的精准匹配非常关键。

部（组）件图为生产制造提供了详细的指导和依据，使得各个部门和人员能够在制造过程中协调配合，避免出现错误和浪费。同时，部（组）件图还可以用于检查船体制造过程中的质量问题和缺陷，并且可以提供一些改进和优化的建议。

2. 部(组)件图的设计内容

部(组)件图的设计内容主要由三部分组成,分别为三维立体图、平面视图及所有零件的信息。

1) 部(组)件三维立体图

部(组)件三维立体图需表达长、宽、高及三维坐标,如图 3-41 所示。

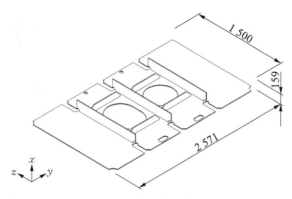

图 3-41　部(组)件三维立体图

2) 平面视图

(1) 标注出平面视图的坐标,并标注出所有零件的零件名(见图 3-42)以及零件的安装角度(见图 3-43),当角度不能显示出来时,则需要进行手工标注或者在剖面图中进行标注。

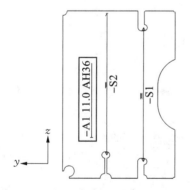

图 3-42　标注零件名(图中方框所示)

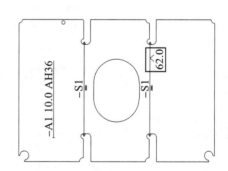

图 3-43　标注安装角度(图中方框所示)

(2) 在平面视图上表达坡口(所有零件坡口,注意不要遗漏型材坡口)、余量和收缩量(见图 3-44)。

(3) 表达板缝符号和板厚差(见图 3-45)。

(4) 表达所有零件的定位尺寸,以及需要标注累计值,以及不能从余量端定位(见图 3-46)。

(5) 需焊接零件要标出焊脚高,如果是默认焊脚高可不标注(见图 3-47 所示)。

另外,对于现场实际操作中有可能装反或装错的零件需给出相应详细的剖面表达,零件如有坡口,当结构面和非结构面难以判别,表达坡口时以"坡口在(不在)可见面"加以注明。

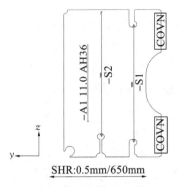

图 3-44 平面视图坡口表达(图中方框所示)

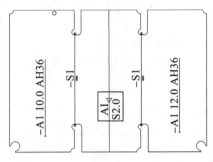

图 3-45 表达板缝符号和板厚差(图中方框所示)

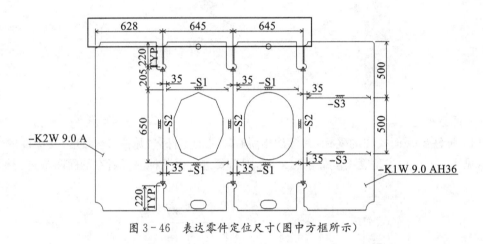

图 3-46 表达零件定位尺寸(图中方框所示)

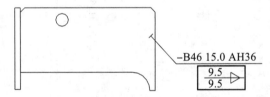

图 3-47 焊脚高标注(图中方框所示)

3) 零件信息

零件信息表由 AM 软件自动生成,其主要包含零件名、规格、数量、材质、重量以及焊接长度等,注意核对生成时,是否有遗漏。

表 3-14 零件信息表

零件名	规格	数量	材质	重量	焊脚	焊接类型	焊接方式	焊接长度(汇总)
BMM104L-DK1B-B3	10.0×250×280	1	A36	2.92	6	角接缝	平焊	17 221
BMM104L-DK1B-B2	10.0×250×280	1	A36	2.92	6	对接缝	平焊	

（续表）

零件名	规格	数量	材质	重量	焊脚	焊接类型	焊接方式	焊接长度（汇总）
BMM104L‑DK1B‑B1	10.0×250×280	1	A36	2.92	6	对接缝	立焊	
BMM104L‑DK1B‑S3	HP220×10.0×1500	1	A36	33.69	6	角接缝	平焊	15 931
BMM104L‑DK1B‑S2	HP220×10.0×1500	1	A36	33.69	6	角接缝	立焊	1 290
BMM104L‑DK1B‑S1	HP220×10.0×1500	1	A36	33.69	6	角接缝	仰焊	
BMM104L‑DK1B‑A1	10.0×1752×1565	1	A36	210.96	6	对接缝	平焊	

3. 部（组）件图设绘工作流程

通过部（组）件图的标准工作流程,实现组立图快速、准确地绘制,其工作流程如图 3‑48 所示。

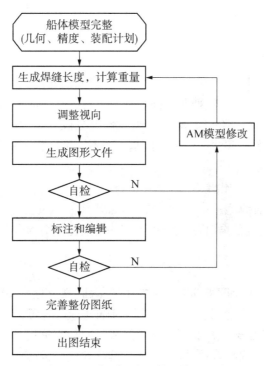

图 3‑48　部（组）件绘制工作流程图

在使用 AM 软件生成图面之前,首先。要确保模型结构完整,装配计划收集完毕且已设置好基面朝向。其次,计算组立属性及焊缝物量数据。在准备工作完成之后生成部（组）件图,生成完成后需校对部（组）件数量,由于软件本身存在问题可能导致生成部（组）件遗漏,需将生成部（组）件图与装配结构树进行比对,查找是否有遗漏。设绘完成之后进行自检,确保图面信息完整无错误。如果发现模型问题要及时进行修改并重复上述工作流程。

4. 部(组)件图的设绘方法

1) 生成部(组)件列表

从装配计划形式的装配结构树中选择一个装配计划来生成部(组)件列表。然后,点击鼠标右键在弹出的快捷菜单中依次选择 Report>Parts List…

2) 生成部(组)件路径

在 Insert>Insert model in a view 中调出三维立体模型,在 Assembly 栏中输入装配结构树中的一个装配路径,点击 Verify>OK 后即可调出三维图(注意结构面朝上),然后对其长宽高及三维坐标进行标注。

案例 3-6 某船船体分段部(组)件图

3) 生成部(组)件图并限制装配路径

在 Symbolic View>Planar Hull View-Section>Create View 中输入板架名,调出做部(组)件图的板架,在 Assembly View 中输入其装配路径进行限制,使其只显示装配内的零件。

按照上述操作调出平面视图,保证结构面朝上后即可对其需表达的内容如定位、坡口、余量、安装角度等进行标注和编辑。

3.3.4 胎架图

1. 胎架的概念及作用

胎架是一种在船体分段装配制造中作为分段外模使用的重要专用工艺装备。它根据船体分段有关部位的线型进行制作,使其表面线型与分段的外表面相吻合,以保证装焊分段时线型的正确性。同时,通过对胎架基面的合理选择,使分段的装配和焊接工作具有良好的条件。其类型可分为平面胎架和曲面胎架。按基面的不同可分为正切胎架、正斜切胎架、单斜切胎架和双斜切胎架。

2. 胎架的设计原则及工作流程

胎架是根据船体肋骨线型图中的肋骨型值,按所要制造的分段外形复制而成。其相关参数一般有:胎架支承高度数据、板边界的三维坐标、板缝及结构展开的实长等数据,可通过电子计算机提供,也可通过手工换算。

1) 胎架的设计原则

首先,应根据分段外板曲度来选取合理的胎架基面,其位置需要根据分段曲面外板在肋骨型线图上所处的位置来确定,其型式可选择的有正切、正斜切、单斜切和双斜切等。根据线型的变化程度,尽量使胎架工作曲面在分段建造时处于四角相对水平的位置,并使胎架工作曲面与基面之间的高度保持合适的值。通常应遵循以下几点原则。

(1)通过判断分段肋骨线是水平、垂直还是倾斜,尽量使分段横向倾斜度不超过 $15°$~$20°$,通过判断分段肋骨级数的大小即纵向斜度的大小,尽量使分段纵向倾斜度不超过 $15°$~$20°$。

(2)胎架支柱端点的间距应是肋骨间距的倍数,当分段结构为横骨架式时,当板厚≥6 mm 时,取 2~3 倍肋骨间距;当板厚<6 mm 时,取 1~2 倍肋骨间距。当分段结构为纵骨架式时,可取 2~3 倍肋骨间距,但一般≥1.5~2 m。通常情况下设置为 1 m。

(3)胎架支柱端点所形成的工作曲面应与分段曲面外形相贴合,同时需要考虑外板的板厚差。

（4）为预防分段装焊变形，胎架工作曲面的支柱端点数值的设置应根据施工要求施加纵、横向反变形，如图 3-49 所示。

图 3-49　胎架支柱端点数值的设置

（5）为施工便利性及安全性，胎架工作曲面的最低点距地面一般控制在 600～800 mm 范围内。

（6）胎架图面上应标注肋位号、板缝线、基面零件号等必要的标记信息。

2）胎架设计的工作流程

胎架设计的流程如图 3-50 所示。

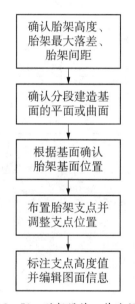

图 3-50　胎架设计工作流程图

3. 胎架图的设绘方法

1）普通平面胎架出图

（1）使用 Create View 控件，直接用板架名调出建造基面，并根据分段建造方向选择视图朝向。

（2）在视图中，按照间距要求（一般为 1 000×1 000 mm）布置胎架支点，当支点位置遇到开孔或者板缝时，应适当调整间距以避开开孔或者板缝。所形成的胎架图如图 3-51 所示，图面中应标注以下内容。

① 每个胎架支点的具体定位尺寸。

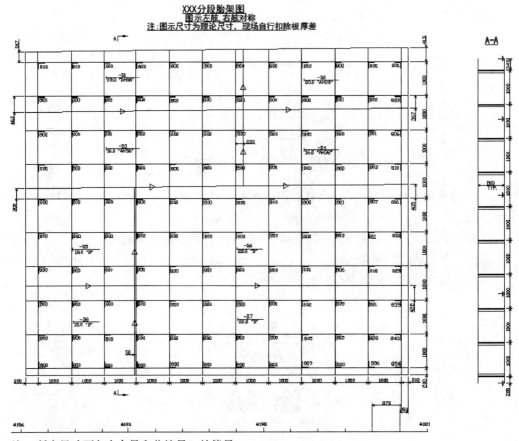

注：所有尺寸不包含余量和收缩量、补偿量

图 3-51 普通平面胎架图

② 每条板缝距离最近胎架支点的定位尺寸。

③ 每条板缝的板缝符号或者坡口文字。

④ 胎架基面每个板材零件的零件名。

⑤ 主船体坐标系的表达及标尺。

⑥ 典型一列胎架支点的剖视图。

2）平面折角胎架出图

对建造基面不为同一水平面的分段，采用的是斜的建造基面，需要找到其在胎架平面上的投影。

（1）使用 Create View 控件将水平的基面板架开出剖面，显示周围模型，该视图中的斜基面轮廓则为其在胎架面上的投影。

（2）利用子图功能将基面板架分离出来，删除多余线条，按照平面胎架的要求布置支点。

图面中标注内容与平面胎架相同（见图 3-52）。

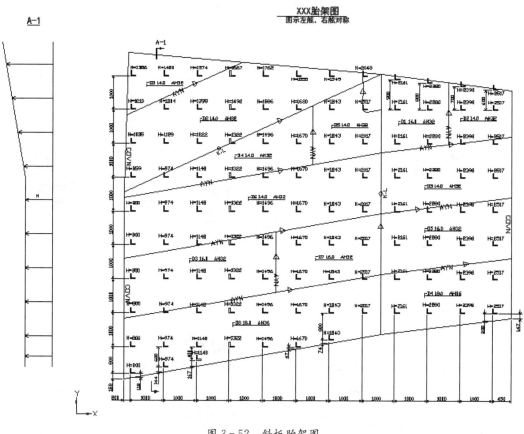

图 3-52　斜板胎架图

3) 曲面胎架出图

曲面胎架出图,以正切曲面胎架为例。

(1) 在曲面板架模块中,使用 Insert Model 功能调出分段建造基面的曲面板架。

(2) 打开 Production Interface 控件,选择 Select,再选择 Graphical,选取所需制作胎架的曲面板架。

(3) 按 ESC 退出至 Production Interface 控件,选择 Bending Templates and Jig,选择 Jig Pillars,在 Jig Pillars 界面中第二行选择所需要的朝向,第三行表示自动计算最适当的基面,选择 X, Y, Z 为正切胎架。一般曲面胎架选择默认的装配面 Default。

(4) 单击 next,选择曲面板架的两条无余量边,弹出界面,第三行数字用于控制第一列胎架支柱距 X 方向距离,第四行数字用于控制第一行胎架支柱距 Y 方向距离。

(5) 单击 OK,即开始生成胎架与胎架数据。单击工具栏 View 中 Log Viewer 界面,生成 List 文件,即曲面胎架支柱的数据。

(6) 在图纸类型 Hull pin jigs drawing 库中输入分段名,搜索生成后的图形。

由于软件生成的图面较为杂乱,故需将比例为 1∶1 缩放至适当比例后调整图面,并删除或者增加信息。处理后的曲面片体胎架图如图 3-53 所示,图面中标注内容与平面胎架相同。

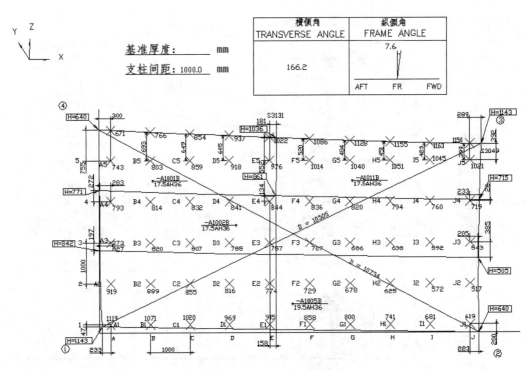

图 3-53　曲面片体胎架图

3.4　船体生产信息的获取及表达

3.4.1　板材套料图

1. 套料的概念及作用

套料是一种提高板材利用率的号料方法，就是将材料等级、厚度一样的船体构件，置于同一张钢板上进行合理的排列，以求钢板达到最大利用的号料。套料是合理使用原材料，减少原材料消耗，降低造船成本的重要手段。

2. 板材套料图的设计内容

板材套料图主要包括备料表、余料表、分段零件混合套料清单、套料图以及零件报表等。备料表表达内容如表 3-15 所示。

表 3-15　XX 批次板材清单

序号	规格/mm			材质	船级社	数量（张）	重量/kg	套料板号	备注
	厚度	宽度	长度						
1	XX	XX	XX	XX	XX	1	XX	XX	

余料表所表达的内容如表 3-16 所示。

表 3-16　XX 分段余料登记入库表

序号	余料编号	船号	分段号	材质	船级	尺寸			产生信息	备注
						厚度/mm	宽度/mm	长度/mm		
1	XX	XX	XX	X	XX	XX	XX	XX	XX	

分段零件混合套料清单如表 3-17 所示。

表 3-17　XX 分段零件混合套料清单

IN-COME(在本分段混套的其他分段零件)						
序号	零件编号	厚度/mm	材质	数量	切割板图号	备注
1	XX	XX	XX	XX	XX	

套料图所表述的内容如图 3-54 所示。

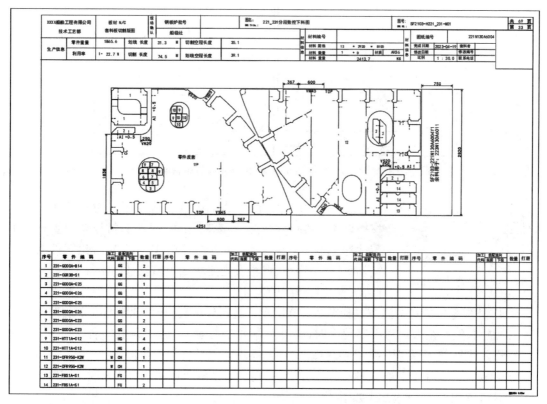

图 3-54　套料图

作为切割依据的板材套料图,一般需要表达的信息主要有:零件编码、材料规格、零件尺寸、切口、加工符号、余量、补偿量及加工要求(包括边缘加工和其他加工要求)等信息。

（1）坡口节点表达方式，如常见的 V 型、Y 型等。

① V 型坡口节点详图，如图 3-55 所示。

② Y 型坡口节点详图，如图 3-56 所示。

③ 边界连续的坡口表述方式，如图 3-57 所示。

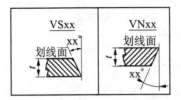

图 3-55 V 型坡口节点详图

说明："xx"表示坡口角度，"Sxx"表示划线面坡口角度，"Nxx"表示非划线面坡口角度。

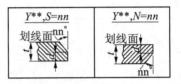

图 3-56 Y 型坡口节点详图

说明："＊＊"表示留根值，"S＝nn"表示划线面坡口角度，"N＝nn"表示非划线面坡口角度。

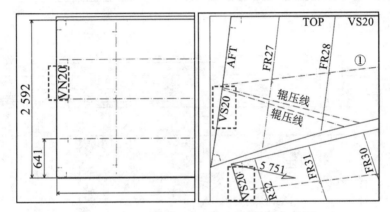

图 3-57 边界连续坡口图（图中虚线方框所示）

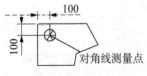

图 3-58 零件尺寸标注

（2）零件尺寸标注方式如图 3-58 所示。为便于现场跟踪核查切割零件尺寸情况，在套料图中，每块套料板至少要有一个零件标注零件下料尺寸。对于较小的零件，只需标出零件的长和宽，而对于主甲板、壁板及内底板等大型尺寸的零件，则需标注零件长、宽及对角线的尺寸。

（3）外板零件信息标注方式如图 3-59 所示。进行外板套料时，通常情况下遵循加工面朝上的原则，然而在影响利用率较大时，零件可翻身进行套料，但必须在零件上注明"反加工"字样。此外，外板套料图中还应注明肋位号、零件方位及辊压线等信息。

（4）余料信息主要包含余料入库条件、尺寸定义原则以及使用余料的表达方式等。

（5）工艺孔信息表达方式如图 3-60 所示。

（6）零件加工信息表达方式。套料图中除需表达坡口加工信息外，还需表达滚圆、折弯、打磨等加工信息［注：套料图中折边肘板，未注明的均为正折（有画线的一面为加工面）；标有"反"的均为反折］。图面常用标识说明如表 3-18 所示。

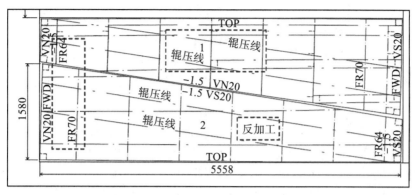

图 3-59　零件信息标注图(图中虚线方框所示)

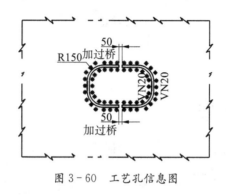

图 3-60　工艺孔信息图

表 3-18　零件加工信息常用标识

标识	中文含义	标识	中文含义
CUR	曲线段	FWD	艏口
STR	直线段	BOTTOM	朝船底
RAD	半径	TOP	上口
ANG	角度	ASW	正弯
SHL	外侧	ASK	反折
AFT	艉口	DSW	反弯
CL	朝中	SB	朝右舷
PS	朝左舷		

注:(1) 板材套料切割板图中坡口定义说明:S-表示套料切割板图图示面(上面);N-表示套料切割板图非图示面(下面)。
　　(2) "K""DY"坡口以图面具体节点为准。

　　(7) 零件报表表达方式如表 3-19 所示。将套料零件相关属性以报表形式输出,报表中主要包含零件编码、零件加工装配流向、零件数量及打磨编码等。

表 3-19 零件报表

序号	零件编码	零件流向		数量	打磨	序号	零件编码	零件流向		数量	打磨
		加工	装配					加工	装配		
1	B13P-DK36A-C1		H1G1	4	P2	31	B13S-TT1A-C1		H1G1	6	P2
2	B13P-TT1A-C1		H1G1	6	P2	32	B13S-FB86A-A1		C1H1	1	P2
3	B13P-LB21B-C2		M1H1	2	P2	33	B1P-H000-C1		G1G1	6	P2
4	B13P-FB86A-A1		C1H1	1	P2	34	B13S-FR90A-A1		C1H1	1	P2
5	B13S-DK36A-C1		H1G1	4	P2	35	B13S-FR90A-A1		C1H1	1	P2
6	B13S-LB21B-C2		M1H1	2	P2	36	B13S-FR94A-A1		C1H1	1	P2
7	B13S-HOOO-C1		G1G1	6	P2	37	B13S-FR94A-A1		C1H1	1	P2
8	...		...	.	..	38	...		...	.	..
	...		...	.	..	..	...		...	.	..

3. 套料出图

套料工作可分为套料出图前的工作和套料出图。

1) 套料出图前的工作

套料出图前工作的步骤如图 3-61 所示,最后会生成分段备料清单。

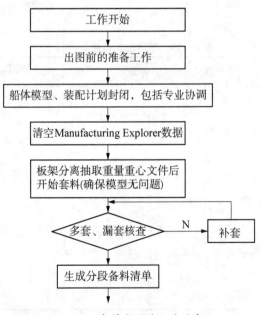

图 3-61　套料出图前工作的步骤

（1）了解目标船生产设计标准、目标船批次及计划、切割顺序,以及前期讨论确定的板材套料模板图纸,并检查软件配置。

（2）确认结构模型、装配计划,专业协调已封闭,已达到出图状态。

（3）为确保数据库为最新以及数据准确,需先清空 Manufacturing Explorer 分段零件库(注意所清空的分段是否有图形生成的零件,另曲面板架的 Manufacturing Explorer 分段零件库一定要清空),再将分段板架分离,检查分离日志,在模型无问题后抽取重量重心文件并保存备用。

(4)运行校对程序,进行多套、漏套、板厚、材质的核查,对核查问题进行修改调整。

(5)校对完毕后,根据船厂需要,在边角料处套入马板、引弧板等工装件。

(6)核查使用板规及数量(包括整板及使用的余料),核查无问题后制作分段备料清单。

2)板材套料出图的工作步骤(见图 3-62)

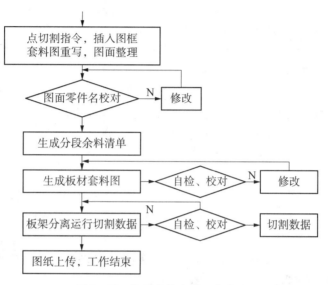

图 3-62 板材套料出图工作步骤

工作步骤:①点切割指令;②插入图框;③套料图重写;④图面整理,包括移字、文字说明及余料等编辑,坡口处理(包括手工坡口节点),零件长宽尺寸标记等;⑤进行图面零件名校对,将有问题的零件修改好;⑥制作封面、余料表;⑦输出板材套料图、用料表、余料表、跨套零件清单、马板/引弧板等工装件清单,形成完整图纸;⑧板架分离运行切割数据,核查最新切割数据,确保模拟图与套料图纸两者必须一致;⑨完成板材套料图,标检上传。

3)板材套料图的设绘方法

建模后,当所有板架分离到 Manufacturing Explorer 板材数据库后,就可以利用套料模块对板件进行套料,生成切割的生产信息,其中包括切割指令及套料草图,还可以对船厂的库存母板进行控制。

(1)从数据库中选择标准母板,交互输入母板参数。

(2)使用标准母板开始新的套料,即执行命令 Plate Nesting>Nest job>New,系统显示对话框,需输入的信息有:

① 新套料的名称,该名称也可以用于通用文件及切割草图的文件名。

② 所需被切割的板块数量通常为 1,如果使用辅切割头,该值会发生变化。

③ 待镜像切割的板的数量。

④ 如果不填,计划日期则假定为当前日期。

⑤ 母板的订货标识串,可选。

⑥ 图号,该图号可自动加到切割草图上。

⑦ 当前船的标识号。

⑧ 操作者的信息。

⑨ 其他字段都可以不填。

(3) 输入套料信息后进入套料母板。

① 选择 Plate Nesting＞Nesting parts＞Nest,可进行单独板件系统名套料,这些板件取自板材数据库,包括平面板架分离后的板件和曲面建模展开的板及加工样板,系统显示板材数据库中所有已存在的板件列表,选择要套料的零件。使用 Transform 和碰靠功能,将板件定位在目标的合适位置上并确定,继续选择其他板件。

② 选择 Plate Nesting＞Nesting parts＞Parts menu,输入相应的过滤信息,创建零件菜单,可对零件进行筛选套料。

尽管将单个板件加到套料的方法对少量板件进行套料比较好,但如果套料的板件数量比较多,这不是一种好的方法。为了解决这个问题,AM 允许从板材数据库抽取一组板件,这些零件可以通过指定的过滤器进行抽取厚度、材质、分段、板架名等。

(4) 零件显示在菜单上后,就可以交互套料了,选择菜单 Plate Nesting＞Nest Parts＞Nest,出现对话框。

(5) 执行命令 Plate Nesting＞Nesting tools＞Bridge,选择你要创建的过桥类型。

(6) 执行命令 Plate Nesting＞Shop drawing I/O＞Toggle sketch/plate,当校验完切割顺序后,就可以显示切割图。

(7) 执行命令 Insert＞Drawing Form,给切割草图加图框。从图框列表中选择需要的图框,按照相应要求整理图面,生成零件表。

3.4.2 加工图

加工图或加工表主要作为船体零件加工的依据,如作为加工曲型板依据的活络样板图及数据表和作为逆直线加工型材依据的逆直线加工图及数据表等。

1. 外板加工图

船体外板成形加工常用的设备有弯板机、油压机等,包括采用水火弯板方式,以及其他热源的数控弯板技术。在加工过程中,为了确保典型外板的线型必须制作加工样板,作为加工成形和检验的依据。常用的外板加工样板有三角样板、活络样板,如图 3-63 所示。

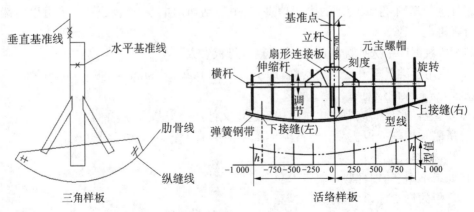

图 3-63 外板加工样板

1）外板加工图的表达内容

（1）外板展开图。展开图应表达每块样板在外板上的定位尺寸、外板边的方向、余量、坡口以及加工辊压线位置等信息,样板定位示意如图 3-64 所示。

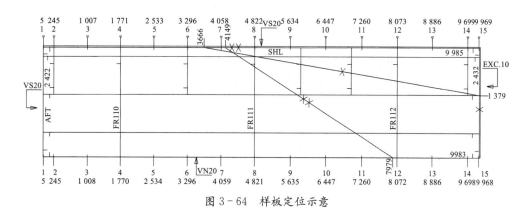

图 3-64　样板定位示意

（2）活络样板示意图,其样式如图 3-65 所示。图上的具体数据在活络样板数据表中都可以找到,且图中样板上口方向需与外板展开图中外板板的顶端边的对应。

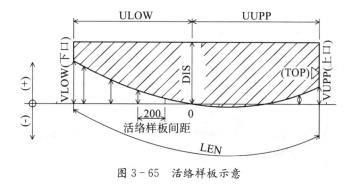

图 3-65　活络样板示意

（3）活络样板数据表如图 3-66 所示。应反映每块样板的数据,可结合上面的示意图进行查看。

```
HEIGHTS FOR NORMAL TEMPLATES        PLATE= F21-CP1-19P        DATE= 15-07-17        DISTANCE BETWEEN COLUMNS= 200
LIMITS: F218+494 -- F223+189  BASE= F221   LOWER SEAM= RAS4307  UPPER SEAM= RAS4310  OUTER TEMPLATES= 7
LOC    ULOW VLOW  -8   -7   -6   -5   -4   -3   -2   -1    0    1    2    3    4    5    6    7    8 UUPP VUPP ANG  LEN

F218+  -920   28 •••• •••• •••• ••••   20   12    9   13   24   44   72  111  161 •••• •••• •••• ••••  891  187  92 1828

F219   -919   33 •••• •••• •••• ••••   24   13    8   10   19   37   63  100  148 •••• •••• •••• ••••  894  174  92 1829

F220   -917   61 •••• •••• •••• ••••   47   26   10    3    4   13   33   63  103 •••• •••• •••• ••••  906  129  91 1836

F221   -916   99 •••• •••• •••• ••••   77   45   21    6    0    3   16   39   74 •••• •••• •••• ••••  917   99  90 1847

F222   -917  147 •••• •••• •••• ••••  119   75   41   17    4    1   10   29   59 •••• •••• •••• ••••  925   83  89 1861

F223   -918  201 •••• •••• •••• ••••  164  109   67   36   17   10   15   30   56 •••• •••• •••• ••••  932   80  89 1875

F223+  -919  221 •••• •••• •••• ••••  180  122   76   44   24   16   20   35   59 •••• •••• •••• ••••  934   83  88 1881


FRAME NO :   218.7  219.0  220.0  221.0  222.0  222.9  223.3
HEIGHT   :   9.641  9.639  9.632  9.626  9.621  9.617  9.616
WIDTH    :   1.943  1.883  1.635  1.400  1.174  0.957  0.888
LONGITUDINAL BENDING HEIGHT AT F221 =    12
```

图 3-66　活络样板数据

2）外板加工图的设绘工作流程（见图 3－67 所示）

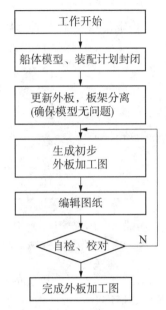

图 3－67　外板加工图的设绘工作流程

3）外板加工图的设绘方法

（1）选择要制作的样板外板：执行命令 Hull Tools-PPI Hull-Selesct，分离板架。

（2）加工样板抽取界面，即通过 Hull Tools＞PPI Hull-Bending＞Templates and jigs＞Bending Templates，弹出选择框，抽取加工样板数据。

案例 3－7　某船船体
分段外板
加工图

（3）抽取进程界面，即通过 View＞Log viewer，打开数据抽取进程，显示 Terminated，为抽取结束进程，双击打开文件，将文件另存到桌面备用。

2. 型材加工图

船体结构中常用的型材主要有球扁钢、角钢等，常用的型材加工设备包含型材切割机、肋骨冷弯机等。现以型材加工图为例来说明，有关作为逆直线加工型材依据的加工图及数据表的出图表方法可参阅相关文献。数控型材切割机如图 3－68 所示。

图 3－68　型材切割机

1) 型材加工图的表达内容

船体型材加工图一般是按照分段来划分,即一个分段制作一份图纸。通过型材加工图来确定该分段所需要型材的规格和理论长度,然后利用型材切割机从对应规格的该分段订货的母材或者其他分段所剩下的型材余料中精准地切割所需要的尺寸,并将切割后的型材喷码命名来区分。

在型材切割后,还需要根据型材加工图来查找对应的型材零件,进行诸如端切形状切割、开坡口、开孔和余量切割等工艺处理。图 3 - 69 所示的是一个不等边角钢型材加工图。

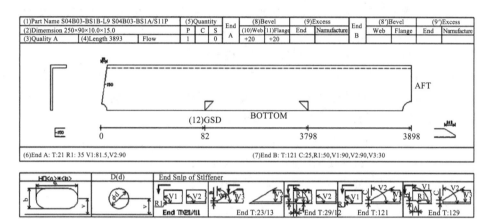

图 3 - 69　不等边角钢型材加工图

型材加工图中所标注的符号与数据,其属性定义如表 3 - 20 所示。

表 3 - 20　型材属性定义

序号	型材相关数据	型材的表达内容
①	Part Name	装配名和内部名
②	Dimension	规格
③	Qualite	材质
④	Length	总长
⑤	Quantity	数量
⑥	End A	左端点
⑦	End B	右端点
⑧	Bevel	坡口
⑨	Excess	余量
⑩	Web	腹板
⑪	Flange	面板
⑫	GSD	装配对合线位置

说明如下:

（1）序号①：型材的装配名和内部名，为建模完成后形成。

（2）序号②：型材的规格，大多数是球扁钢和角钢，包括一小部分的圆管、圆钢、半圆钢。

（3）序号③：型材的材质，比较常见的有 AH32 和 AH36 材质。

（4）序号④：型材的总长是不能超过订货母材的长度，一般母材订货长度为 10 m 至 12 m，所以总长不超过 12 m。

（5）序号⑤：型材的数量，P/C/S 分开，分别表示左舷 P、跨中 C 和右舷 S 的数量。

（6）序号⑥：型材的左端点，为型材加工图左边的端点。端点的连接形式可以分为 W、S 和 B 三种类型。"W"端指型材和相接的板顶死，"S"端指型材离空削斜，"B"端指型材顶死的同时还焊接了肘板。

（7）序号⑦：型材的右端点为型材加工图右边的端点。

（8）序号⑧：型材的坡口通常有三种形式：正 20 度，反 20 度，正 45 度。型材加工图是以理论面为正面，就是显示型材外背面、面板画线面。正 20（45）度分别表示型材外背面开 20（45）度坡口，反 20 度表示型材内面开 20 度坡口。

（9）序号⑨：型材的余量跟所在板的余量一致，分为可切割余量和保留余量。

（10）序号⑩~⑪：型材横截面较高的为腹板，型材横截面较窄的为面板。

（11）序号⑫：装配对合线可以确保型材和所在板对合线位置一致。

2）型材加工图的设绘工作流程（见图 3-70）

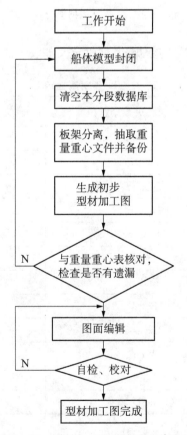

图 3-70　型材加工图的设绘工作流程

3）型材加工图的设绘方法

（1）选择工程，打开 Planar Hull，首先，将该分段型材库进行清库处理；其次，进行板架分离，分离结束后点击界面中的型材下料数据的抽取：Profile Sketch and List，生成型材下料数据。

（2）打开 LOG VIEWER，待项目运行完成（Teriminated）之后，生成型材加工图。

（3）在图纸库 Drawing type 中选择 Hull profile sketch，在分段检索 Name 中选择本分段名，即可打开此图。

3. 扁钢加工图

扁钢加工图，即为需要加工的扁钢整合在一起的图纸，图中需要表达出扁钢的零件名、板厚材质、数量、加工数据、端部坡口、余量、零件长度等信息。

案例 3-8　某船船体分段扁钢加工图

1）扁钢加工类型

扁钢类加工零件可分为 A 类型、B 类型、C 类型三种，如图 3-71 所示。常用的扁钢加工设备有三辊弯板机、液压机。

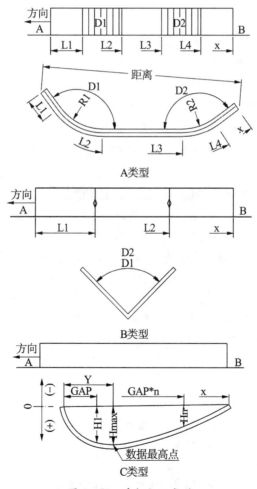

图 3-71　扁钢加工类型

2) 扁钢加工图表达内容

如表 3-21~表 3-23 所示,扁钢加工图中需要表达出扁钢的零件名、板厚、宽度规格、材质、数量、端部坡口、零件 A 端的朝向、加工数据、零件长度、零件装配流向等信息。

表 3-21　A 类型扁钢加工图表达内容

序号	零件编码	厚度	宽度	材质	数量	端部坡口		方向	加工前划线尺寸(中和轴)					距离	加工半径		加工角度		零件流向
						A	B		L1	L2	L3	L4	X		R1	R2	D1	D2	
1	F12C-FR225T-S3	10.0	120	A	1	VS20	VS20	DOWN	515	535V			1 408	1 386	50		160		C1S1
2	F12C-FR225C-S3	10.0	120	A	1	VN20	VN20	UP	873	892			1 408	1 386	50		160		C1S1

表 3-22　B 类型扁钢加工图表达内容

序号	零件编码	厚度	宽度	材质	数量	端部坡口		方向	加工前划线尺寸(中和轴)					距离	加工半径		加工角度		零件流向
						A	B		L1	L2	L3	L4	X		R1	R2	D1	D2	
1	A31S-BP4Q-W1	11.0	150	A	1		VS35	DOWN	751				2 310	2 291			161		C1M1
2	A31P-FR3G-W1	15.0	250	A	1	VS20		PS	7 298				8 190	8 177			177		C1H1

3) 扁钢加工图的设绘工作流程

扁钢加工图的设绘工作流程与图 3-70 所示的型材加工图的设绘工作流程类同,其设绘工作要点如下:

(1) 确保分段模型(如几何、精度、装配计划、生产信息添加)完全封闭后开始出图。

案例 3-9　某船船体分段型材加工图

(2) 通过 Control Panel,清空分段的扁钢数据库,保证板架分离入库零件为最新模型的零件。

(3) 分段板架分离,并检查分离日志,备份最新重量重心文件。

(4) 运行 AM 软件中的板条加工程序,生成初步扁钢加工图。

(5) 检查分段有无折边板、槽型壁、压筋板等加工零件,如分段有这些零件,则需手工制作零件的加工图。

(6) 通过重量重心文件与扁钢加工图比对,核查是否有零件漏做加工图以及是否有加工件未建立加工码。

3.4.3　焊接物量设计

目前,船厂采用的焊接方式主要有:二氧化碳气体保护半自动角接焊、二氧化碳气体保护半自动对接焊,以及深熔焊与全焊透。

1. 焊接物量设计的内涵及作用

面对当前各大船企生产管理精细化(主要反映在物量、计划、工时等信息管理方面)程度和需求的不断提升,为满足船厂快节奏的生产要求、提高建造质量,船体生产设计必须在船

表 3 - 23　C 类型型钢加工图表达内容

序号	零件编码	厚度	宽度	材质	数量	端部坡口 A	端部坡口 B	方向	H1	H2	H3	H4	H5	H6	H7	H8	H9	H10	H11	H12	H13	H14	H15	数据最高点 Y	数据最高点 Hmax	X	GAP	零件流向
1	F12C - H000 - P1	17.0	150	A32	1	□	□	AFT	47	84	111	127	132	125	108	80	40							1 870	132	3 923	400	G1G1
2	F12C - H000 - P42	17.5	150	A	1	VN35 □	□ VN20	AFT	63	116	158	189	211	224	227	221	201	163	102	11				2 624	228	4 840	400	G1G1

注：① VN 坡口为不可见坡口（坡口朝下），VS 为可见坡口（坡口朝上）。
② A 类型型钢加工图中，当加工半径 R 和角度 D 为正值时，表示正加工；当加工半径 R 和角度 D 为负值时，表示反加工。
③ B 类型型钢加工图中，当加工角度 D 为正值时，表示正加工；当加工角度 D 为负值时，表示反加工。
④ C 类型型钢加工图中，当样条数据 H 为正值时，表示正加工；当样条数据 H 为负值时，表示反加工。

舶建造过程中细化焊接物量信息。所谓焊接物量设计就是通过分阶段、分类型提取焊接物量数据,供船厂各管理部门在进行生产任务划分、工时定制,以及成本核算时参考使用。其核心内容是焊接耗材统计,就是在一定的生产技术和生产组织的条件下,为制造单位产品或完成某项生产任务,合理地消耗材料的标准数量。

2. 焊缝设计系统

焊缝设计系统内嵌在 AM 的装配计划模块中,它是在船体结构的三维数字化模型产生的结构装配树基础上进行船体建造各阶段的焊接工艺设计,包括焊接样式、焊接方法、焊脚等内容,并生成相应的施工图。

生成焊缝,即生成当前装配级焊接物量;

生成焊缝报表,即生成当前装配级焊接物量报表;

生成焊缝配置文件,即生成当前装配级焊接物量配置文件;

焊脚高的数据配置,可以按照此文件修改,默认配置为薄板设定的焊脚高;

焊缝数据汇总,表 3 - 24 为实际项目焊接物量信息表的模板文件,可供参考。

表 3 - 24　实际项目焊接物量信息表

装配工位	装配名称	焊接方式	焊接类型	焊接姿态	焊接长度/m	焊缝重量/kg	焊材消耗/kg	备注
X	203	二氧化碳焊	角接	平焊	311.196	57.48	67.62	
		二氧化碳焊	角接	立焊	70.652	11.25	13.24	
B	L05B	二氧化碳焊	角接	平焊	47.276	8.94	10.52	
		自动焊	对接	平焊	0.89	0.89	1.69	
	D01A	自动焊	对接	平焊	14.88	14.88	28.27	
		二氧化碳焊	角接	平焊	119.988	22.71	26.72	
	L05A	二氧化碳焊	角接	平焊	47.276	8.94	10.52	
		自动焊	对接	平焊	0.89	0.89	1.69	
	SS1A	二氧化碳焊	角接	平焊	59.995	11.34	13.34	
		自动焊	对接	平焊	20.14	20.14	38.27	
C	A	二氧化碳焊	角接	平焊	3.408	0.86	1.01	
		二氧化碳焊	角接	立焊	17.228	4.08	4.80	
	B	二氧化碳焊	角接	立焊	8.244	1.95	2.29	
G	F44A	自动焊	角接	平焊	2.86	0.54	0.63	
	F46A	二氧化碳焊	角接	平焊	8.286	1.57	1.84	
	F48A	自动焊	角接	平焊	2.86	0.54	0.63	
	F50A	二氧化碳焊	角接	平焊	8.286	1.57	1.84	
	F52A	二氧化碳焊	角接	平焊	2.86	0.54	0.63	
	F54A	二氧化碳焊	角接	平焊	8.286	1.57	1.84	

(续表)

装配工位	装配名称	焊接方式	焊接类型	焊接姿态	焊接长度/m	焊缝重量/kg	焊材消耗/kg	备注
F56A	二氧化碳焊	角接	平焊	2.86	0.54	0.63	
L00A	二氧化碳焊	角接	平焊	39.966	7.57	8.91	
F46B	二氧化碳焊	角接	平焊	9.29	1.76	2.07	
F50B	二氧化碳焊	角接	平焊	9.29	1.76	2.07	
F54B	二氧化碳焊	角接	平焊	7.396	1.40	1.65	
F44B	二氧化碳焊	角接	平焊	2.86	0.54	0.63	
F48B	二氧化碳焊	角接	平焊	2.86	0.54	0.63	
F52B	二氧化碳焊	角接	平焊	2.86	0.54	0.63	
F56B	二氧化碳焊	角接	平焊	2.86	0.54	0.63	
.	…	…	..	..	…	…	…	

3. 焊接物量的设绘方法

(1) 焊接物量及获取,如表 3 - 25 所示。

表 3 - 25　焊接物量实例表

装配工位	在装配计划模块中抽取
装配名称	在装配计划模块中抽取
焊接方式	根据生产设计图纸获取
焊缝类型	在生成的焊缝模型信息中查询
焊接姿态	通过焊缝模型信息中转角和旋角控制
焊缝长度	在生成的焊缝模型信息中查询
焊缝重量	通过焊缝重量公式计算
焊材消耗	正常情况下和焊缝重量一致,若工厂有特殊要求,需加放一定系数,理论上要比焊缝重量更大

① 二氧化碳气体保护半自动角接焊:

焊丝消耗公式 = 焊脚高(K) × 焊缝长度(L) × 焊缝数量(N) × 常数(G)

式中:常数$(G) = 13.2 × 7.8$

② 二氧化碳气体保护半自动对接焊:

$$焊丝消耗公式 = [板厚(t) × \tan\alpha + 坡口间隙(GAP)] × 板厚(t) ×$$
$$焊缝长度(L) × 焊缝数量(N) × 常数(G)$$

式中:常数$(G) = 1.1 × 7.8$

公式说明如图 3 - 72 所示。

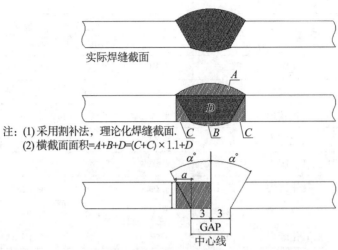

注: (1) 采用割补法，理论化焊缝截面.
(2) 横截面面积=$A+B+D=(C+C)×1.1+D$

注: (1) 横截面面积=$\{(a+GAP/2)×t\}×2=(\tan\alpha+3)×t×2$
(2) 设$\alpha=20°$，$\tan\alpha=0.364$

图 3-72　焊丝消耗公式示意图

③ 深熔焊与全焊透：

焊丝消耗公式 $=\{[板厚(t)-焊鼻(NOSE)]/2\}×板厚(t)×焊缝长度(L)×焊缝数量(N)×常数(G)$

式中：常数$(G)=2.3×7.8$

公式的前提假设：① 深熔焊的焊丝消耗量=全焊透的焊丝消耗量；

　　　　　　　　② K型和V型深熔焊或者全焊透的焊丝消耗量相等。

公式说明如图 3-73 所示。

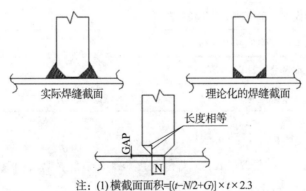

注: (1) 横截面面积=$[(t-N/2+G)]×t×2.3$
(2) 设$\alpha=20°$，$\tan\alpha=0.364$

图 3-73　深熔焊与全焊透焊丝消耗公式示意图

案例 3-10　某船船体分
　　　　　段焊接物量
　　　　　信息表

（2）焊缝物量设计的基本流程，如图 3-74 所示。单个装配计划的焊缝计算→已给装配的所有焊缝的计算→自动计算焊缝的焊脚高→自动计算焊缝的位置→生成焊缝报表。

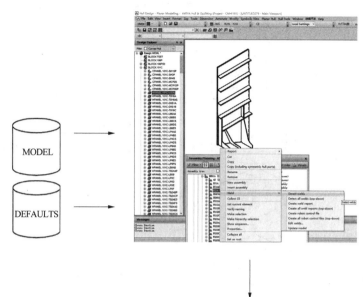

焊点	焊缝	Tribon 名称 (零件 1)	Tribon 名称 (零件 2)	零件 1 名称	零件 2 名称	厚度 1 /mm	厚度 2 /mm	材质 1	材质 2	坡口 1	坡口 2	焊接 方式	焊接 类型	焊脚高 /mm	焊缝长 /mm
J-1	W-1	224-CP1/S5P	225-CP2/S11P	111-GSS1A-S1003M	111-GSS1A-S1006M	10.0	10.0	A	A	0	0		BUTI	6.0	537.3
J-4	W-1	224-CP1/S3P	225-CP2/S9P	111-GSS1A-S1002M	111-GSS1A-S1005M	10.0	10.0	A	A	0	0		BUTI	6.0	537.2
J-6	W-1	224-CP1/S1P	225-CP2/S7P	111-GSS1A-S1001	111-GSS1A-S1004M	10.0	10.0	A	A	0	0		BUTI	6.0	537.2
J-8	W-1	224-CP1/S5S	225-CP2/S11S	111-GSS1A-S1003M	111-GSS1A-S1006M	10.0	10.0	A	A	0	0		BUTI	6.0	537.3
J-11	W-1	224-CP1/S3S	225-CP2/S9S	111-GSS1A-S1002M	111-GSS1A-S1005M	10.0	10.0	A	A	0	0		BUTI	6.0	537.2

图 3-74　焊接物量设计基本流程示意图

3.5　船体工法设计

在船舶建造过程中,船体工法设计应充分考虑工艺、安全上所需的作业,一般只发生在作业过程而不体现于产品本身,并将这部分工作纳入生产设计,可以对其预先策划,有利于提高生产效率、建造质量以及生产的安全性。它主要包含吊装设计、结构密性设计、脚手架设计、支撑底座设计、安全设施以及临时孔道设计等,其工作流程如图 3-75 所示。

3.5.1　船体吊装设计

1. 吊装的定义及设计目的

吊装是指利用吊车或者起升机构对船体分段、总段,以及设备、装置的起运、安装、就位的统称。由于吊环在船厂应用范围广泛,且使用数量较大,故在满足现场安全生产的前提下,规范现场施工作业,减少吊环的随意装焊,避免结构物的不规范吊装作业。

船体吊装设计的目的就是利用现有设备的特点和性能以及索具资源,根据现场场地布

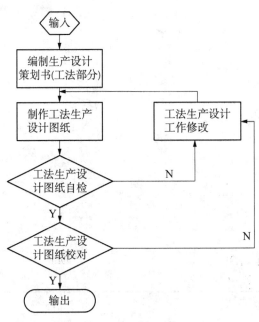

图 3-75 船体工法工作流程

置的实际情况,设计满足船舶建造过程中对船体结构物件的搬运、翻身、总组、搭载等吊装作业方案。通过船体吊装设计,能很好地协调各种资源的利用,避免发生资源冲突或资源等待状态,最大限度地发挥船台(坞)能力,优化船台(坞)吊装顺序,使吊装过程中资源合理配置和合理选择吊具。并能优化吊环布置,减少吊环的数量;明确吊环及加强的物量信息,方便现场进行吊装材料的精细化管理及托盘集配。

2. 吊点布置

在吊装过程中,要使起吊的结构物体稳定、不倾斜、不翻转,满足结构物的吊装要求,且各吊点受力合理,就必须根据结构物的质量和形状特征,以及结构物的重心位置正确地选取起吊点。常采用三角形法则和四边形法则进行结构物的各吊点设置,并基于力学的基本原理进行各吊点的受力计算和强度校核,必要时还要采用有限元方法对结构物的受力情况进行分析,其详细内容可参阅相关文献。

1) 吊点布置原则

(1) 充分考虑吊装分段、总段,以及设备和装置的性能、参数和使用特点。

(2) 各吊点的受力尽可能均匀,减少因吊装而产生的结构变形。

(3) 吊点尽可能布置在强构件上,要能充分利用原有结构,减少补强构件。

(4) 单个吊点或主副吊点连线应与结构物重心在同一个铅垂面上。

(5) 沿结构物长度(L)方向布置的吊点,其间距离应不小于 $1/3L$。

2) 两种典型布置

(1) 采用四点空中翻身方式的吊点布置,如图 3-76 所示。

该布置适用于端部框架结构较为完整,结构强度较好的平直类规则分段。其优点:吊点数量少,现场装焊、切割、打磨工作量减少;缺点:需要增加临时边缘保护。

(2) 采用六点空中翻身方式的吊点布置,如图 3-77 所示。

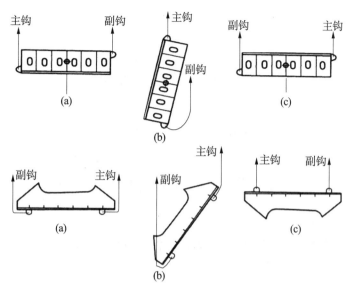

图 3-76　四点空中翻身示意图

(a)翻身前;(b)翻身;(c)翻身后

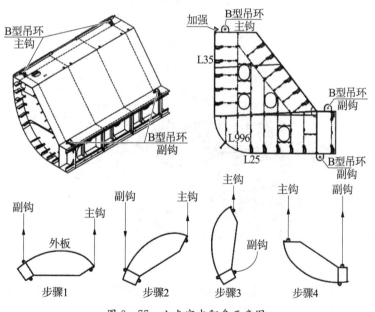

图 3-77　六点空中翻身示意图

　　该布置适用于常规分段。其优点:适用面广,作业难度相对降低,吊点位置方便选取;缺点:吊点较多,现场装焊、切割、打磨工作量较多。

　　3. 船体主要建造阶段吊装设计

　　1) 小组阶段的吊装设计

　　小组阶段的吊装设计一般以重心为对称点,根据小组立重量,安装贴附吊环。图 3-78 所示为舱口围片体吊装设计方案。

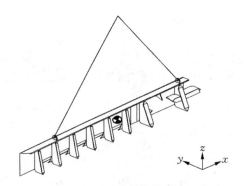

图 3-78　舱口围片体吊装设计示意图

2）中组阶段的吊装设计

中组阶段的吊装设计一般以重心为对称点，根据中组重量，安装平移吊环。图 3-79 所示为某立体小分段吊装设计方案。

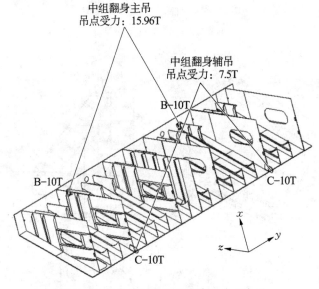

图 3-79　某立体小分段吊装设计示意图

3）大组阶段的吊装设计

大组阶段的吊装设计一般以重心为对称点，根据大组重量，分别安装主翻吊环和辅翻吊环。图 3-80 所示为双层底分段吊装设计方案。

4）总组阶段的吊装设计

总组阶段的吊装设计一般以重心为对称点，根据总段重量，呈 3 点布置，分别安装小车吊环（2 组）、下小车吊环（1 组）。图 3-81 所示为某底部总段吊装设计方案。

4. 分段/总段吊装图的设绘指南

1）分段/总段吊装总述性说明

总述性说明主要是对分段/总段上吊环的使用要求（如材料、受横向力的要求），吊环的安装，吊环与结构的焊接、检验，吊装结束后的吊环拆除等进行说明。

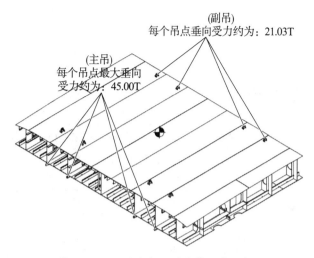

图 3-80　双层底分段型吊装设计示意图

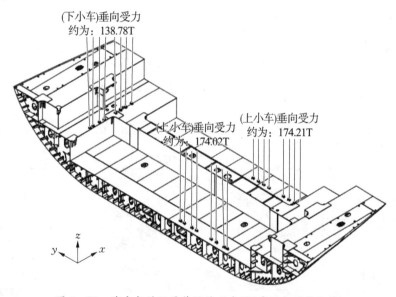

图 3-81　某底部总段吊装设计示意图(采用大型龙门吊)

2)分段/总段吊点布置标示

(1)吊环物量表如表 3-26 所示,主要包含分段/总段吊环规格及数量等相关信息。

表 3-26　分段/总段吊环规格及数量

吊环物量表	
类型	数量
A-15T	2
B-20T	2
C-25T	2

（2）分段/总段吊环布置信息，其样式如图 3-82 所示。主要反映吊环型号、安装位置及用途。

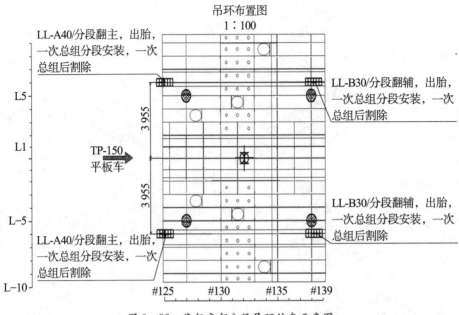

图 3-82　某船底部分段吊环信息示意图

（3）分段信息如表 3-27 所示，主要包含分段重量、重量重心位置及舾装重量等信息。

表 3-27　分段信息

分段	303C		
结构重量/t	28.0	舾装重量/t	0.9
重心/mm	X　$X=FR67-1$		
	Y　$Y=13$		
	Z　$Z=522$		

3）分段吊环安装位置剖视

如图 3-83 所示，应表示出分段临时加强，反映加强材的尺寸及位置；应表示吊环信息，反映吊环型号、用途及吊环受力情况；应表示吊环中心距重量重心距离等信息。

3.5.2　船体结构密性试验设计

1. 密性试验的目的及方法

船舶进行密性试验的目的是检验船舶外板、舱壁以及有密性要求的舱室等的焊缝是否存在泄漏、渗漏情况，以保证船舶的航行安全。根据规定，船体不同的部位分别采用冲水、灌水、水压、油压、淋水、气密、煤油、油雾等试验法。

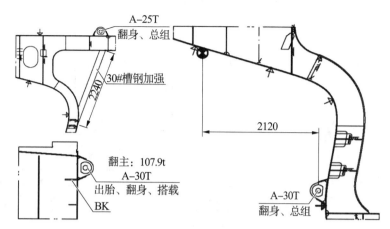

案例 3-11　某船双层底分段吊环布置图

图 3-83　某船分段吊环安装位置剖视图

2. 分段预密性试验及方法

现代造船模式提出了工序前置的思路。按照这一思路,作为船舶建造中重要工序之一的船体结构密性试验,应尽可能地提前至分段制造阶段或之前完成,以适应壳舾涂一体化的需要。目前,常用的方法主要有充气试验(如角焊缝充气试验)、负压试验(如抽真空试验),以及着色试验。

1) 角焊缝充气试验的方法及应用范围

向角焊缝根部注入压缩空气,并达到规定的压力和持续的时间后,通过向被检验的焊缝表面喷涂检验液(如肥皂溶液,在 0 ℃以下应加热),检查焊缝渗漏的方法。角焊缝充气试验适用于中组、大组阶段。前提必须是不开坡口的双面连续角焊缝;板厚原则上不得小于 12 mm;对穿过水密构件的纵、横向骨材(如 T 排、球扁钢、角钢等),其补板必须是整块,不可加焊接接头。

角焊缝充气试验的区域,应该是构成舱室边界的各种填角焊接头。采用安装密性块(连接块)形式,一端在密性块上安装压缩空气进充气管接头,另一端在密性块上安装压力表接头,在焊缝两端开设止流孔并焊缝堵死,使被试验角焊缝达到全封闭。检验压力为 0.015～0.02 MPa。

2) 抽真空试验的方法及应用范围

抽真空试验适用于中组、大组、总组阶段,适用的焊缝为角焊缝和对接焊。前提必须是构成舱室边界的船体水密构件。为了能看清焊缝渗透情况,真空箱必须是透明的。检验压力为 0.015～0.02 MPa。

3) 着色试验的方法及应用范围

着色试验是一种探伤试验,在此作为一种辅助措施,只在角焊缝充气试验两端做不到的地方实施。

3. 分段密性试验图的设绘指南

分段密性试验图的设绘顺序一般为:封面→试验焊缝立体示意→舱室位置示意→试验焊缝位置剖视→密性试验记录表。

1) 分段预密性说明

主要对试验条件、注意事项进行说明,并给出分段预密性试验流程图,如图 3-84 所示。

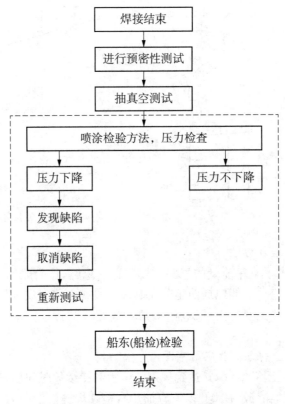

图 3-84　分段预密性试验流程图

2) 分段密性试验焊缝试验方法

图 3-85 主要是给出分段结构焊缝试验方法的示意,在图中标出了不同部位的试验方法(如抽真空、充气),其样式如图 3-85 所示。

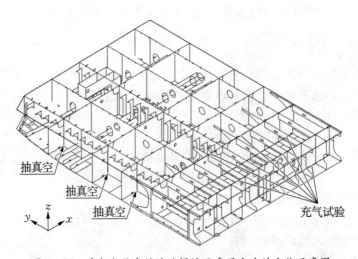

图 3-85　某船分段密性试验焊缝及采用方法的立体示意图

3）分段舱室位置

将分段中所有舱室在图中标出,其样式如图 3 - 86 所示。

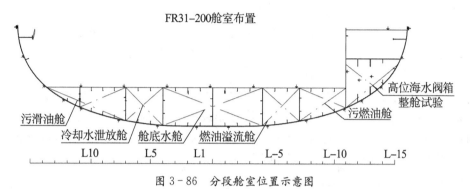

图 3 - 86 分段舱室位置示意图

4）分段密性试验焊缝位置剖视图

应给出剖面图,将需要进行密性试验的焊缝标出并命名,其样式如图 3 - 87 所示。

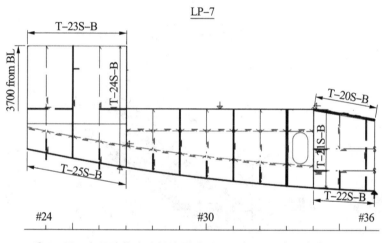

图 3 - 87 分段结构试验焊缝位置剖视示意图(图中粗实线所示)

5）分段密性试验记录表

分段密性试验记录表中应包含焊缝编号、焊缝密性检验方法及检验阶段等内容,如表 3 - 28 所示。

表 3 - 28 分段密性试验记录表

| 305C 分段预密性试验记录表 | | | | | | | | | | | | | | |
序号	焊缝编号	试验方法	试验状态	试验结果	装配人员	焊接人员	操作人员	检验人员	日期	船检	日期	船东	日期	阶段	备注
01	T - 1C - B	帖胶带	11 960											分段完工后	
02	V - 1C - B	抽真空	8 800											分段完工后	
……	……	……	……											……	

3.5.3 脚手架设计

在船舶建造过程中,存在大量的高空作业,为了便于这些场所的施工,确保作业人员的安全,必须搭设脚手架。需要考虑布置脚手架的地方主要有:分段涂装状态脚手架、分段总组过程中的合拢缝位置脚手架、大合拢阶段的合拢缝位置脚手架。

1. 脚手架的种类及设计原则

根据脚手架的结构、使用方法及搭设位置的不同,脚手架可分为三角架式、悬挂式、着地式、简易支架式、组合支架式、踏步式等。在脚手架设计中,应通过周密考虑,使施工作业处于最佳的位置,同时也应考虑规范脚手架的搭设与拆除,尽可能采用标准形式,其设计原则如下。

(1)脚手架本身要有足够的强度,跳板尽量设置水平。

(2)脚手架各层之间的垂直距离应为 1.8~2.0 m。

(3)脚手架用眼板要尽可能设置在骨材上或有骨材的位置上。

(4)脚手架的布置要兼顾该区域的壳、舾、涂在不同施工阶段的作业,以减少重复搭设。

(5)其搭设工作尽量在分段阶段完成,以提高总组及搭载场地的施工效率。

2. 船体建造典型区域脚手架的设计

(1)分段脚手架形式,图 3-88 所示的为某船货舱分段的脚手架。

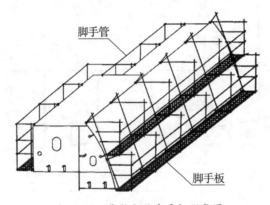

图 3-88 货舱分段脚手架形式图

(2)区域脚手架形式,图 3-89 所示的为某船货舱区域的脚手架。

(3)大合拢及外板脚手架形式,图 3-90 所示的为某船首部大合拢及外板的脚手架。

图 3-89 货舱区域脚手架形式图

图 3-90 首部大合拢及外板脚手架形式图

3. 脚手架安装图设绘指南

脚手架的工艺过程为:确定该区域脚手架设置方案→确定脚手架的安装方法→脚手架备料及脚手工装件的选用→脚手架搭建→设置通道→设置安全防护和标识→脚手架安装检验→该区域壳舾涂作业过程→脚手架拆除。现以某合拢区域脚手架安装图设绘为例。

1) 脚手架施工工艺说明

(1) 施工前准备。一是仔细阅读脚手架施工工艺和安装图,明确搭建流程。二是根据汇总表中的统计类型与数量,准备脚手架施工所需的物料。三是根据《脚手架标准件图册》和《托盘清单》选择脚手工装件的类型。

(2) 工艺要求。一是检查脚手眼板是否已按照相关安装图进行装焊完整。二是脚手架安装时,其横杆应通过螺栓与脚手耳板连接固定,跳板铺设在脚手横杆上,并绑扎牢固。三是栏杆立柱、防护栏杆及安全网的布置应符合安全规定。

2) 合拢区域脚手架位置立体示意

将该区域脚手架位置通过立体图标出,其样式如图3-91所示。

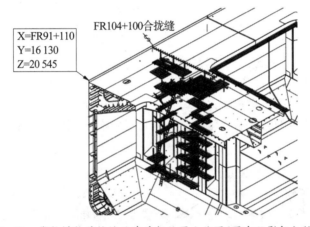

图3-91 货舱横舱壁接缝处脚手架位置立体图(图中阴影部分所示)

3) 合拢区域脚手架位置剖面示意

将该区域脚手架位置在船体剖面图中标示出来,其样式如图3-92所示。

3.5.4 支撑底座设计

船体分段/总段大合拢时,为减少变形、保证静态的稳定性,以及控制合拢精度,需设置支撑底座,一般设置在分段/总段的首、尾部。设计时,应充分考虑分段/总段的重量、重心位置、结构强度及稳定性,使其形成稳定的力学系统。

1. 支撑底座的设计原则

(1) 应选取合适的支撑点位,充分考虑船体结构强度,确保支撑点为船体强力结构处。

(2) 支撑底板尽量避开压载舱范围、板缝、外板标记及其他舾装件。

(3) 总组支撑底座尽量考虑与船台(坞)支撑兼用,以减少支撑数量,减少工作量。

(4) 支撑在使用结束后须割除、磨平、补漆。

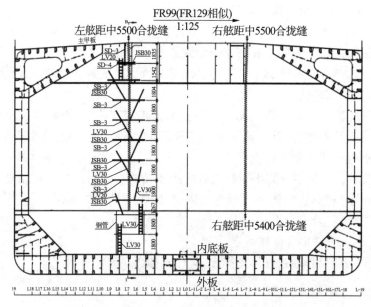

图 3-92　货舱横舱壁接缝处脚手架位置剖面图

2. 船体建造典型区域支撑底座的设计

1）船中部位船底区域支撑底座的设置

船中部位船底区域线型变化不大，较为平坦，一般在分段/总段的首、尾及两舷处设置支撑底座。图 3-93 所示的为某船货舱区设置在底部分段/总段上的支撑底座。

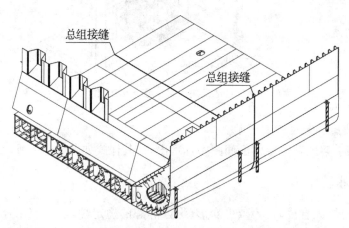

图 3-93　设置在货舱区底部分段/总段上的支撑底座图

2）机舱部位船底区域支撑底座的设置

机舱部位船底区域线型变化较大，一般在分段/总段的首、尾及两舷处设置支撑底座。图 3-94 所示的为某船机舱区设置在底部分段/总段上的支撑底座。

3）首部船底区域支撑底座的设置

首部船底区域线型变化也比较大，一般在分段/总段的首、尾及两舷处设置支撑底座。图 3-95 所示的为某船首部区设置在底部分段/总段上的支撑底座。

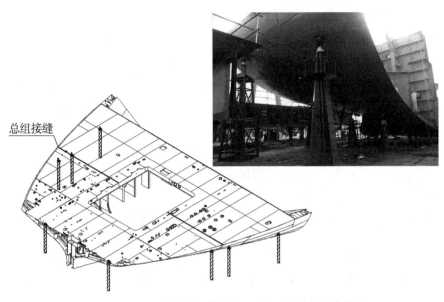

图 3-94　设置在机舱区底部分段/总段上的支撑底座图

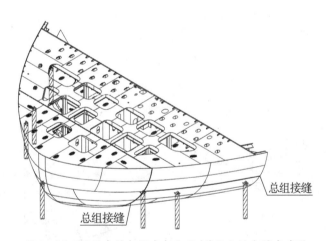

图 3-95　设置在首部区底部分段/总段上的支撑底座图

尾部区域线型变化大,不但要满足合拢需要,而且要考虑轴舵系安装的要求,其支撑底座的合理设置需专门设计。

3. 支撑底座布置图设绘指南

1)船体分段/总段支撑布置说明

(1)合理选择支撑底座的支撑杆,须满足强度要求,船厂大都采用圆管或槽钢。

(2)布置在强力支撑位置的底座应特殊设计,其结构采用钢板焊接形式。

(3)支撑底座设置位置:距中值(表示其距离船体中心线的距离)、距基值(表示其距离船底基线的距离),以及支柱高度(距基值+坞墩高度)。

2)支撑底座设置部位的立体示意图

通过立体图标出支撑底座位置,图 3-96 所示的为设置在货舱舷部分段上的支撑底座。

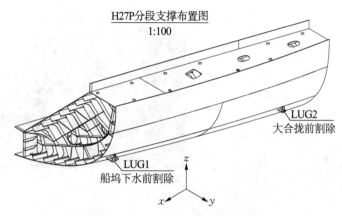

图 3-96　设置在货舱舭部分段上的支撑底座立体示意图

3）支撑底座设置部位的剖面示意图

将支撑底座的位置在船体剖面图中标示出来,其样式如图 3-97 所示。

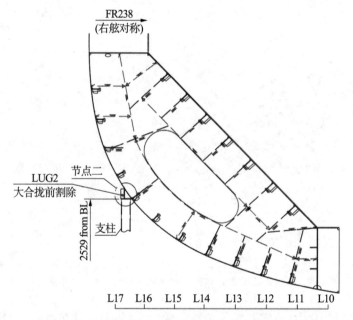

图 3-97　设置在货舱舭部分段上的支撑底座剖面示意图

3.5.5　施工通道设计

施工通道设计的目的是减少高空攀登及不必要的绕行,便于施工者登船施工以及跨区域作业的贯通便利,便于安全疏散以及减少阶段施工对船体涂层造成的损坏,从而保证各阶段施工作业的顺利开展。

根据通道开设的位置可分为舷侧临时通道、横隔壁临时通道,以及在纵舱壁、边舱壁、平台等处临时开设的通道。所设置的施工通道工艺孔,其形状一般为长圆形、矩形,大小在满足其功能要求的前提下,考虑与其所在的具体结构形式。

施工通道工艺孔一般在下料时切割,但有些部位出于强度及加工的需要,可以放在后续的适当阶段开设。在其功能完全使用结束后,适时进行封孔、打磨、补涂等。

1. 施工通道的类型及设计原则

1) 施工通道工艺孔类型

施工通道工艺孔主要有以下三种类型:

(1) 单人通行的工艺孔如图 3-98 所示。主要设置在内底板、内底外板、平台板、纵舱壁、底墩斜板等部位,其最小开孔规格不小于 600 mm×400 mm,一般不超过 800 mm×600 mm。

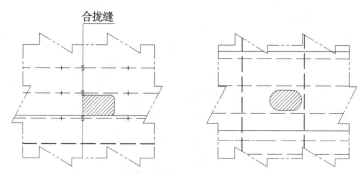

图 3-98　单人通行典型工艺孔示意图(图中阴影部分所示)

(2) 进出频繁的垂向工艺孔如图 3-99 所示。主要设置在防撞舱壁、机舱前壁等部位,其开孔规格一般不超过 2 000 mm×600 mm。

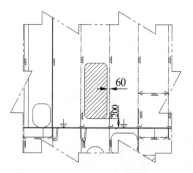
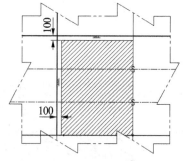

图 3-99　进出频繁典型工艺孔示意图　　　图 3-100　进出特频繁典型工艺孔示意
　　　(图中阴影部分所示)　　　　　　　　　图(图中阴影部分所示)

(3) 进出特别频繁并且需要进出小型设备的区域工艺孔,如图 3-100 所示。区域工艺孔主要设置在机舱区域,其开孔规格一般为 1 800 mm×2 000 mm 左右。

2) 施工通道设计原则

(1) 应充分考虑船体结构强度,确保开孔位置设置的合理性。

(2) 应充分考虑施工人员的进出便捷性,确保开孔大小及位置合理性。

(3) 在满足使用条件的前提下,开孔应充分借用船体原有板缝隙,减少板缝,提高经济效益。

(4) 应充分考虑各阶段实际作业内容,确保现场作业的可行性。

(5) 合理协调船、机、电、舾专业,避免对相关专业造成不必要的麻烦。

（6）平台上通道工艺孔需要增设拦水扁铁，拦水扁铁点焊固定后，用玻璃胶密封。

2. 船体主要建造阶段施工通道的设计

总组阶段施工通道的设计如图 3-101 所示。

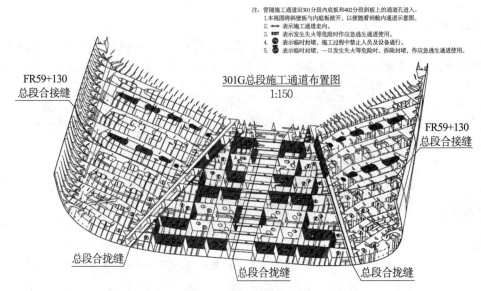

注：管隧施工通道田301分段内底板和402分段斜板上的通道孔进入。
1. 本视图将斜壁板与内庭板掀开，以便能看到舱内通道示意图。
2. ←→ 表示施工通道走向。
3. ▢EXIT 表示发生失火等危险时作应急逃生通道使用。
4. ▢ 表示临时封堵，施工过程中禁止人员及设备通行。
5. ▢ 表示临时封堵，一旦发生失火等危险时，拆除封堵，作应急逃生通道使用。

图 3-101　总组阶段施工通道的设计图（图中阴影部分所示）

船台（坞）合拢阶段货舱横舱壁施工通道的设计如图 3-102 所示。

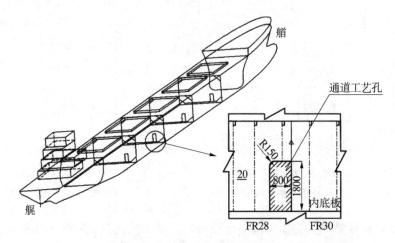

图 3-102　船台（坞）合拢阶段货舱横舱壁施工通道的设计图

3. 施工通道图设绘指南

施工通道图一般设绘顺序为：封面→立体示意图→主剖面示意图→分段剖面图。

（1）施工通道图封面工艺说明如图 3-103 所示。

（2）施工通道立体示意图如图 3-104 所示。

（3）施工通道主剖面示意图如图 3-105 所示。

（4）施工通道剖面示意图如图 3-106 所示。

工艺说明：

(1) ～～～～ 涉及的壁板用锡箔纸或三防布封堵，形成封闭空间。

(2) ■■■■■ 表示施工临时通道。

(3) ～～～～～ 表示总组接缝。

(4) ⬭ 表示临时封堵，施工过程中禁止人员及设备通行。除特殊说明外，剖面图中封堵符号均为"临时封堵"。

(5) 需要进行临时封堵的结构，需要将该结构上的所有结构开孔全部封堵（如人孔、减轻孔、流水孔、透气孔、过焊孔等）。

(6) 可能因人员通行而油漆破损的位置（如扶强材、纵骨、船体板、直梯等）均应该铺设三防布。

图 3-103　施工通道图封面工艺说明

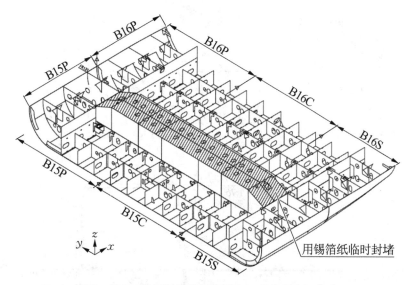

图 3-104　某船船体底部分段施工通道立体示意图

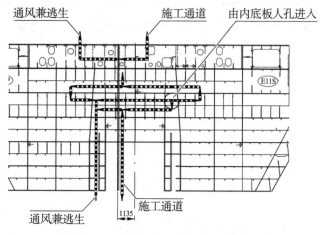

图 3-105　某船施工通道主剖面示意图

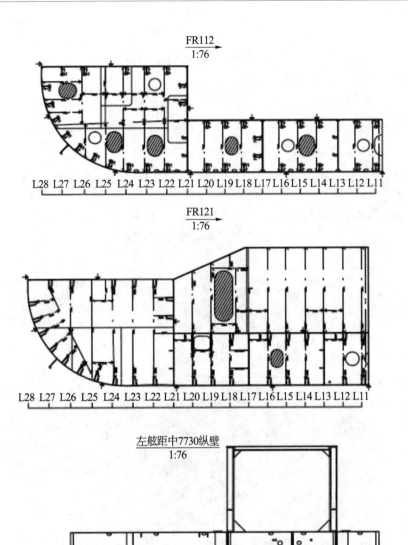

图 3-106 某船船体底部施工通道剖面示意图（如图中阴影部分所示）

第4章

船舶舾装综合规划

船舶舾装综合规划是指在三维模型综合放样前开展的区域舾装策划工作,它是将各舾装专业的主要系统,按照划分的区域预先进行综合布置,以满足相关规范及建造方针的要求。其成果为按区域表达的舾装综合规划图,这为后续舾装综合放样顺利开展奠定了基础。

4.1 舾装综合规划的内涵及实施

4.1.1 船舶舾装简介

按照现代船舶建造工程划分,除船体和涂装以外,其他均属舾装。船舶舾装工程具有品种多、工种多、工序多、工程庞杂、协作面广、综合性强、周期长等一系列特点,这就带来了舾装设计和管理的种种复杂性。

船舶舾装的主要工作内容有:动力装置、轮机设备、甲板机械、电气舾装件、机舱舾装件、舱室舾装件、管系(包括通风等),以及诸如门窗、梯、盖、扶手、栏杆、系缆桩等的船体舾装件。

壳舾涂一体化施工法是目前我国船厂普遍采用的一种舾装施工技术,分段建造法和区域舾装法是其基础。该施工法是将分段、总段作为舾装、涂装的载体,在上船台(坞)前尽可能完成其所有的舾装工作和涂装工作,分段成品化是其目标。壳舾分离施工法是当代舾装技术的发展方向,船体和舾装分开施工,实现舾装单元化和功能模块化,即采用模块施工法进行船舶建造,以实现模块化造船。要实现上述舾装技术,首要的就是要做好舾装生产设计。通常用预舾装率的高低来评判舾装生产设计的成效。所谓预舾装,就是将码头/船内舾装作业提前在地面上进行的一种舾装方法。具体地说,就是在分段上船台或进船坞以前,尽可能在地面上将舾装件广泛地采用单元组装、分段预装(或预埋)和总段预装(或预埋),扩大地面上平行的分散作业,以减少码头、船内多工种的混合作业。因为,反映一艘船舶产品建造的预舾装程度常以该产品的预舾装率和船舶下水前舾装工作的完整性来表示。所谓预舾装率,是指某一类系舾装件的预装数量(其中包括单元组装、分段预装和总段预装,含预埋)与全船数量之比。

舾装生产设计的工作比较复杂,需要基于特定的舾装技术进行生产设计工作。各舾装专业在进行生产设计时,依据的是船体结构背景和详细设计的原理图,由于详细设计是以系统为导向的,生产设计是以区域为导向,在同一空间内多专业、多系统的同步放样必然会产生较多的协调工作,进而对设计进度和质量产生影响。因此,舾装综合规划就开始出现,并在船舶生产设计中发挥重要作用。

4.1.2 船舶舾装综合规划的内涵及作用

1. 舾装综合规划的内涵

船舶各个区域、各个部位,除船体结构外,还设置具有各种功能的机械设备、电气设备、航行设备、救生设备以及相关设施。为这些设备和设施服务的,还需要配备和敷设各种管路、通风、电缆、通道装置等大量舾装件。为使其布置合理、互不干扰、使用方便,就必须从全局观点出发,进行统筹。这种统筹以区域性的综合布置形式表达出来,就是在船体结构三维数字化模型上分区域进行全面综合规划,以求得各专业在每个区域内的矛盾和问题在模型上得以解决,在这种指导思想下所进行的舾装综合策划工作就是舾装综合规划。

所谓舾装综合规划就是指在舾装综合放样前,以船体结构为背景,对区域内主要舾装设备及系统进行合理规划。也就是在对详细设计进行区域化转换后,从全局的视角出发,对区域内主要舾装设备及系统进行统筹综合布置协调,从而各专业在每个区域内的矛盾和问题在图面/模型阶段得以解决,使主要舾装设备及系统的布置尽可能达到优化状态。通过舾装综合规划,使得主要舾装设备及系统均可按照划分的区域以综合布置图的形式给出。

2. 舾装综合规划的作用

舾装综合规划是把船、机、电各个专业的相关内容有机地综合在一起加以统筹与协调,以适应舾装作业按阶段、按区域、按工序组织生产,其主要作用如下:

1)舾装综合规划是连接详细设计和生产设计的纽带

规划时,需要对详细设计进行转换,既要保证设计满足详细设计的性能要求,又要保证规划的结果能指导生产设计。为此,舾装综合规划就起着承上启下的作用。

2)舾装综合规划可以提前发现和解决详细设计中的专业协调问题

详细设计虽然是按专业进行,强调系统的完整性,但是各专业、各系统间的相互影响却无法体现,甚至有可能会出现互相矛盾的情况,通过规划就可以尽早发现这些问题并及时解决。

3)舾装综合规划是船厂、船东以及船级社对话的媒介

每个区域舾装综合规划的结果一般都要获得船东的认可,通过规划图,船厂就可以和船东进行意见交换。在规划时,也可能对详细设计提出优化和修改意见,这时就可以借助规划图与设计院、船级社进行意见交换。如果没有舾装综合规划,就很难用语言和各种系统的详细设计图来说明问题了。

4)舾装综合规划可以有利于预舾装率的提高

设计人员可以根据建造方针对规划结果进行评估,从工序前移、提高预舾装率的角度对规划进行优化。

5)舾装综合规划可以提高设计效率和质量

通过规划解决了各舾装专业主要的协调问题,降低了后续舾装综合放样的难度,提高了设计的效率和质量。当船东和施工部门对规划进行评审后,就可以减少后期的意见,这也保证了设计质量。

但需要注意的是,舾装综合规划是基于二维图纸进行的设计,由于规划的对象是区域内主要的舾装设备及系统,而且设计输入条件不一定完整,对于复杂区域考虑不可能面面俱

到,因此,规划的结果并不能作为绘制施工图纸的依据,它主要还是指导舾装综合放样,需要借助放样进一步对前期的规划予以完善和修正。

3. 各专业在舾装综合规划中的相互关系

舾装综合规划是涉及各个专业、不同系统,在图面上或是在船体结构三维模型中进行统筹协调优化的设计工作。在进行综合规划时,其不但与船体结构存在极为密切的关联,并且各专业间的相互关系也非常紧密。下面就机装与船装、船装与电装、机装与电装三个方面的相互关系作概要说明。

1) 机装与船装在综合规划中的相互关系

由于机舱与舱室、甲板的区域划分是比较清楚的,所以相互关联的主要内容是区域间的管系连接部分。一般在区域的综合规划过程中,凡是对于原理图中跨两个区域的系统,其两个相关联区域的综合布置设计人员,就必须按照一定的专业分工,进行相互连接管路的具体连接位置加以协商定位,并作好记录,作为两个区域综合布置时相关联部分布置的依据,一方修改,要立即通知另一方。一般应记录的内容有:系统名称、系统代号、系统中的线路代号、管路的口径、材料、连接件形式、通舱件所在舱壁或甲板、平台的坐标尺寸,以及通舱件的归属等内容。

通舱件的归属一般是根据制作和安装的工艺性来考虑的。例如,上甲板上、下连接的通舱件,其上甲板下面的管路比较集中,通常是在上甲板分段上进行管系的预装工作。所以,这部分的通舱件应归属于机舱区域较为有利。通舱件坐标位置的定位一般是由在综合规划中难度较大、位置移动比较困难的一方为主首先确定位置,其次进行协商调整,最后双方定位认可。例如,上甲板房间的粪便下水管的位置,因为房间的卫生设备的布置和调整是很困难的,所以,这部分通舱件的定位应以舱室区域为主首先定位,其次进行协调。另外,作为管系的系统代号,船装和机装应统一,以免发生混乱。

2) 船装与电装在综合规划中的相互关系

船装与电装在综合规划中的相互关系包括三个方面,主要是管系同电装的关系,居住舱室同电装的关系,铁舾装同电装的关系。

(1) 管系同电装的关系。

船装管系在综合规划时,应由电装专业提供各层居住舱室主干电缆的通道,电缆托架或电缆导板的敷设位置尺寸,在综合布置图上与管系和空调管进行空间位置上的协调,特别是层次很多、重叠交错密集的地方,有时需要船体结构作些必要的结构修改。甲板上主要是各部位电源的保护管和保护罩的敷设,首先,要由电装专业提出电缆分布敷设的草图;其次,进行综合布置和调整,以达到布局合理,美观、施工维修方便可行的目的;最后,在这些基础上,各自绘制本专业的制作图和安装图。

(2) 居住舱室同电装的相互关系。

居住舱室综合规划同电装的相互关系是,每个舱室的电气设备、照明设备、开关、插座等在各个舱室内同家具、门窗、空调播风器等的相互位置关系。所以,在居住舱室综合规划时,要将电气方面的各种舾装件及居住舱室的其他舾装件在综合布置图上进行综合布置调整。这种规划要考虑的因素很多,主要有:舱室的宽敞、明亮、舒适,各种家具、设施布置合理、使用方便,六面色彩协调、柔和,照明、采光恰到好处等。在这种情况下,设绘的综合布置图再经有关专业确认,便可作为各专业进一步绘制制作图及安装图的依据。

（3）铁舾装同电装的相互关系。

铁舾装件集中的甲板区域在综合规划中同电装的主要关系，就是当有关需接电源的设备，确定其布置位置时，不但要考虑电源线的布置，而且要考虑有电缆管和电缆保护罩保护的布置和敷设。

3）机装与电装在综合规划中的相互关系

机装与电装在综合规划中的相互关系，主要是机舱内相互位置的调整。在机舱范围内，机装和电装的各种设备、管路、电缆、通风等各种舾装件非常集中、纵横交错，所以，在机舱综合规划时，不但要对机装专业内容进行布置，而且要对机舱区域范围内的电气设备、主干电缆的走向、照明灯具、电缆托架或导板的尺寸等进行布置，协调相互的位置。

协调的方式是首先，由电装设计人员将主干电缆走向和所占空间的尺寸，各种电气设备的外形尺寸等提供给机舱综合规划的设计人员；其次，由机装综合规划的设计人员直接在机舱综合布置图上将主要电气设备、主干电缆、照明灯具的布置与机装的相关内容，特别是管路、通风、机械设备协调布置好，并表示在综合布置图上，双方都应按照协调后的布置结果进行后续的设计工作。

综上所述，综合规划的整个过程，都充分体现了各专业间的密切配合与相互协调，使船舶的各个区域和空间都能得到充分、合理地利用。同时可以看出，不同区域的综合规划有着相互依存的共性关系，需要统一归口协调并注意相互的关系，以防止解决了局部范围的矛盾，而忽视了整体范围的矛盾。

4.1.3 船舶舾装综合规划的实施

舾装综合规划是舾装生产设计成功的关键。其根据船体结构背景、生产设计准备中确定的标准和相关纲领性文件，对设备、通风、交通通道、主干电缆通道、大的管路等舾装设施进行综合布置，规划过程中同时可验证单元划分方案的合理性。

1. 规划图的内容

舾装综合规划图主要包含以下内容：

（1）区域船体背景，即以详细设计结构图为基础，主要结构应以双线形式准确表达板厚。

（2）区域内主要设备。以轮机设备为主，还应包含大型电气设备、较大的电气控制箱以及主要铁舾装设备。设备只需要简单的轮廓，不用表达设备细节。

（3）管系走向。机舱主要表达通径 50 及以上的管路，其他区域规划时应尽可能完整。管路上的阀件、附件（法兰等）、通舱件一般在空间比较狭小时需表达。

（4）通风管路。风管附件可以不用表达。

（5）主干电缆托架。应能准确表达托架外形，分支扁铁不用表达。

（6）门、人孔盖、花钢板、格栅、梯子、栏杆、拦水（油）扁铁，简单表达外形即可。

（7）天花板、壁板、绝缘等内装件，简单表达外形即可。

（8）行车、吊梁，以及主要的起吊眼板。

（9）典型支架，特别是跨专业的组合支架。

（10）通道、吊运空间等虚拟空间。

2. 规划前的准备

舾装综合规划实施前需要收集的资料如下：

（1）船体区域结构图（送审版）。

（2）建造方案中，关于分段划分、总段划分、搭载方案部分。

（3）机装、船装、电装各专业相关系统详细设计原理图（送审版）；由于电气设备样本的滞后性，在规划时应提供电气设备位置和基本接线原理，以便预估电缆托架宽度和控制箱尺寸。

（4）用于设备布置参考的主要设备样本资料。

（5）非标附件的尺寸（如蝶阀），以及用于关键位置处的排管。

（6）适用于目标船的设计标准。

3. 规划的步骤

舾装综合规划是用于指导后续生产设计放样工作的，规划结果将直接影响放样的质量与效率。因此，从事规划的人员应选择有较丰富设计经验的舾装工程师，其对船体、通风、电气、设备、铁舾装专业都应有足够了解。规划步骤如下：

（1）制作规划背景图。选择规划区域的典型结构剖面，对于舾装件较密集区域应增开局部剖面。

（2）进行设备布置。以机舱区域规划为例，需要重点考虑设备布置。在消化完相关详细设计原理后，以机舱布置图为基础，参考设备样本信息（如吸高、维护空间等）以及单元规划，对设备布置进行调整。设备外形尽量准确，对一些还没有资料的设备应根据预估尺寸简单建模示意。

（3）主干电缆布置。此时一般电气专业详细设计图纸提供得还不完整，因此，要求规划人员能预估区域内电缆数量和大致走向。

（4）通风布置。根据详细设计通风原理图在典型剖面上进行布置。

（5）通道布置。以机舱区域规划为例，应对该区域的主通道、花钢板、天花板、绝缘、吊梁、维护通道等进行示意，保证必要的空间。

（6）对区域内管路进行规划。这是规划的重点，一般按照先大后小、先重力管后压力管、先长距管后局部管的原则。排管时，应考虑连接件的空间，管路规划中需反复调整，对复杂的区域还需建模验证。绘图时，大管径应双线表达、小管径单线表达、俯视图单线表达、剖视图完整截面表达。

（7）进行协调。规划中，可能会发现将管路原理修改后布置会更合理，此时，可以在详细设计阶段进行反馈。当发现有的区域布置困难，甚至无法布置时，须及时召开协调会，重新讨论设计方案。当发现规划结果对结构产生较大影响时（如大开孔），应及时反馈结构专业的相关负责人进行强度校核。一旦发现设计出现变更（如风管变成结构风管），则要通知相关专业的设计人员去核查。

（8）规划评审。规划结果应获得设计部专家、施工部门主管、船东的认可，对提出的意见及时处理。

（9）规划交底。规划完成后应向生产设计人员进行交底，讲述设计思路，提醒设计要点、难点。

4.2 船舶典型区域的舾装综合规划

船舶舾装综合规划主要是针对船上舾装件较集中的重点区域进行,一般面向机舱、货舱管弄、货舱舷侧通道、货舱甲板、生活区内通道等区域。规划过程中,需对各系统原理进行拆分和综合排布,这项工作极其重要。

4.2.1 机舱区域的舾装综合规划

机舱是船舶的核心区域,其设备、管路众多,是难度最大、耗时最长、对设计人员能力要求最高的区域。尤其是对尾机型船舶,其线型变化比较大,有较多的曲形结构,机舱内布置有主机等船舶动力装置和辅助设备、电气设备、交通装置以及大量的管系、风管、电缆等,这些设备和舾装件集中布置在一个区域内必然会产生大量的协调工作。由于不同船型机舱舱室布置、设备布置、系统设计具有差异性,因此,各类船舶的机舱区域规划也基本不具备通用性,但规划思路基本一致。

1. 机舱区域综合规划的主要内容及基本原则

1) 机舱区域综合规划的主要内容

主要包括:船体结构轮廓;主机、轴系、发电机、锅炉等大型机械设备;各种辅机、泵、油水箱柜、热交换器、各种压力容器等;主要电气设备轮廓;管系、管系附件、阀件的布置;通风机械设备及通风管路等;主干电缆基本走向;地板、格栅、梯子、栏杆等交通装置;主机、发电机等吊车、吊梁、各种设备、泵的起吊眼板;各种机械设备、电气设备、泵、油箱水柜等的基座;管路、通风管路的固定支架;平台挡油、挡水的平铁和围圈;分段预装、单元组装的范围及编号等内容。

2) 机舱区域综合规划的基本原则

机舱综合规划中应遵守的基本原则:

一是对于机舱的船体结构、机械设备、管路、通风管路、电气设备、主干电缆及其他铁舾装件等,有的是可以根据具体规划的实际情况做一些相对的调整或移位,而有的则是不可以的。一般不可调整或移位的有主机、轴系、发电机、锅炉、主配电板等大型的固定设备以及这些设备的基座,还有主要的船体结构。对诸如管路、通风管路、泵设备、油箱水柜、电气设备、主干电缆,以及其他设备基座、梯子、栏杆、花钢板、格栅、各种支架等都是可以根据规划的实际情况进行适当调整的。

二是管系、通风、电缆在规划过程中,经常会出现多层次的重叠现象,要注意按照电缆在上、管路在中、通风在下的原则分层予以敷设。若在电缆下方布置较多管路时应至少在电缆一侧留出 400 mm 空间,如图 4-1 所示。

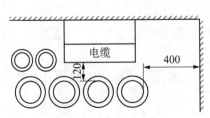

图 4-1 管路在电缆下方的空间要求图

2. 机舱区域综合规划的一般思路

机舱区域综合规划的结果是各专业密切配合协调的产物。一般按照主甲板、内底及各层平台分区进行,应将机舱区域内通风、格栅、梯子、花钢板等舾装件与管路同步进行规划,以兼顾相互间的位置。机舱区域综合规划的一般思路如下。

1) 背景制作

一般以详细设计《机舱布置图》的剖面为主,增加强肋处横剖面。为了后期绘图表达清晰,便于管理,背景图还要拆分图层,将结构、设备定义进各自的图层,并新建规划所需各专业系统的图层。

2) 设备规划

机舱设备众多,要确保各种设备的位置正确。应先根据系统原理梳理机舱设备,避免遗漏。由于设备外形不一定准确,因此,规划时,将设备在规划图上大致定位。主机、主发电机、锅炉等大型设备在详细设计时已经过综合考虑和协调,一般不进行调整,其他设备的规划布置主要考虑以下因素:

(1) 同系统相似设备应集中布置,以减少管路长度;在前期策划成单元的设备也应集中布置。

(2) 同系统内设备的相对位置应考虑管路的顺序连接。

(3) 根据系统图查看设备的位置与分布,对泵类动力设备进行布置一般宜靠近源头,以减少吸入阻力,同时也要考虑吸口高度,以避免气蚀等不良工况。

(4) 卧式泵(喷射泵除外)尽量沿船纵向布置,避免船横倾时损坏运动部件。

(5) 底层立式泵定位时要保证电机在花钢板上;卧式泵定位时一般油盘底与花钢板平齐。如因吸高影响布置在花钢板下时应在花钢板上留出空间或设置可拆除花钢板。

(6) 设备的基座高度,如果基座采用角钢制作时最小高度为 100 mm,如果基座采用板材制作时最小高度则为 150 mm。

(7) 设备的操作面板、控制箱、仪表应朝向通道,如果考虑设备进出口接管方便没有朝向通道时,应及时与船厂、设备商联系调整位置。

(8) 设备定位要考虑安装空间,若设备与结构间存在通道,则此通道最小为 450 mm;设备的维修空间不能和结构、舾装件(包含管系支架)干涉,维修空间可以共用。

(9) 由于油类设备和平台上的水类设备需要设置拦油(拦水)扁铁,因此,布置设备时,尽量考虑油类和水类设备相对集中布置。

(10) 设备定位时,由于需要设计反面加强,所以尽量将设备布置在平台反面有结构处。

3) 电气规划

电气规划应先根据电力一次系统图和机舱轮机设备规划结果将机舱主要电气设备布置在规划图上,其中一些设备需要预估尺寸,然后通过配电板每屏分出去的电缆在通道上一一列出,便于核算出通道所需要的大小。注意在核算托架大小时,需要考虑电力线、信号线、本安线、网络线之间应分开 50 mm 的空间。一般核算出大小后还要加放 40% 左右的裕量,以预留出来给在规划阶段未予以考虑的小系统进行电缆敷设。其中主干电缆规划时应注意以下事项:

(1) 机舱双套重要设备或互为备用完成同一重要设备功能的电缆需要分开布置。

(2) 舵机的电源和控制电缆应分开敷设,不得在同一托架或者交叉敷设。

（3）主发电机电缆不能全部走在一路通道上，如对设有 3 台发电机的机舱，则可将其中两台发电机的电缆走一路，另一台发电机单独走一路。

（4）中压电缆需要与其他电缆分开 300 mm。

（5）本安电缆需要与其他电缆分开 50 mm，或者单独布置电缆路径。

（6）分油机室不得穿过与房间接电设备无关的电缆。

（7）大型配电设备，因其电缆直径较大、较多，需单独路径布置。

（8）常规船舶的机舱，其主干电缆的规划，每层通道应形成一个回路，上下层主干电缆通道相连，确保每个通道能连通。

4）通风规划

风管规划应在电缆之后进行，以便及时发现风管和主干电缆的干涉。依据《机舱通风布置图》，通常是从机舱风机处开始，顺通风流向对矩形风管进行绘制，规划设计时需注意以下几点：

（1）风管一般布置在机舱甲板横梁下方，高度控制在风管法兰下沿距离地面大于 2 m。

（2）风管沿走道上方布置时，尽量离开舱壁一侧，预留管路、电缆布置空间，特别是在狭窄通道处不能让风管将电缆托架完全遮挡，要留出后期拉放电缆的施工空间。

（3）风管沿舱壁布置时，要考虑风管法兰施工空间，一般距离舱壁至少为 400 mm。

（4）风管在保证通风量的前提下可以对风管的长宽进行调整，但一般矩形风管的长宽比不大于 3∶1。

（5）大风管靠近舱壁或甲板时，可以考虑设计成结构风管以节省空间，但要注意风管宽度不应小于 600 mm，以便于施工，而且结构风管上的出风口处不能有遮挡。

5）通道规划

在管路规划前应先确定机舱内必须的通道空间，避免规划中期和后期放样时舾装件进入通道内。需规划的通道有：

（1）机舱主通道，即机舱外部进入机舱、各层沿主机周围一圈、至逃生通道的路径，这些通道的宽度应达到 800 mm，高度为 2 100 mm。

（2）机舱辅通道，即从主通道延伸至各个设备以及工作处所的通道，辅通道宽度一般为 600 mm，高度为 2 000 mm。

（3）检修通道，即在设备周围，便于船员检修时到达的空间，通道宽度一般为 450 mm，高度为 1 800 mm。

（4）花钢板通道，设备一般布置在机舱平台上，当预估设备附近的管路会布置在平台面上，而且会影响通道时，应规划设置花钢板通道。

（5）吊运通道，机舱内设备众多，必须要考虑设备维护、更换时的吊运空间，同层平台上运输可以通过吊梁或设置沿途吊耳，平台之间运输应通过主机行车，所有吊运空间内不应有舾装件遮挡。

6）管路规划

机舱内管路系统较多，是规划的重点。应尽量把管路多集中在甲板以及各层平台之下，而内底以上、平台以下以及烟囱内的管路等则可按单元组装的方式进行规划。首先，规划主辅机排气管，接着规划机舱底层管径较大的压载管、海水冷却管、主机滑油管、舱底水总管。其次，规划在机舱内分布范围较大的淡水冷却水总管、消防管总管、蒸汽凝水总管，以及在机

舱上层较集中又有倾斜要求的舱室透气管,再按照油、水、气的顺序规划机舱其他管路。机舱管路规划时,主要考虑以下原则:

(1) 管路走向要求路线短、弯头少,特别是大管径管路要理顺。

(2) 管子排列尽可能地平直成组,整齐美观,并且便于组合支架设计。

(3) 规划时,排管尽量紧凑,相邻两根管子的间距一般为 30 mm,当管路与结构垂直交叉时,其间距应大于 30 mm,管路与结构平行布置时,其间距应大于 150 mm,对于包扎绝缘的相邻管子,再加上绝缘厚度后应满足以上要求。需特别注意的是,法兰处也是存在绝缘的。

(4) 管系布置时,尽量靠舱壁、花钢板和甲板下面,花钢板区域尽量布置成单元以提高预舾装率。

(5) 油、水、蒸汽管路规划时,不得让其经过电气设备和主要仪器上方,也不能平行布置在电缆上方;热管与电缆不能靠近且平行布置;当在电缆上方交叉穿越时,经过包扎绝缘处理后与电缆的间距不能小于 150 mm,而在电缆下方交叉穿越时不能小于 100 mm。

(6) 对蒸汽、凝水和热水管的热胀冷缩现象应予以消除,即尽量不采用较长的直管布置,特别是连接设备的管路应适当增加一些膨胀弯、回形弯。

(7) 对穿越结构的管路,遵循非水密结构开自由孔、水密结构用腹板或套管的原则。而管束穿越时,应参考机舱结构图,详细规划穿越节点。

(8) 总管上布置支管时,应考虑管内介质的流动方向,以及压力对设置支管的特殊要求。

(9) 一些主要的阀件(如蝶阀)和附件(如滤器)应在规划图上表达并标示阀件或附件号;阀件的布置应考虑操作和检修的便利。

(10) 跨专业的组合支架应在规划图中示意,以便设计意图在后继放样时体现。

此外,在对机舱舱面密集区域的舾装件进行规划时,应合理布置人孔盖、直梯、舱面阀件、液位计、温控阀、注入管、溢流管等舾装件,既要保证舱面附件的操作,也要考虑整体的美观性,图 4-2 为某船燃油日用舱、沉淀舱的舱面规划。

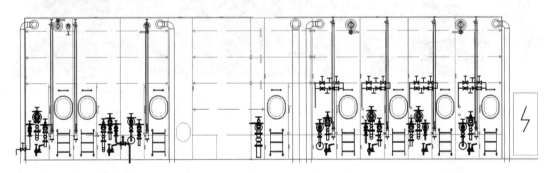

图 4-2　机舱舱面规划图(局部)

3. 机舱底层区域综合规划及要点

以上所述的是机舱区域舾装综合规划的一些总体原则,下面以某船机舱底层区域综合规划为例来说明,如图 4-3 所示。

1) 机舱底层规划的重点在花钢板上下区域

主机前方区域主要考虑与海水总管相接的大管径海水管,海水管上阀件多、管径大,应

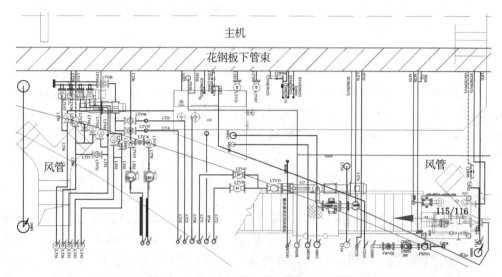

图 4-3 某船机舱底层右舷规划图(局部)

优先保证该系统的布置合理,图 4-4 为某船机舱底层海水管布局。

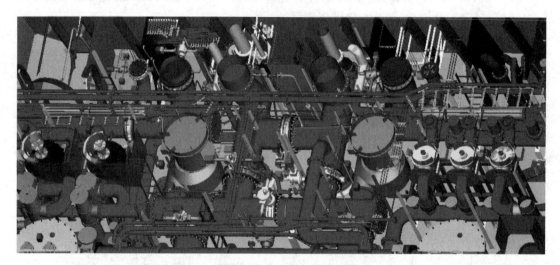

图 4-4 某船机舱底层海水管布局图(局部)

2) 主机两侧是机舱底层规划的重点和难点

一般在高度上分层排列,侧向对齐,管架设计在花钢板支撑腿上,以便形成单元。空间不足时,可排成两列,重力管单独成一列。排管时,最底层为舱底、压载管,其高度可以是内底板至海水总管之间,管下沿距内底板大于 150 mm,由于管径较大,一般采用下托支撑;中间空间通常布置淡水冷却、滑油、压缩空气、供水管路等,上层空间是燃油驳运、燃油供油、油舱加热管、各类灭火管以及其他小通径管路,高度不能妨碍花钢板的铺设。图 4-5 为主机侧方区域的管路规划。

3) 花钢板以下管路布置要点

布置时,要考虑人员通道,保证人能从花钢板上到达内底各舱的人孔盖、污水井。故在

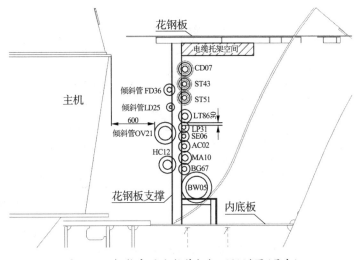

图 4-5　机舱底层右舷花钢板下规划图(局部)

规划时,应在大管路布置的同时同步协调底部各舱人孔盖位置,并确定底部通道。

此外,在综合规划时还应注意考虑以下方面:

一是主机两侧地脚螺栓的检修空间应满足主机资料中提出的要求,一般应有 600 mm 宽的空间。

二是阀件和滤器的布置要考虑操作、拆装和维修的方便。即在两舷处应尽可能将阀盘设置在花钢板以上,但不能影响通道;若阀件布置在通道上时,应布置在花钢板下,且当阀盘开足时,其距花钢板 80 mm 处为宜,同时应在花钢板上开设活络盖板;若为手轮式阀,将阀盘向上时,其上方不应有遮挡;若花钢板下阀盘水平布置时,应保证阀在通道附近;对手柄类阀,不要布置在花钢板下。

三是人孔盖的上方不能设置管路,若不能避免时应保证上方有 600 mm 高的净空间。

总之,通过机舱舾装综合规划能提前进行专业间协调,并对后继的各专业机舱放样设计指明了方向,能大大提高设计效率。

案例 4-1　某船机舱区域三维数字化模型

4.2.2　货舱管弄区域的舾装综合规划

1. 货舱管弄里需规划的主要舾装件

货舱管弄结构是一个纵向通道,在大部分船型上都有设置。图 4-6 为某船货舱管弄的规划图,其管弄里的管舾件主要有压载管、舱底管、阀门遥控多芯管、液位遥测传感器等管路及其支架;其他可能有的管路有扫舱管、压缩空气管、消防管、燃油管等,以及直梯、小车,电缆托架、灯具等铁舾件。

2. 货舱管弄区域舾装综合规划及要点

1) 管舾规划及要点

(1) 压载管的管径最大,应最先确定。一是压载管的高度定位,可以考虑设置在管弄侧向纵桁两道加强筋的中间,这便于水平开支管,节省空间,特别是当压载管材质是玻璃钢或

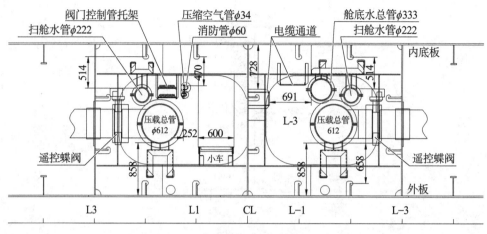

图 4-6 某船货舱管弄规划图(局部)

PE 管时,其附件占用空间更大。二是压载管横向定位,要考虑穿管弄侧向纵桁的钢制通舱件长度、遥控蝶阀尺寸和支管工艺长度。此外,压载管的下方要保证有 450~600 mm 的高度,以便人员能到达蝶阀附近。

(2)舱底管一般布置在压载管上方,通常位于管弄侧向纵桁最上一根加强筋和内底板之间,蝶阀水平布置。当只有一根舱底总管时,横跨管弄的支管高度应高于上部肋板框架面板。

(3)阀门遥控一般是多芯管,应根据管弄内的蝶阀数量统计多芯管根数,一般用电缆托架来支撑,可布置在压载管上方的空间。

(4)压载管的管径较大,应采用下托支撑,其他管路可采用反吊支架。

2)铁舾规划及要点

案例 4-2 某船货舱管
弄区域舾装
综合规划图

(1)由于维修蝶阀的需要,管弄内一般会设有宽度为 600 mm 的轨道小车,其运行空间应在规划时表达清楚,任何舾装件不能进入这个区域。即使没有轨道小车,管弄中间也应留出 600 mm 的行走通道。

(2)集装箱船和散货船的管弄可能设有从内底板进入管弄的直梯,一般侧向布置在轨道小车旁边,直梯通道空间与轨道小车空间共用。

(3)电缆托架一般布置于管弄上方,空间紧张时可以在上部肋板框架上开孔(开孔需获得认可)。

案例 4-3 某船货舱管
弄区域舾装
三维数字化
模型(视频)

4.2.3 舷侧通道区域的舾装综合规划

以集装箱船舷侧为例,由于集装箱船在设计时为尽可能提高装箱数,舷侧外板和内纵壁间的通道一般都比较窄。此外,集装箱船的大舱口导致舷侧上部结构受力较大,对肋板上的开孔有一定的限制。因此,规划时,在常规要注意通道空间的基础上应尽可能减小结构的开孔。

1. 集装箱船舷侧通道内主要舾装件

图 4-7 为某集装箱船货舱舷侧通道规划图,其舷侧通道内需规划的舾装件主要如下:

(1) 在管路方面主要有:压载舱透气管、消防管、CO_2 管、压缩空气管、淡水管、甲板输排水管及其支架;其他可能有的管路有:阀门遥控多芯管、舱底管、通风管。对首部设有上层建筑的集装箱船还会设有冷却水管、蒸气凝水管、黑水管等。

(2) 在铁舾方面主要有:水密门、检修梯、舷梯、箱柱、系泊设备,以及电缆托架、分电箱、灯具等。

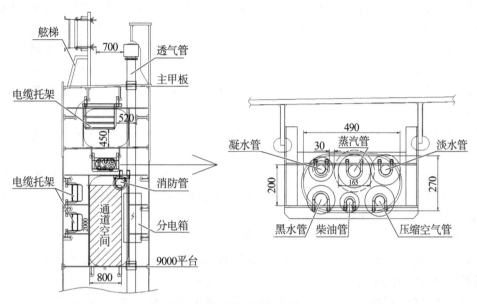

图 4-7　某集装箱船货舱舷侧通道规划图(局部)

2. 集装箱船舷侧通道区域舾装综合规划及要点

1) 电舾规划及要点

抗扭箱内通道一般用于布置电缆,可以将一些大线(如舷侧推电缆)尽量布置在这里。

(1) 预估通过舷侧通道的纵向电缆,确定托架的宽度和数量。

(2) 电缆托架一般可竖向布置在通道一侧,应保证人员的通行空间,但也应考虑拉线是否困难;电缆在舷侧肋板上开孔通过,优先选择肋板中间部位。

(3) 分电箱(集装箱船有冷箱时其配置得较多)一般布置在舷侧通道靠近内纵壁一侧。

2) 管舾规划及要点

(1) 由于货舱 CO_2 管数量较多(包括释放和探测),应先根据 CO_2 间的位置确定货舱 CO_2 管是在左舷还是右舷,然后将其他管路布置在另一侧通道。

(2) 首先考虑应将管路布置在舷侧肋板通道孔的上方,上沿平齐,支架反吊,尽可能保证 800 mm×2 000 mm 的通道空间。

(3) 管路较多时,可在通道孔上方的肋板上开孔,管路排列紧凑(间距为 30 mm),孔尽量小,宽度不应超过平台纵骨。但需注意,肋板上开孔需获得认可。

(4) 压载舱透气管伸出主甲板位置应考虑舷梯处通道宽度,极限为 600 mm。

(5) 甲板输排水管靠外板布置,注意避开外板纵骨和纵向电缆托架。

4.2.4 甲板区域的舾装综合规划

1. 甲板区域舾装综合规划特点

与机舱、舱室舾装综合规划完全不同,甲板区域范围大,涉及面宽而分散,规划中容易遗漏。甲板管路和铁舾件的规划是其主要内容。

甲板管路的规划,其布置虽比机舱区域要简单一些,弯管少,而且单件管子较长。但暴露在船舶甲板面的管路布置,除满足系统的使用要求外,还应考虑敷设的美观、对称、排列整齐等特点。船舶类型不同,其甲板管系布置的工作量相差很大,特别是油船或化学品船,其甲板管子数量多,且还需要船东的认可。

甲板铁舾件的布置虽区域范围大,但每个系统的系统性强,常会牵一发动全局,所以,在规划中应注意系统本身的内在联系,以及相互位置的正确性。如设置在甲板上的空气管头要按相关规范要求的高度和位置进行布置和协调,空气管不得布置在系泊装置及堆放货物等地方,以免损伤,并注意特殊位置的加强肘板不能遗漏。

下面以比较典型的散货船和化学品船甲板区域的舾装综合规划为例进行讨论。

2. 散货船甲板区域的舾装综合规划

散货船甲板面空间比集装箱船要大,由于顶边舱为压载舱,所以电气、管路舾装件都要布置在甲板面上,一般在舱口围附近。散货船舱口围的大肘板上一般可以开减轻孔,通过合理规划布置后要确定开孔的大小。

1) 散货船甲板面上需规划的主要舾装件

(1) 管路方面主要有:压载舱透气管、消防管、CO_2 管、压缩空气管、液压管、液位遥测管、电缆管及其支架等。

(2) 铁舾方面主要有:通道平台、系泊设备,以及电缆托架、过渡箱、灯具等。

2) 散货船甲板区域舾装综合规划及要点

图 4-8 为某散货船货舱甲板面舾装综合规划,其要点:

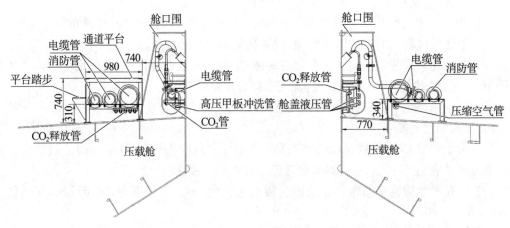

图 4-8 散货船甲板面舾装综合规划图(局部)

(1) 电舾规划及要点。

① 电缆管是甲板面最主要的管路,应首先进行规划。根据电气系统图计算电缆数量,

进而确定电缆管的大小和根数,电力线和信号线应分开统计。

② 电缆通常经由过渡箱在每个货舱分舱处进行开分支以连接到用电设备,过渡箱应根据每船实际电缆数量自行制作,在确定过渡箱的尺寸后,在其下方留出必要的施工空间(约250 mm),这样就可确定电缆管的高度。

(2) 管舾规划及要点。

① 由于甲板有梁拱,压载舱透气管需尽可能布置在高点,因此,压载舱透气管一般布置在舱口围纵壁和第一道甲板纵骨之间,注意避开舱口围内管路。

② 消防管可与电缆管一并对齐布置。

③ 其他小管径管路(如压缩空气等)可布置在电缆管下层,上沿对齐,可以考虑采用槽钢同时支撑上下方管路。

④ 舱盖液压管路一般布置在舱口围内。

⑤ 甲板纵向管路一般设计成甲板单元。

⑥ 由于甲板上的纵向管路妨碍了人员的横向穿越,因此,纵向管路的高度不能太高,要便于过桥通道的设计。

(3) 铁舾规划及要点。

① 可以考虑过桥通道与单元支架设计成一体,其高度一般设计为两级,踏步尽量依附在单元支架上。

② 由于甲板舾装件一般不能在船体分段阶段安装到位,而甲板反面多为压载舱,为减少后期安装对分段涂装的影响,甲板舾装件应尽可能减少直接焊在甲板上,可选择依附于单元或舱口围。

3. 化学品船甲板区域的舾装综合规划

液货船是设计难度比较大的船型,特别是化学品船,因要求每舱都能运送不同的货品,其甲板面的步桥和管架上布置有大量管路。因此,对于化学品船步桥和管架上的管路要进行合理规划,其管路布置时在常规考虑系统功能实现的基础上,还要考虑液货残液的收集和甲板舱面上设备的操作。图 4-9 是某型化学品船的舾装综合规划方案,涉及的管路系统共有 32 个。考虑船舶尾倾,从减少积液残留的角度出发,货舱甲板舾装综合规划方案可分成集管区向艏和集管区向艉两部分。

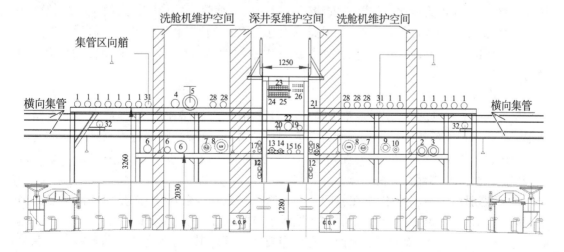

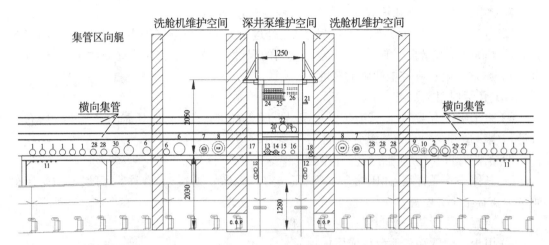

1—货油管;2—海水洗舱管;3—淡水洗舱管;4—HFO加注管;5—泡沫消防管;6—电缆管;7—热油管;8—热水管;9—蒸汽管;10—凝水管;11—扫舱管;12—货舱透气管;13—洗眼器热水管;14—洗眼器回水管;15—货油泵低压管;16—货油泵高压管;17—7bar氮气管;18—压缩空气管;19—水消防管;20—0.17bar氮气管;21—高压水冲洗管;22—油气回收主管;23—阀门遥控管;24—气体探测管;25—液位遥测管;26—货油泵控制管;27—MDO加注管;28—油气回收管;29—MGO加注管;30—DN200氮气供气管;31—液货管喷淋管;32—甲板喷淋管。

图4-9 化学品船甲板管路规划图(局部)

1)集管区向艉部分舾装综合规划

(1)背景准备。

规划图可借用详细设计的集管区布置图,加上必要的结构背景(甲板室)或设备背景(甲板燃料罐等)。

(2)空间预留。

化学品船甲板面上一般布置有液货深井泵、固定式洗舱机、便携式洗舱机,以及舱盖等设备,这些设备需要考虑安装、维修空间(如深井泵、洗舱机)或人员进出空间(如舱盖),这些空间不能被占用,因此,应在确定好设备位置后在规划图中预留。

(3)电缆管规划及要点。

化学品船甲板面上的电缆是布置在电缆管里的。首先,应根据甲板面设备和艉部设备统计电缆数量,将电力线、信号线、本安线区分后预估电缆管尺寸;其次,为便于电缆拉放施工,电缆管的布置应尽可能是直线,应根据机舱电缆的出线位置和设备空间预留后大致确定电缆管的横向位置,同时要考虑,为便于船员在甲板面的横向行走,电缆管下方应留有2m净高。

(4)管路规划及要点。

甲板面上管路众多,规划时应重点考虑纵向管路;所有管路在规划时,应在考虑管路支架形式和绝缘厚度后按下沿平齐规则确定管路中心高度;管架的规划应根据规划后的管路宽度范围设计管架,管架的支撑腿优先设计在甲板横梁面板上,以节省材料;管路上重点操作阀件的设置应考虑能在步桥上操作。

① 考虑船舶尾倾,为使液货在装卸后不在管路中残留,集管区向艉货舱的液货管应高于横向集管,所以管路布置应分成两层,一层低于横向集管,一层高于横向集管。

② 燃油输送管、液货管和蒸汽回收管应布置于上层。其中,液货管根据舱室左右舷分

布,越靠近集管区舱室的液货管越排在外侧。由于液货管内残液能依靠重力流回集管,所以扫舱管不用接至集管。蒸汽回收管因要靠近透气塔,所以布置在步桥两侧。

③ 液货舱室加热用的热水管、热油管应靠近步桥两侧,以便于通向各舱的加热管控制阀能在步桥上集中控制。

④ 透气塔一般位于步桥两侧,透气管应倾斜布置于步桥支撑两侧,避免积液。

⑤ 货舱是危险区域,该区域内的动力均为液压传动,来自机舱的高、低液压管,其主管应布置在步桥下方靠近船中,以便主管上向两舷开出的支管长度接近。

⑥ 阀门遥控、气体探测、液位遥测、货油泵控制管等系统管路,其管径较小,一般成束排列,为便于保护。其位置可布置在步桥下方,其管路可用电缆托架作支撑,由于管路数量较多,规划时应留出足够的空间。

⑦ 其他系统的管路根据空间可布置在下层,终点距离集管区近的优先排在外侧,其中压缩空气、洗眼系统的接头均要在步桥上操作,且管径较小,可以考虑布置在步桥正下方空间。

2) 集管区向艉部分舾装综合规划

与艏半船规划方案的区别主要体现在:

(1) 液货管低于横向集管,这样可使加注时的集管残液流向液舱,但扫舱时,则需要通过独立的扫舱管接至集管区。

(2) 管路采用单层设计,其高度同艏半船方案中的下层管排,但单层管路的设计使管排的宽度增加,应注意校核是否会与甲板横向绞车的缆绳产生干涉。

案例 4-4　某化学品船甲板三维数字化模型

4.2.5　生活区走道区域的舾装综合规划

船舶的生活区主要是由钢制壁和装饰壁分割成的多个生活和工作处所,一般层高 3 m 左右,为了给船员提供较舒适的环境,生活区内的舾装件一般布置在天花板和钢制甲板之间,所以实际空间并不大,需要对管路、通风、电缆进行合理规划,其中规划的重点是在室内走道的上方。图 4-10 是某船生活区走道的规划布置。

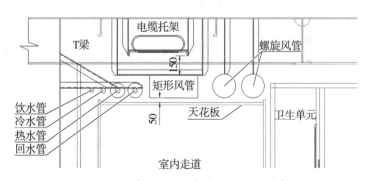

图 4-10　某船生活区走道的规划图(局部)

1. 生活区走道区域内主要舾装件

生活区走道区域内需规划的舾装件主要有:

(1) 天花、壁板、绝缘等内舾装件。

(2) 机械通风管、自然通风管、空调通风管均可分为矩形风管、预绝缘螺旋风管和非绝缘螺旋风管。

（3）黑水管、灰水管、饮用水管、冷淡水管、热淡水管、回水管。

（4）电缆托架、室内灯、烟雾探头、广播等电气设备。

2. 生活区走道区域内舾装综合规划及要点

1）管系、通风管、电气舾装件规划及要点

在布置时，应参考防火区域划分图，避免与结构上的绝缘干涉。风管和电缆托架间应预留穿越其空间的黑水管、灰水管和螺旋风管。

2）电缆托架规划及要点

当天花板距离甲板 T 梁不大时，就将主干电缆托架穿梁，但由于 T 梁结构允许的开孔不能超过梁腹板高的 1/3，所以，对双层托架的处理就采取一层穿梁、一层走在梁下。

3）风管规划及要点

（1）风管一般规划在 T 梁和天花板之间。沿走道长度方向布置时，一般下沿距离天花板 50 mm，以便于天花板拆卸。当遇到天花板距离 T 梁高度小于螺旋风管管径时，可以考虑采用腰圆形风管。若风管必须穿梁时，同样应注意开孔的高度不能超过梁腹板高的 1/3；若采用腰圆风管仍然不能满足时，可以采用局部加高 T 梁的方案，以实现梁腹板上开孔要求。

（2）当室内走道一边为钢制壁一边为装饰壁时，通风井设置在钢制壁一侧。风管规划时，要考虑防火壁的穿舱件长度要求，所以风管通常布置在装饰壁一侧。由于螺旋风管的布置要比矩形风管灵活，故一般先定矩形风管位置，后定螺旋风管位置。而螺旋风管的主管向各个布风器分支管可以利用横向穿越空间。

4）管路规划及要点

（1）由于黑水管、灰水管多为重力式，管路需要倾斜布置，其实际占用空间较大。故一般尽量不要将黑水管、灰水管沿走道长度方向布置，而是考虑局部横向穿越。

（2）淡水管由于管径较小，通常最后考虑。几路淡水管是从管道井里引出，一般布置在靠近走道钢制壁一侧，设计成组合支架，尽量不穿梁，如需穿梁时应注意避开梁端部的应力集中区域。

第5章

船舶舾装生产设计及数字化技术

在前期舾装综合规划的基础上,就可开展舾装三维模型综合放样以及设绘工作图表的工作。现代船舶舾装生产设计及数字化主要依靠专业造船软件系统来进行,主流专业造船软件系统一般将船舶舾装生产设计划分为管舾装(其中风管独立进行)生产设计、铁舾装生产设计、电舾装生产设计以及内舾装生产设计等模块。因此,本章船舶舾装生产设计主要基于 AM 应用背景并按此思路撰写。

5.1 船舶舾装生产设计简介

5.1.1 内涵及主要任务

1. 舾装生产设计内涵

舾装生产设计是对舾装施工中的各种工程技术问题进行分析研究,对制造方法和有关技术措施做出决策,并用图表和技术文件等方式表达出来,作为指导现场施工的依据。具体来说,是在详细设计的基础上,依据建造方针、船体与舾装施工要领、舾装作业顺序图,以及主日程表,通过舾装综合规划,以及三维模型综合放样,为舾装各专业按区域/阶段/类型设绘指示舾装施工信息的制作图、安装图、托盘管理表,以及有关舾装管理图表的设计过程。其目的在于通过统筹协调造船中船体与舾装两大主体工程,还包括涂装,使之有利于舾装工程的预制与预装,以达到将复杂的舾装工作简单化、地面化;以实现设计、生产、管理的一体化,做到有计划、有步骤地组织生产。

2. 舾装生产设计的主要任务及工作重点

舾装生产设计的主要任务是根据船厂的条件和特点,以详细设计为依据,将系统、功能转换成区域设计,按照区域/阶段/类型进行作业任务的分解与组合,将设计、生产、管理融为一体,结合施工条件开展设计,为物资部门采购和生产管理部门制定生产计划提供信息,为生产现场提供施工图纸和工艺文件。

舾装生产设计的工作重点是尽可能扩大单元组装、分段预装和总段预装,进行多层次、多方位的预装工作,以达到提高工作效率的目的。其前提是通过预先在三维模型上进行分层再按区域进行综合规划与协调,来确定管系、风管、电缆和设备的走向和位置,使得各种问题在三维模型上得到暴露,并获得解决。

5.1.2 基本内容及工作流程

船舶舾装生产设计系统主要有船舶管舾装设计系统、船舶铁舾装设计系统、船舶电舾装设计系统等组成。其基本内容可概括为：前期准备工作、舾装综合规划、三维模型综合放样和协调，以及工作图表的设绘。其工作流程如图 5-1 所示。其中，有关三维模型综合放样前的策划工作——舾装综合规划，其内容已在第 4 章中做了介绍，本章不再赘述。

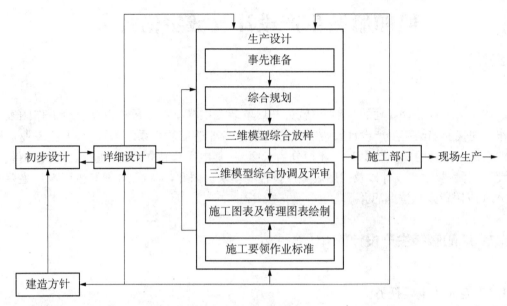

图 5-1 舾装生产设计工作流程图（供参考）

1. 舾装生产设计的前期准备工作

前期准备工作内容可分为技术准备和计划准备，它牵涉各专业、各设计阶段。

技术准备的内容包括舾装生产设计前需要的相关图表和技术资料，具体包括：建造方针、总布置图、舱容图（表）、分段划分、总组图、船体结构图、设备技术资料、船东要求与船级社规范、工艺文件以及其他各专业的相关图纸等的准备工作。主要工作有区域划分方案、单元划分方案、托盘划分方案、中间产品完整性方案、ITP 项目、外购外协自制管理区分方案、定额管理要求、临时加强方案、目标船生产设计标准、设置工程配置及数据库维护计划、WBS任务分解及装配树状结构、意见管理及跟踪方案、物资管理方案，以及特殊舾装在质量、效率、工程安全等方面的注意事项等。

计划准备的内容主要是制订舾装生产设计计划、设备进舱等计划，它是以产品综合日程计划为基础，船体设计计划为中心，以阶段舾装设计进程计划和施工图纸提供计划为依据。根据设计出图预定，以分段为单位，结合出图能力，确定各制作图、安装图等的作业时间节点，同时考虑其他各专业的衔接。

2. 三维模型综合放样和协调

按照先规划后放样的原则。规划时，已解决大的协调问题，规划评审通过后进行各区域的综合放样。

三维模型综合放样和协调是确保舾装生产设计成功的重要步骤。根据确定的目标船设计标准等内容，加上前期在舾装综合规划中确定的各专业综合布置原则方向，在三维模型中进行所有舾装内容的综合放样工作。故所谓综合放样是将各个不同的专业、不同的系统，按照划分的区域，在三维数字化模型中模拟所有舾装的全过程。

三维模型综合放样的内容非常广泛，可以将船舶的每一空间，都用三维数字化模型的形式直观反映出来，在三维数字化模型中进行综合调整、合理布局，并附加施工工艺信息和生产管理信息，但值得注意的是各不同区域（部位）的三维数字化模型所关注的重点内容各不相同。

机舱区域需要重点关注机舱各区域范围内的机械设备，包括主机、辅机、泵、电气设备、主干电缆，以及管路、通风、基座、箱柜、花钢板、梯子、格栅等内容。

居住区域需要重点关注各舱室的管路、风道、电缆、各种电气设备及生活设施等内容。

甲板区域需要重点关注甲板上的各项机械设备、电气设备以及管路、通风、基座、系泊等内容。

不论什么区域，主要特点是它的"综合性"，应最大限度地将这个区域的舾装内容统筹考虑，以得到一个最优化的三维数字化模型，这个最优，不仅是布置上最优，而且需要体现施工最优，是一个统筹优化后的集设计、生产、管理等各方面综合最优。

三维模型综合放样的主要特点就是综合性，应充分体现整体布局；应按照不同区域，在三维数字化模型中统筹安排；应通过综合，不断调整、修改，从而趋于完整且合理。在三维模型综合放样中，受限因素众多，舾装生产设计的螺旋循环法是解决这种问题的有效途径之一。

通过三维模型综合放样，解决了舾装各专业最优的综合布置问题，但该三维数字化模型暂时还不能直接用于生产施工和生产管理。目前，生产施工的重要依据是施工图表及其包含的生产工艺信息；生产管理的重要依据是管理图表及其包含的生产物量及生产工艺信息。因此，三维模型综合放样是舾装生产设计中的重要环节，是舾装工作图表设绘的依据。

3. 舾装生产设计图表的设绘

设绘是指在综合规划后进行三维模型综合放样工作的基础上，根据船体分段划分图、设计标准、施工标准、作业标准、精度管理标准，舾装生产设计按工艺阶段、施工区域和单元绘制工作图表和提供信息的要求，完成各项具体的设计任务。具体有各区域安装图（包括单元组装图）、制作图、托盘表等生产管理和施工作业图，作为提供给内场制作、舾装件集配、外场安装的施工依据。

施工图表和管理图表除了涵盖施工信息和管理信息之外，重要的是施工图表和管理图表体现了"怎样合理地造船"。同样的三维数字化模型、不同的施工图表和管理图表的表达，对船厂施工效率影响很大，当然施工图表和管理图表的表达也要结合船厂的实际情况，只有那种适合船厂、能在特定船厂施工效率和建造成本达到最低的呈现方式，才是最优的图表呈现形式。

1）对制作件来说

施工图表和管理图表不仅体现了制作件如何加工、组装，而且体现了制作件生产的工艺信息、生产批量、生产组织方式、集配要求、质量要求及达到质量要求所采取的工艺措施、试验方法、技术指标等。

2）对舾装件安装来说

施工图表和管理图表不仅体现了安装的定位尺寸，而且体现了安装阶段、安装的先后顺序、在中间产品的何种状态下开始安装以及何时安装结束。例如，需要预埋的需要明确是分段预埋，或者是总段预埋，或者是区域预埋；而对于那些需要先进行单元预制然后再实施安装的情况,则要明确该单元是分段预埋、分段预装、总段预埋、总段预装、区域预埋还是区域安装等。对于同一阶段安装的舾装件,还需要体现不同专业不同工种施工作业的施工顺序,例如,管子及管舾件、铁舾装件、电舾装件的安装,需要明确安装的先后顺序,以避免交叉作业;同一工种内部的施工,也要明确施工先后顺序,避免为安装后面的舾装件需要拆卸前面已经安装好的舾装件。此外,在施工图表和管理图表中还应体现出安装舾装件所需要的工具或工装,例如,安装大口径管子,需要汽车吊或手拉葫芦等设备、设施或工具,方便生产管理人员提前调配生产资源。

5.2 船舶舾装各专业生产设计及数字化

本节只讨论管舾装、铁舾装、电舾装生产设计及数字计划方面的内容,有关居住舱室内舾装生产设计可参阅相关文献。

5.2.1 管舾装生产设计及数字化

管舾装生产设计的基本含义是依据船厂的业务流程、生产流程、物流管理,以及详细设计管路原理图等技术文件,参照管舾装设计策划和设计标准,依托设计软件开展数字化放样和出工作图表。为船厂作业部门提供施工依据;为物资管理提供采购依据。同时也是托盘物流管理的信息来源。

管舾装生产设计其主要内容是在管系三维建模综合放样的基础上设绘管子零件图、支架制作图、内场托盘管理表、安装图、外场托盘管理表、开孔图等。

1. 管舾装生产设计的依据和策划

(1) 管舾装生产设计的依据。主要依据详细设计技术资料、设备技术资料、建造方针和船厂生产能力等方面。

一是以详细设计提供的技术资料里的全船技术规格书、总布置图、舱容图(表)、各舱室轮机设备布置图以及各管系与空冷通系统图作为主要的参考依据。如通过总布置图可以了解目标船外形基本轮廓、各层甲板名称及高度信息、主要大型设备布置位置等内容。通过舱容图(表)可以清晰地掌握目标船各个液舱在全船布置的位置。通过各舱室轮机设备布置图可以基本确认目标船轮机设备的布置方案。依据各管路系统及空冷通系统图,通过三维设计软件实现各管路系统及空冷通系统图从二维单线图转化为三维数字化管路模型,并在模型中赋予生产信息,如表面处理、试验压力等信息。

二是依据由设备厂家提供的目标船设备技术图纸资料,能够获取到设备外形图纸、管路系统接口信息以及技术参数等内容。

三是通过分段划分及搭载网络图,管舾生产设计人员能够清楚地知道目标船管舾专业托盘的数量及生产设计图纸的数量。

此外,三维设计软件中有关管路的最长下料长度、弯管半径、法兰转角、钳夹长度等参数的定义需要与目标船制造厂的管加工车间机床参数一致。只有两者参数一致,设计软件生成的管段制作图才能够正确地进行生产。

(2) 管舾装生产设计的策划。管舾生产设计策划是目标船生产设计工作的指导性工作,主要策划的内容有:项目概况及设计资源配置、管舾生产设计大计划、管舾生产设计图纸目录及供图计划、管舾生产设计流程、管舾生产设计前期准备工作、管舾三维数字化建模工作、管舾生产设计图纸设绘工作。如在开展管舾三维数字化建模工作之前首先要编制目标船设计标准,明确建模标准依据。标准文件中主要包括目标船管舾专业设计深度、常用管材规格表、通舱件节点规格、管路支架节点及技术要求、管路开孔标准、管路模型命名标准和管舾生产设计图纸标准等内容。

2. 管舾装三维模型综合放样和协调

在现代船舶中,各功能性舱室空间狭小,尤其是机械处所,各类机电设备种类繁多,且管路和电缆纵横交错。所以在开展管舾生产设计时,必须利用现代设计软件进行三维化放样。在三维数字化放样软件中,管舾工程师完全可以在三维模型实体中进行管路布置,参照各系统的原理图和放样要求完成全船管路的建模布置,并在同一平台软件下与其他专业进行综合协调。管舾数字化放样主要包括以下三部分:

(1) 设备。生产设计工程师根据收到的目标船设备资料完成在三维设计软件下的设备建模工作,为后续管路放样提供三维设备背景。设备三维模型需保证与样本资料中的外形尺寸一致,管路接口数量、规格与定位尺寸一致,设备基座厚度与定位孔安装尺寸一致。图5-2为某船主机设备模型。

图 5-2 某船主机设备模型图

(2) 管路。在完成目标船船体结构和设备三维模型建模后,管舾工程师根据收到的管路详细设计原理图完成在三维软件下的管路放样工作,即将管路详细设计二维平面图纸表达的技术信息转换成三维模型,在转换的过程中,管路三维模型的放样必须满足相应详细设计图纸的技术要求和管路安装工艺标准。图5-3为某船海水冷却管路模型。

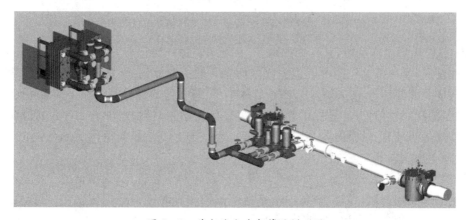

图 5-3 某船海水冷却管路模型图

此外,在管子综合放样完成后,还要将管子、风道、电缆贯通件穿过舱壁/甲板/底板的位置坐标及开孔形状大小列成表格和开孔图,供船体设计人员进行相应结构的开孔设计,以便在船体套料加工时一次加工成形。

图 5-4 某船管路支架模型图

（3）管路支架。在完成管路三维模型放样工作后，管舾工程师还需要在三维软件中完成管路支架的三维建模。管路支架作为一种常见的管路固定装置，是需要在三维模型中建模体现的，通过三维模型的布置，方便校核管路支架位置的合理性与工艺性。图 5-4 为某船管路支架模型。

3. 管舾装工作图表的设绘

管舾生产设计图表是三维模型转换成平面施工图和托盘表提供给船厂施工部门。一套高质量的管舾生产设计图纸可以高效地表达零部件的制作与装配、物资零件的集配与转运。

管舾生产设计图纸主要构成：管系内场托盘表、管系内场制作图册、支架材料托盘表、支架制作图册、管系外场托盘表，以及管系与支架安装图。

（1）管系内场托盘表。管系内场托盘表主要表达的信息有管材清单汇总、管路附件清单汇总和内场管路清册。以上信息均来自生产管路所需的材料集配信息，并在托盘清单中按照生产集配流程分页表达如图 5-5 所示。

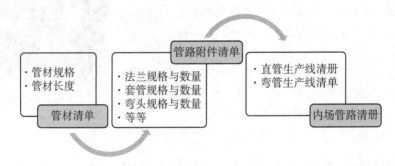

图 5-5 某分段预装管系管子图纸内场集配流程图

（2）管路内场制作图册，其样式如图 5-6 所示。每一根管路的制作图汇总后形成管路内场制作图册，每一张制作图中表达的数据信息一般由图面信息、加工信息、现场安装信息三部分组成。图面信息一般为船名、图纸名称编号、管零件的编号等。加工信息可分为材料信息、加工装配尺寸信息（如管段下料信息、生产加工信息、校验尺寸）、工序设定信息、表面处理及特殊处理信息、试验内容及试验压力信息等。现场安装信息有区域划分信息、安装场所、位置及状态信息等。

（3）支架材料托盘表。支架材料托盘表主要表达的信息有：支架型材清单汇总、支架附件清单汇总和支架清册。以上信息均来自生产支架所需的材料集配信息，并在托盘清单中按照生产集配流程分页表达，如图 5-7 所示。

（4）支架制作图册，其样式如图 5-8 所示。每一个支架的制作图汇总后形成支架制作图册，每一张制作图中表达的信息有：支架型材下料信息、生产加工信息、校验尺寸、支架安装位置及表面处理信息。

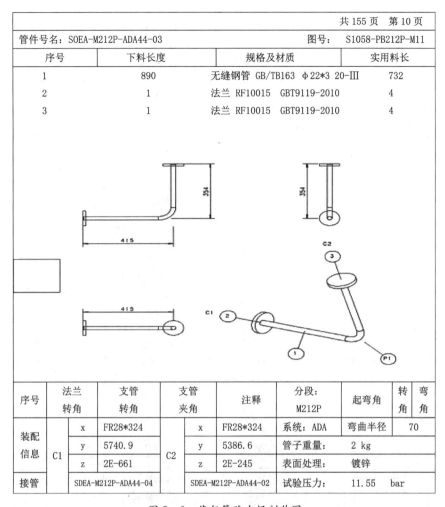

| 管件号名：SOEA-M212P-ADA44-03 | | | | | | | | 图号：S1058-PB212P-M11 | | |

序号	下料长度	规格及材质	实用料长
1	890	无缝钢管 GB/TB163 φ22*3 20-Ⅲ	732
2	1	法兰 RF10015 GBT9119-2010	4
3	1	法兰 RF10015 GBT9119-2010	4

序号	法兰转角		支管转角		支管夹角		注释	分段：M212P		起弯角	转角	弯角
装配信息	C1	x	FR28*324	C2	x	FR28*324	系统：ADA	弯曲半径			70	
		y	5740.9		y	5386.6	管子重量：	2 kg				
		z	2E-661		z	2E-245	表面处理：	镀锌				
接管		SDEA-M212P-ADA44-04			SDEA-M212P-ADA44-02		试验压力：	11.55　bar				

图 5-6　某船管路内场制作图

图 5-7　某分段预装管系支架图纸内场集配流程图

　　(5) 管系外场托盘表。管系外场托盘表主要表达的信息有：外场管路清册、管路阀件清单汇总、紧固件清单汇总和支架清册。以上信息均来自管路装配所需的材料集配信息，并在托盘清单中按照生产集配流程分页表达，如图 5-9 所示。

　　(6) 管系与支架安装图，其样式如图 5-10 所示。各分段、总段与区域的管路与支架安

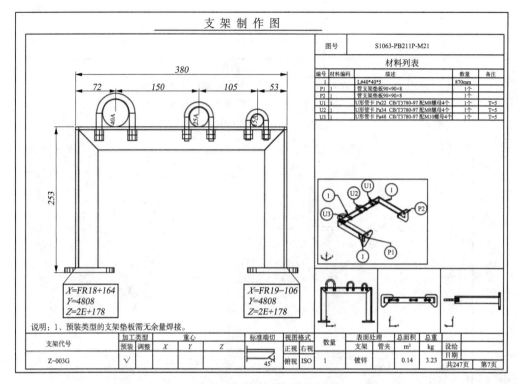

图 5-8　某船支架制作图

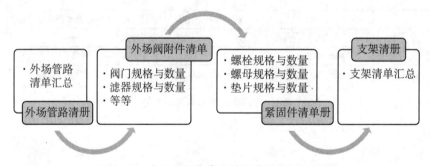

图 5-9　某分段预装管系图纸外场集配流程图

案例 5-1　某船双层底分段管舾装生产设计及数字化

装工作是以管系与支架安装图为指导的。该图中表达了目标分段、总段或区域中的管路与支架的定位尺寸与安装顺序。该份安装图纸中的物量信息可以在对应的管系外场托盘表中查询。

4. 风管工作图表的设绘

风管生产设计系统是一套面向船舶通风管系的三维设计系统。针对通风管系风管规格多变、接头形式多样的特点，利用参数化的设计方法，进行个性化的风管布置、接头生成和拼接，建立方风管和螺旋风管的三维实体模型。其主要内容是在三维建模综合放样的基础上设绘风管零件图、支架制作图和安装图以及管理表等。

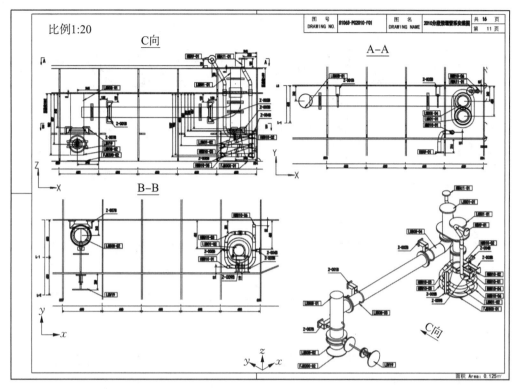

图 5-10　某船管系与支架安装图

（1）风管零件图是用来指示风管制造的详细图，它是根据各区域的风管综合放样图，并参照相关的风管制作技术要求和图面绘制基准进行设绘的。风管零件图包含的要素有：船号、装置图号、风管零件名称、材质、质量、安装分段、使用日期及风管零件的具体形状尺寸等，如图 5-11 所示。

（2）风管安装图是用来指示现场风管安装的图纸，它是在风管三维建模综合布置的基础上，参照相关风管安装技术要求和图面绘制基准进行设绘的。

目前，有些船厂将风管安装图和零件图合二为一，称之为风管工作图。同样的，还有与此相对应的内场、外场托盘表。

5.2.2　铁舾装生产设计及数字化

铁舾装件（简称铁舾件）涉及的专业和范围非常广泛，按专业可划分为船体铁舾件和机装铁舾件；按区域可划分为机舱区域铁舾件、甲板区域铁舾件、居住区域铁舾件。

1．铁舾装生产设计的工作内容

铁舾装生产设计是在详细设计的基础上，根据船厂的工艺特点和施工条件，以设备订货资料等前期结果文件为输入依据，按照铁舾件类型，以及先行分段和总段、后行区域和码头作业等阶段进行作业任务分解与组合，将设计、生产、管理一体化，为船厂采购和生产管理部门制订生产计划提供依据，为现场提供施工图纸和工艺文件。其主要内容按区域进行三维模型综合放样和协调，按作业阶段分别设绘铁舾装的工作图表。各区域铁舾装生产设计的工作内容及特点如下：

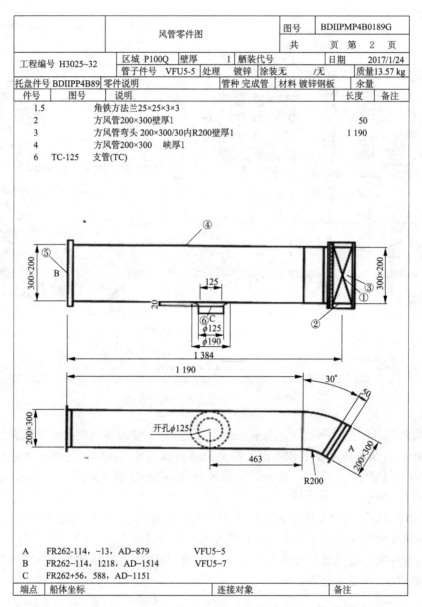

		风管零件图				图号	BDIIPMP4B0189G	
						共 页 第 2 页		
工程编号 H3025~32		区域 P100Q	壁厚 1	舾装代号		日期	2017/1/24	
		管子件号 VFU5-5	处理 镀锌	涂装无	/无		质量13.57 kg	
托盘件号 BDIIPP4B89		零件说明		管种 完成管	材料 镀锌钢板		余量	
件号	图号	说明					长度	备注
1.5		角铁方法兰25×25×3×3						
2		方风管200×300壁厚1					50	
3		方风管弯头 200×300/30内R200壁厚1					1 190	
4		方风管200×300 峡厚1						
6	TC-125	支管(TC)						

图 5-11　风管零件图

1）机舱区域

其内容包括主机舱、辅机舱区域，从双层底到上面的机舱棚顶及烟囱，所属范围内的全部设备的底座及紧固件、交通装置（如门、人孔盖、扶手、梯子、格栅等）、舾装杂件提供制作图、安装图等相关图表。

2）甲板区域

其内容包括为甲板设备（如系泊设备、锚泊设备、拖曳设备、救生设备、起重设备、舱口盖和滚装设备、货物装卸和固定设备等）、舱面属具（如人孔盖和小舱盖、船用门窗、船用梯、栏杆和风暴扶手、船上专用通道等）、船舶防腐蚀设施（如牺牲阳极、外加电流阴极保护装置等)、船舶外部和内部标记(如水下检验标记、吃水标记、船名港籍名标记、安全逃生标记和通用安全标记等),以及直升机甲板设施(如通向直升机平台的通道、直升机平台标记以及直升机平台相关辅助设施)提供制作图、安装图等相关图表。该舾装区域的特点是范围大、铁舾装件种类多且外购和外协设备多、专业之间的协调复杂。因此,必须划分清楚铁舾装件的作业阶段,注意作业流程的合理性和施工的方便性。

3) 居住区域

其内容包括为舱室生活设施(如伙食加工、饮水处理、洗衣、卫生等设备,以及台架、固定件和座架等舾装件)和各舱室系统(如舱室家具、日用小五金及舱室木作等)提供制作图、安装图和管理图表。

2. 铁舾装三维模型综合放样和协调

铁舾装三维模型综合放样阶段,是根据生产设计输入内容,完成三维模型综合放样的过程,也是将各铁舾件划分至各"中间产品"的过程。放样的质量直接影响设计的质量,从而影响后续出图和施工阶段工作的质量。

1) 铁舾装三维模型综合放样方法

通常按照系统开展,同时结合船舶的区域划分,逐步完成各区域的放样工作。

一是根据铁舾件来源属性不同,在铁舾件放样时,一般按照外购件、自制件、外协件等类型进行分类处理。

外购件一般是指船厂按照标准直接采购的成品件,此类铁舾件模型主要用来进行布置位置校核,在放样时主要保证铁舾件的外形尺寸准确即可。

自制件一般指需要采购材料自行加工制作的铁舾件,此类铁舾件模型除用于模型布置位置校核外,还需要提供铁舾制作所需的材料、零件位置、铁舾件构成等信息,在放样时,需要进行内部所有零件的完整建模。

外协件一般指船厂提供图纸由外协厂家进行加工制作的铁舾件,此类铁舾件虽不用船厂自行加工制作,但需要船厂提供制作用图纸、材料等信息,在放样时就需要参考自制件方式进行放样。

二是除需要区分来源属性外,在铁舾件放样时还有一些其他注意事项,例如,应保证放样模型布置与输入文件一致;应查看模型布置后和周围其他专业模型是否有干涉;舾装甲板机械及其他舾装设备布置时,应考虑维修空间以及设备运行时操作空间;舱面属具在布置时,应确认是否满足通道层高和宽度要求,以及可开启设备是否便于操作;船舶外部和内部标记布置时,应查看标记是否有遗漏或者布置不合理问题。

2) 铁舾件装配计划

铁舾件安装阶段的划分,就是铁舾件划分至各"中间产品"的过程,这一过程是以船体制订的"中间产品"建造策略为依据,以把铁舾作业提前在施工条件较好的一个产品阶段为目的。根据船舶建造阶段(中间产品)划分,铁舾件安装阶段主要分为:

(1) 中组立阶段,此中间产品为部组件,铁舾以部组件为单位划分托盘。

(2) 分段阶段,此中间产品为分段,铁舾以分段为单位划分托盘。

(3) 总组阶段,此中间产品为总段,铁舾以总段为单位划分托盘。

(4) 船台(坞)作业阶段,此阶段的铁舾以区域为单位,分层划分托盘。

根据铁舾件安装阶段,可完成铁舾件装配结构树,其样式如图 5-12 所示。

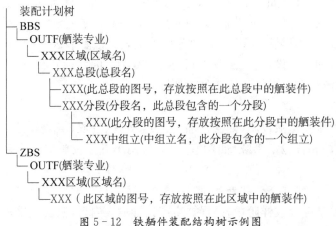

图5-12 铁舾件装配结构树示例图

3. 铁舾装工作图表的设绘

铁舾装工作图表是船厂铁舾件生产施工的依据,根据生产作业使用的区域不同,铁舾装工作图表分为内场使用、外场使用两大类。内场是指铁舾件生产制作车间,其所使用的图表主要体现铁舾件的制作信息,分为:铁舾件制作图、铁舾自制件材料清单、铁舾件制作托盘表;外场是指铁舾件的安装场地,根据作业阶段不同可以在分段、总段、船台(坞)、码头等场地,其所使用的图表主要体现铁舾件的安装位置、安装节点等安装信息,分为铁舾件安装图、铁舾件安装托盘表。

1) 铁舾件制作图

铁舾件制作图是船厂自制铁舾件的制作加工图纸,主要体现为每件铁舾件制作的零件信息以及制作所需的材料信息等,用于铁舾件车间加工制作。铁舾件制作图可以根据各企业制作需求的不同,按照批次或分段成册编制。

铁舾件制作图由铁舾件的剖面定位图和标题框组成。标题框部分需要编写铁舾件的名称、规格、制作材料清单、制作数量、表面处理等信息。剖面定位图需注意以下几个方面:

(1) 每个零件的零件号,完全相同的零件号要一致。

(2) 每个零件的定形尺寸,标注尺寸要方便现场零件加工。

(3) 零件与零件间的定位尺寸,标注尺寸要方便现场装配。

(4) 零件与零件间的焊接要求。

(5) 其他注意事项:带螺栓的铁舾件,制作图中要表达清楚孔的规格、孔距信息。

图5-13为直梯制作图的示例,图5-14为设备基座制作图示例。在设绘时,应选用合适的船用比例,并注意图名、图号、页码等表达正确。

2) 铁舾自制件材料清单

铁舾件自制件材料清单是制作铁舾件所需要的材料清单,用来为铁舾件制作作业进行备料工作,同时也可以为铁舾件制作材料采购提供依据。铁舾件自制件清单可以根据各企业制作方式不同按照批次或分段编制。

铁舾件自制件清单一般以表单形式体现,其内容包括:材料名称、材料规格/型号、材质、长度、数量等数据信息,便于工作人员进行材料的整理、领取等工作。图5-15为某批次铁舾自制件材料清单示例。

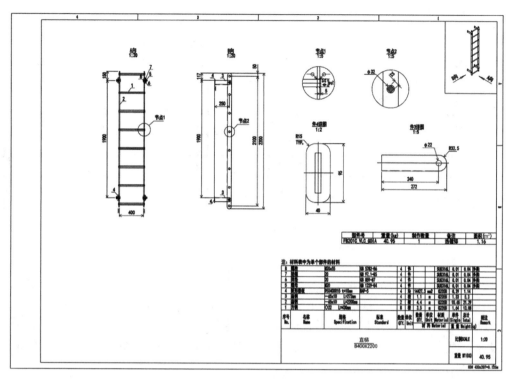

图 5-13　直梯制作图示例图

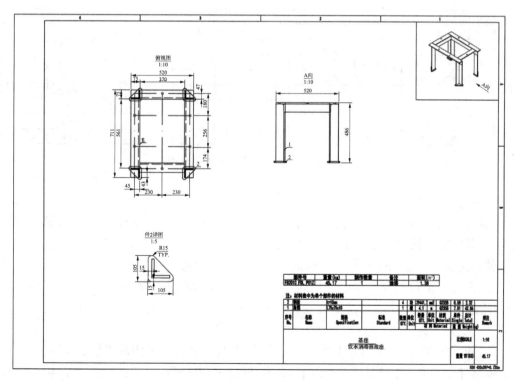

图 5-14　设备基座制作图示例图

图 号 DRAWING NO.	xxxxxx	图 名 DRAWING NAME	xxxx铁舾自制件材料清单	共 x 页
				第 x 页

序号	材料名称	规格、型号	材质	长度	单位	备注
1	扁钢	—50x6	Q235B	0.56	m	
2	角钢	L40x40x5	Q235B	0.40	m	
3	角钢	L75x75x10	Q235B	8.06	m	
4	槽钢	U80x43x5x8	Q235B	14.00	m	

图 5-15　某批次铁舾自制件材料清单

3）铁舾件制作托盘表

铁舾件制作托盘表是铁舾件加工制作清单，一般按照批次或分段编制，以体现批次或分段需要制作的铁舾件的数量信息。用于铁舾件车间的集配和制作作业任务的安排。

铁舾制作托盘表一般以表单形式体现，其内容包括：铁舾件代码、名称、规格、数量、重量、表面处理等信息。便于工作人员进行完工铁舾件的集配以及工作任务的分配。图 5-16 为铁舾件制作托盘表示例。

	图号：xxxxxx						图名：xxxx铁舾自制件 制作托盘表		共　　页
									第　　页
序号	舾装代码	名称	规格	数量	单位	重量(Kg)	表面处理	备注
1	FB301C_BW_G01Z	污水井盖基座		1	个	1.62	热镀锌	
2	FB301C_BW_G02Z	污水井盖基座		1	个	1.62	热镀锌	
3	FB301C_FD_G01Z	液位开关底座		1	个	2.23	热镀锌	
4	FB301C_FD_G02Z	液位开关底座		1	个	2.23	热镀锌	
5	FB301C_FD_P01Z	小车绞盘底座		1	个	23.07	油漆	
6	FB301C_PFA_P02Z	平台		1	个	70.42	油漆	
7	FB301C_SA_P01Z	小车轨道		1	个	113.13	油漆	

图 5-16　铁舾件制作托盘表示例图

4）铁舾件安装图

铁舾件安装图是铁舾件安装定位的图纸，主要体现铁舾件在船舶上的定位位置、安装方式/节点等信息，用于外场铁舾件的安装、定位施工。

铁舾件安装图根据船舶制造阶段的不同，可以分为中组立铁舾件安装图、分段铁舾件安装图、总组铁舾件安装图、船台（坞）铁舾件安装图以及码头铁舾件安装图。各个阶段铁舾件安装图体现不同阶段所需安装铁舾件的定位施工信息。铁舾件安装图主要包含以下内容：

（1）每件铁舾件号；不管该舾装件由几个零件组成，在出安装图时将舾装件看作一个整体。铁舾件只需要一个件号，完全相同的舾装件的件号要一致；特殊铁舾件需要体现铁舾件的规格或名称。

（2）铁舾件相对于船体主要结构（如甲板、平台、横壁、纵壁等）的定位尺寸。安装图中舾装件定位尺寸一定要方便工人现场量取。

（3）铁舾件与船体结构间的焊接要求。

（4）安装精度要求高的设备底座在舾装件安装图中单独表达，并注明安装技术要求。

（5）其他：安装图定位尺寸尽可能用较少的剖面表达清楚；若出现多个剖面表达一个舾装件的定位尺寸时，尽可能将这些剖面放置在一起，以方便工人识图。

图 5-17 为某分段安装图中的直梯定位剖面图。设绘时，选用合适的船用比例，并注意图名、图号、页码等表达正确。

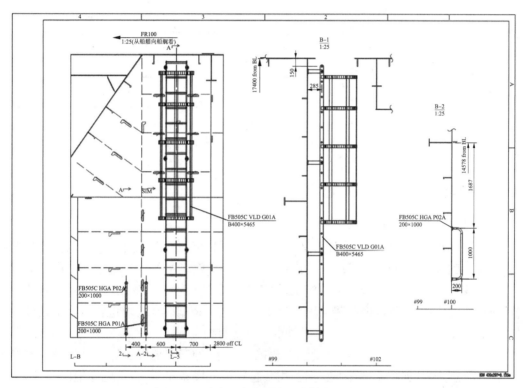

图 5-17　某分段安装图中的直梯定位剖面图

5）铁舾件安装托盘表

铁舾件安装托盘表是铁舾件安装清单，体现该分段，或总段，或船台（坞）托盘所需安装所有铁舾件（包含自制、外购等）的清单。铁舾件安装托盘表可以作为当前托盘铁舾件集配清单使用，或者在外场配合铁舾件安装图进行铁舾件安装完成后的数量校对作业。

案例 5-2　某船双层底分段铁舾装生产设计及数字化

铁舾件安装托盘表一般以表单形式体现，其内容包括：铁舾件代码、名称、规格、数量、重量、表面处理等信息。便于工作人员进行铁舾件的集配和铁舾件安装完成后数量检查。图 5-18 为某分段铁舾件安装托盘表示例。

序号	舾装代码	名称	规格	数量	单位	重量(Kg)	表面处理	备注
			图号：XXXXXXXXX			图名：XXXXX铁舾件安装托盘表	共 x 页	
							第 x 页	
1	FB301C_HGA_P01A	抓手	150X300	1	个	1.79	油漆	外协
2	FB301C_HGA_P02A	抓手	150X300	1	个	1.79	油漆	外协
3	FB301C_HGA_P03A	抓手	150X300	1	个	1.79	油漆	外协
4	FB301C_HGA_P04A	抓手	150X300	1	个	1.79	油漆	外协
5	FB301C_HGA_P05A	抓手	150X300	1	个	1.79	油漆	外协
6	FB301C_FD_G01Z	液位开关底座		1	个	2.23	热镀锌	自制
7	FB301C_FD_G02Z	液位开关底座		1	个	2.23	热镀锌	自制
8	FB301C_FD_P01Z	小车绞盘底座		1	个	23.07	油漆	自制
9	FB301C_PFA_P02Z	平台		1	个	70.42	油漆	自制
10	FB301C_SA_P01Z	小车轨道		1	个	113.13	油漆	自制
11	FB301C_MK_001	船底中心线标志	1.32		m	0.156		
12	FB301C_MK_002	船名指示标记	9.47		m	0.622		
13	FB301C_MK_003	船名指示标记	9.3		m	0.603		
14								

图 5-18　某分段铁舾件安装托盘表示例图

5.2.3　电舾装生产设计及数字化

1. 电舾装生产设计的工作内容

电舾装生产设计是以详细设计为基础,将船舶设计和建造工艺、计划、质量、生产管理数据全面反映到各类电舾装安装图、制作图以及管理托盘图表中的设计过程。它将电舾装设计、工艺、管理融为一体,强调按区域施工,按建造阶段进行一系列的工艺准备,并与其他专业间进行协调设计,是指导电舾装现场生产、施工的唯一依据。让现场电舾装施工人员真正都能做到按图施工,管理人员对工作、计划的安排都有据可依。

电舾装生产设计的工作内容是设绘工艺技术指令(如安装位置、尺寸、材料等),为现场生产提供管理资料(如配套、管理表等)。主要包括电气设备布置、主干电缆走向布置、主干电缆表册编制、电缆导架安装图、电缆开孔图、电气设备基座安装图、电缆支承件制造图册以及托盘管理表、材料定额等内容。其主要任务是解决电气设备的安装技术问题。通常采用交互设计的操作界面,在电舾装三维建模综合放样的基础上,设绘电舾装工作图表。

2. 电舾装三维模型综合放样和协调

电舾装三维数字化建模就是将电舾装详细设计、各类设备资料的二维图纸内容信息通过设计软件转换成三维模型的过程。电舾装三维数字化建模分为电气设备模型建库和布置、电舾装件模型建库和布置、电缆通道和电缆建模。

1) 电气设备模型建库和布置

(1) 电气设备模型建库,如图 5-19 所示。即根据电舾装详细设计图纸中的设备选型和相应的设备样本资料,应用设计软件创建一个等同于实物的模型,最后根据设计软件和生产施工要求添加设备生产信息,并按照电气设备建模、入库命名规则和要求存入设备库。

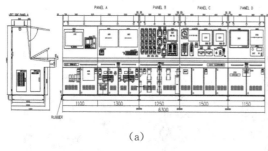

(a)

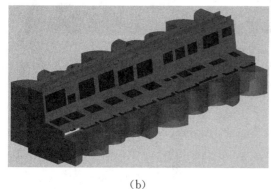

(b)

(c)

图 5-19　电气设备模型建库图

(a)集控台样本；(b)集控台模型；(c)集控台实物

电气设备模型在建库时，其外形尺寸、安装尺寸、操作 & 维修空间、电缆接口信息一定要准确，确保与样本资料上的信息一致。电气模型建库的设备主要包含电舾装专业安装和其他专业（如轮机、舾装）安装需要接电缆的设备。电舾装的设备如灯具、接插件、分电箱、配电板、控制台等；其他专业安装需要接电缆的设备，如轮机专业安装的电控阀门、泵组、管路上的各类传感器、各种电动组合机械设备等；舾装专业安装的锚绞机、舷梯、救生设备、杂物吊等。

（2）电气设备模型布置，如图 5-20 所示。即根据电舾装详细设计系统和布置图、设备布置规范和要求以及船厂提供的电舾装施工工艺，应用设计软件调用设备库中相应型号的设备模型，合理地进行设备模型布置，并根据生产施工要求添加设备生产信息。

电气设备布置位置一定要准确，以便后期精确控制电缆长度。电气设备模型布置时，要着重考虑其用途、可操作性，避免碰撞。根据电舾装生产设计要求，全船所有需要接电缆的设备都要进行其模型布置。

2）电装件模型建库和布置

（1）电舾装件模型建库，如下图 5-21 所示。主要是对电舾装标准件进行模型建库，便于后期在电舾装件模型布置时调用。根据船厂提供的电舾装件标准及其命名规则，应用设计软件创建一个等同于实物的模型，最后根据设计软件和生产施工要求添加电舾装件生产信息，并按照电舾装件建模、入库命名规则、要求入库。

电舾装件模型建库时，其外形尺寸、材料信息一定要准确，确保与样本资料上的信息一致。建库的舾装件以标准件为主，主要有电缆托架、扁铁、贯穿件、填料函、标准设备基座等。

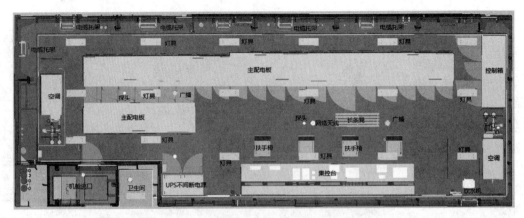

图 5-20　某船集控室电气设备模型布置图

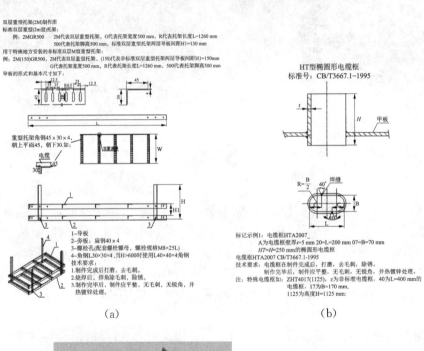

(a)　　　　　　　　　　　　　　(b)

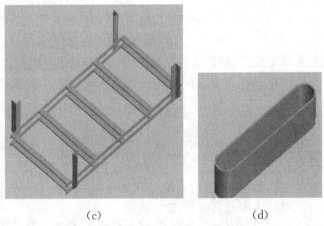

(c)　　　　　　　　　　(d)

图 5-21　电舾装件模型建库图

(a)电缆托架样本；(b)电缆贯穿件样本；(c)电缆托架模型；(d)贯穿件模型

（2）电舾装件模型布置，如图 5‐22 所示。主要包含所有标准和非标准的电缆绑扎件、贯穿件、设备基座。所有需要接电缆的设备都要将其电缆绑扎件、基座布置完整到位，便于后期准确控制其电缆长度。

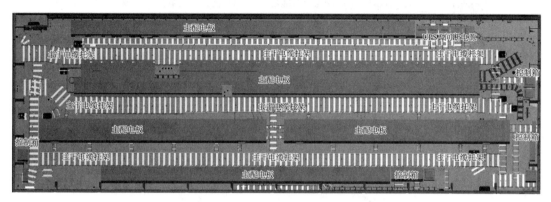

图 5‐22　配电板间电缆托架布置图

为了提高电舾装件的预装率，应用设计软件对电舾装件进行满足设计规范要求、船厂施工工艺的实物建模、布置，并添加生产信息。在进行主干电缆托架布置时，要以详细设计的全船主干电缆走向图为依据，以配电系统为中心，综合考虑、合理规划全船主干电缆路径实际走向，并估算出各主干电缆路径上的电缆敷设面积，根据实际电缆敷设情况，准确预估出合适宽度的电缆托架。

3）电缆通道和电缆建模

（1）电缆通道（Cable Way）建模，如图 5‐23 所示。电缆通道是后期电缆建模的基础。电缆通道建模是否完整、到位，直接关系电缆建模的准确度。

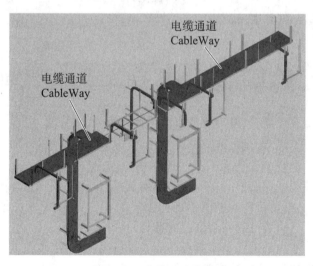

图 5‐23　电缆通道建模图

在全船电舾装件布置完成后，根据设计的电舾装件路径，应用设计软件并结合电缆通道建模要求，在电装件的电缆敷设面上进行电缆通道的建模，电缆通道的路径要与电装件的路径一致,且要求美观,减少后期的电缆长度误差。电缆通道建模时,每根电缆通道相连接的地方一定要是相互贯通连接的,以免影响后期的电缆建模。

(2) 电缆(Cable)建模,如图 5-24 所示。主要是为船厂提供准确的电缆类型、长度和敷设路径,提高船厂电缆的利用率、电缆施工敷设效率,有效地控制生产成本。

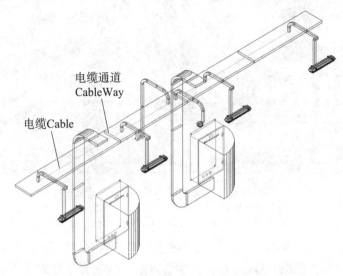

图 5-24　电缆(Cable)建模图

在全船电缆通道建模和电气设备布置完成后,根据详细设计系统图中的起始/终止电气设备、电缆信息,利用设计软件并结合电缆建模要求,在电缆通道中进行电缆建模。电缆建模时,电缆敷设余量、起始/终止设备接线余量需要根据船厂要求和设备资料信息合理放置电缆余量,确保每根电缆长度的合理性、准确性,有效控制电缆成本。电缆建模的各种信息一定要完整、准确无误,保证电缆清册的完整性、准确性。

3. 电舾装工作图表的设绘

在电舾装件工作图表中,将设计、工艺、计划、质量、生产管理数据全面反映到工作图和托盘管理图表中,作为指导电舾装施工、管理的依据,使工人能真正按图施工,管理人员能按照它来编制具体生产作业计划。电舾装工作图表的设绘分为电舾装件预装图及托盘表、电舾装件自制件制作图及托盘表、电气设备布置图及托盘表、电缆册、电缆节点的示意图、电气系统接线图。

1) 电舾装件

电舾装件的预装图和自制件制作图的样式如图 5-25、图 5-26 所示,其相应的托盘管理表如表 5-1 所示。电舾装件预装图以结构为背景,以距离电舾装件最近的结构为参照,精确且完整地标注出各舾装件的安装位置信息与属性信息。通过绘制制作图、编制托盘表,将相应的安装件提前于内场进行制作或者在厂外进行采购,并依照施工区域来配置托盘,如此便于现场施工管理,能够有效提高工作效率。电舾装件预装图主要包含电缆绑扎件、贯穿件、填料函和设备基座。

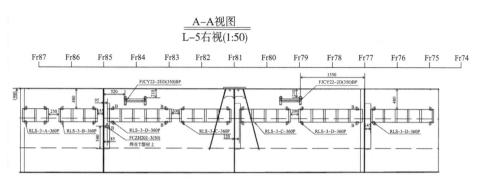

图 5-25 电舾装件预装图

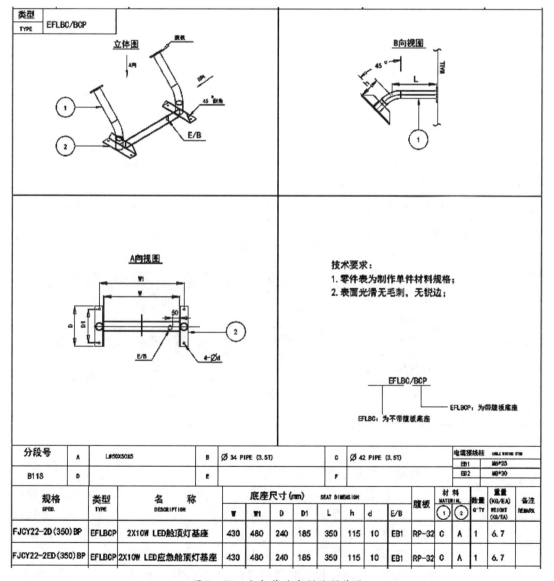

图 5-26 电舾装件自制件制作图

表5-1 XX分段电舾装件托盘表

序号	物资类型	物资名称	型号/规格	图号/标准号	数量	单位	单重(KG)	总重(KG)	涂装信息	备注
1										
	电缆安装件	L型扁钢支架	BBL200		2	EA	0.2	0.4	热镀锌	
	电缆安装件	单根扁钢支架	BB3025		3	EA	0.6	1.8	热镀锌	
	电缆安装件	单根扁钢支架	BB5025		1	EA	0.8	0.8	热镀锌	
	电缆安装件	单根扁钢支架	BD3022P		2	EA	1.5	3	热镀锌	
	电缆安装件	单托架	2NUF320RP		2	EA	3.1	6.2	热镀锌	
	电缆安装件	电缆托架	2NFR320RP		1	EA	17	17	热镀锌	
	电缆安装件	电缆托架	NBP100RP		1	EA	4.3	4.3	热镀锌	
	电缆安装件	电缆托架	NBP320		2	EA	5.3	10.6	热镀锌	
	电缆安装件	电缆托架	NBQ100RP		1	EA	5.4	5.4	热镀锌	
2										
	电缆贯通件	可拆卸式电缆框	KFN1510-250		5	EA	3.5	17.5	环氧底漆	
	电缆贯通件	腰型电缆框	TKA4510		6	EA	8.2	49.2	环氧底漆	
	电缆贯通件	圆形电缆框	YK50100		7	EA	0.6	4.2	环氧底漆	
	电缆贯通件	圆形电缆框	YT5025		2	EA	1.4	2.8	环氧底漆	
3										
	电缆安装件	电气自制件	ZL50/BB5005/600		1	EA	2.8	2.8	环氧底漆	
	设备底座	分电箱基座	FDA/NGS(250)P		1	EA	17.1	17.1	环氧底漆	
	设备底座	分电箱基座	FDB/NGS(250)P		1	EA	16.4	16.4	环氧底漆	
	设备底座	应将消防泵启动器基座	FEEP/ST(250)P		1	EA	15.7	15.7	环氧底漆	

...

2) 电气设备

电气设备托盘表

　　电器设备布置图的样式如图5-27所示,在电气设备布置图中涵盖了所有需接电缆的设备以及电气专业安装设备的紧固件信息。设备安装归属以托盘表中的专业信息区分设备所属安装专业。电气设备托盘表为电气设备仓储管理、设备材料领取、安装紧固件材料领取、工作和计划的安排提供了依据(扫码获取电气设备托盘表)。电气设备布置图及托盘表提高了施工、管理效率,提高了设备利用率,减少了不必要的浪费。

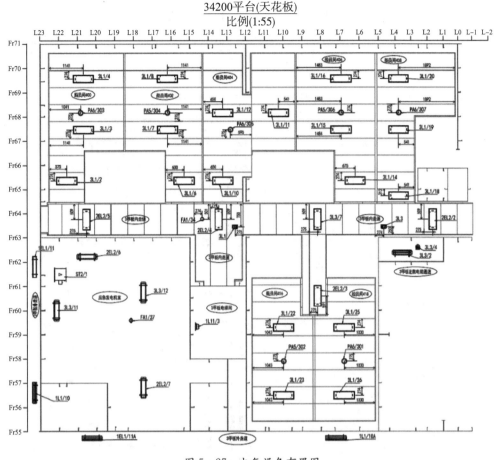

图 5-27 电气设备布置图

在设绘电气设备布置图时,一般原则为机械区域以结构为背景,居住区域以居装为背景。应准确、完整反映每一件电气设备的安装位置信息和属性信息,为后续电气设备电缆的拉放提供参考。

3)电缆清册与电缆节点

(1)电缆清册是根据船舶建造方针,制定电缆敷设区域划分及敷设顺序为依据进行编制的。主要提供所敷设电缆所属系统、电缆代号、电缆型号规格、电缆总长度、设备接线长度、电缆跨区域停点位置、停点电缆长度、电缆敷设区域、电缆两端所连接的设备信息以及电缆敷设路径,为船厂进行准确的电缆长度切割、敷设和电缆接线提供了重要依据,也为船厂仓储管理、控制生产成本提供了有利条件。

常见的电缆清册表

完整、准确的电缆清册既满足了电缆敷设要求,也便于施工人员对电缆进行区域性的合理敷设,方便快捷,提高生产效率。

电缆清册根据敷设区域划分,分为区域内分支电缆清册、区域内主干电缆清册(跨中区域,甲板,或舱室)、跨区域主干电缆清册(跨大区域,上建、机舱、货舱、首部)。扫码获取常见的电缆清册表(主要包括区域内分支电缆清册、区域内主干电缆清册、跨区域主干电清册)。

（2）电缆节点示意图的样式如图5-28所示,主要为电缆敷设路径提供依据。以结构和居装为背景,标注出每一路电缆通道上电缆经过的节点代号,并标记出背景图中的舱室代号信息,便于施工人员现场查找电缆节点位置。

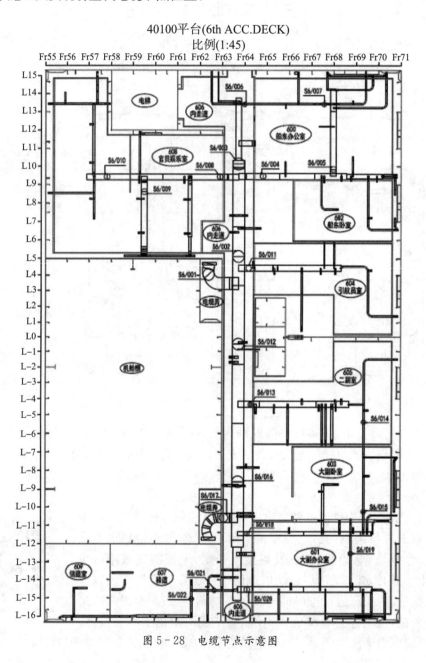

图5-28 电缆节点示意图

电缆节点通常选择布置在本层、跨甲板、跨区域电缆密集的主干电缆通道上,且便于施工现场查找的贯穿件或是肋位处,以及从主干通道上分出的分支通道和电气控制箱/控制台/接线箱接口处电缆通道上,保证电缆路径连续、完整。

4）电气系统接线图

电气系统接线图是以电舾装详细设计系统图为基础,根据系统图对应设备样本资料中的设备工作原理图,并结合船厂接线图绘制惯例绘制电气接线图,其样式如图 5-29 所示。电气接线图是船厂电气生产后期对电气设备进行准确接线、调试的依据,为船舶电气设备正常运行提供保障。因此,要确保电气系统接线图中每根电缆两端连接设备所对应的接线端子号一定要准确无误。

案例 5-3　某船双层底分段电舾装生产设计及数字化

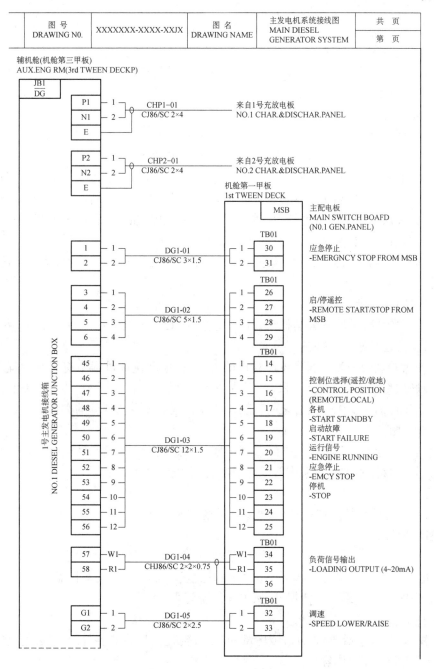

图 5-29　电气系统接线图

5.3 船舶舾装托盘设计及数字化

5.3.1 船舶舾装托盘的内涵及主要工作

1. 舾装托盘内涵

船舶建造将有大量舾装件要制作与安装,为了便于施工管理,将它们按作业阶段、作业场所进行工程分解,按照一定的工作量划分成一个个小的作业单位,该舾装作业单位就是所说的舾装托盘。既是船舶舾装生产设计时编制的托盘管理表及相应的生产管理用表册的最小单位,也是内场制造、舾装件采购、集配中心的集配和外场安装的最小单位。舾装托盘具有两重含义:一是生产设计、生产准备及生产过程中所共有"中间产品"的一种单位;二是包含物料清单及其所列物料的容器。

2. 舾装托盘管理内涵

舾装托盘如同船体分段一样,均属生产管理的一个作业单元,也如同船体由分段组成一样,全船舾装则由完成各个托盘的舾装所组成。舾装托盘就是舾装工作的"中间产品",实际上是一种移动平台,一切工作都是以托盘为导向组织实施。由此可知,托盘是一种管理思想,即在船舶工程中,舾装托盘管理是对以托盘为单位的"中间产品"进行生产设计、物资准备、进度安排和成本核算的一种的生产管理方法。其作用主要体现在:按照托盘管理表安排生产计划,包括内场加工与外场安装的进度计划;按照托盘管理表进行物资的采购工作;按照托盘管理表的内容进行舾装件的集配工作;现场生产人员按照托盘管理表进行施工;按照托盘进行成本核算。

3. 实施舾装托盘管理的主要工作

舾装管理的重要手段是编制托盘管理表,建立配套和集配中心,开展托盘管理。

1) 舾装托盘管理表的编制

舾装托盘管理表是为了满足生产管理的需要,在生产设计过程中将托盘管理对象品分类集配,以解决船舶舾装件设计、采购、制造、安装等问题的管理图表。因此,编制托盘管理表也是生产设计的主要工作内容之一。舾装托盘管理表按专业划分的类型如下:

(1) 管子托盘表。

① 管子零件托盘管理表,主要包括管子零件制造清册(即管子材料清册)、管系附件汇总清册(即管子焊接附件)、管系支架汇总清册、管系安装件汇总清册。

② 管支架托盘管理表。

③ 管系开孔及附件安装托盘表(即管子通舱件及开孔表)。

④ 管路取样管托盘表。

(2) 铁舾件托盘表,主要有:自制件托盘表、外协/外购件托盘表,以及安装件托盘表等。

(3) 电装件托盘管理表,主要有:电气设备托盘管理表、电气支架托盘管理表、电缆取样管托盘管理表、主干电缆拉敷清册、区域电缆清册等。

舾装托盘管理表的主要内容如下:

(1) 托盘编码,包括产品、分段或区域的名称;舾装托盘的安装阶段;舾装托盘所参照的安装图号及安装次序等内容。

（2）集配内容。

① 制造托盘（如单元制造和零件制造托盘），包括舾装件的名称及代号；舾装件制造材料（含连接件、附件、设备）的名称、型号、规格、数量；制造工作量；制造托盘所参照的安装图号等内容。

② 安装托盘，包括舾装件名称、代号、数量；安装工作量；安装托盘所依附的安装图号等内容。

此外，还有只反映工程内容与工作量的虚托盘。

2）托盘管理工作开展

一是托盘设计，即按照 WSD 指令，并根据区域造船模式和托盘管理原则，按分段总段、作业阶段和专业特点编制制造托盘、安装托盘和相关工作图表（如制造图、安装图、清单等）。

二是托盘集配，即根据托盘管理表、加工图纸和技术要求，按照工艺阶段和施工进度组织舾装件的制造、采购和配套，并及时送到施工现场。其工作流程：定制（自制或外协）制造托盘→完整集配托盘→合理储备托盘→运送安装托盘→回收空置托盘。

三是托盘安装，即各生产车间按照各自部门分工职责、托盘管理表与安装图以及生产管理部工程计划和派工单的工作指令开展现场安装和相关交验工作。

四是托盘的日程管理，即生产管理部根据船厂的造船节点和集配计划，定期召开生产技术准备例会，统筹协调设计、配套和生产管理部门关系和工作进度。按照船厂各部门分工职责，以"中间产品"为导向，分解或组合工程计划和派工单，确保船厂生产连续、有序、均衡、快速开展。

5.3.2　船舶舾装托盘的划分

造船成组技术与舾装的结合就是区域舾装，将全船舾装件按阶段、分区域划分托盘，按托盘进行施工。托盘是舾装区域按照一定的原则进行划分的，既作为区域舾装进行现场生产作业的最小作业单位，也可作为舾装的"中间产品"对其所需安装的全部舾装器材进行集配的单位。

托盘划分的依据是船舶建造方针和施工要领，其中区域划分图和分段划分图是托盘划分最重要的依据之一。在先行舾装（搭载之前）阶段，舾装托盘划分与船体中间产品一致，但到后行舾装阶段由于已没有分段、总段的概念，因此就需要按区域进行舾装托盘划分。

1. 舾装托盘划分的"三不跨原则"及要点

由第 2 章中的船舶工程纵向分解结构可知，WOP 是对 Activity 的细分，其分解的一般原则为：首先，不跨阶段、不跨区域、不跨作业类型，做到独立区域、独立班组作业，优先考虑作业类型的划分；其次，考虑作业顺序的划分，可简单地归结为"三不跨原则"。

一是不跨阶段，即按舾装阶段划分托盘。同一托盘内的舾装件必须在同一阶段进行安装，不允许同一托盘内的舾装件分散在几个不同阶段进行安装作业。

二是不跨区域，即按施工区域和安装位置划分托盘。同一托盘内的舾装件必须在同一安装场地进行安装，不允许同一托盘内的舾装件分散在几个不同的地方进行安装作业。

三是不跨部门，即同一组施工人员完成同一托盘的安装任务。同一托盘内的舾装件必须与船厂的生产组织形式一致，不能出现两个小组或两个小组以上，甚至两个作业区的施工人员来完成同一托盘安装任务的现象。

舾装托盘划分要点:一是每个分段都要有与之对应的舾装托盘;同一分段跨两个或两个以上区域时,应按区域编制托盘;二是分段舾装与总段舾装应各自独立编制托盘;三是每个单元或模块应有各自独立完整的托盘,应包括该单元模块的所有舾装件。四是每个安装托盘,其工作量原则上以两个工人一组一周的工作量来确定。

2. 舾装托盘的划分方法

1) 舾装托盘划分思路

在托盘划分之前,首先,要进行舾装区域的划分。在舾装区域确定后,即可对区域内的舾装件进行托盘划分工作。一般分步进行,一是结合船体分段/总段划分和船舶总装计划,按工艺阶段和舾装区域,初步制定托盘划分方案。二是以区域舾装综合放样图为基础,根据托盘划分初步方案,按作业顺序和工作量,最终确定托盘划分,并编制托盘清单和托盘管理表。

由于船舶舾装件品种繁多、数量巨大、来源渠道又各不相同,舾装件的材料、规格、重量、大小等都不同,因此,要把舾装件划分为托盘对象品(即要进入托盘进行集配的舾装件)和非托盘对象品(即不适宜集配的舾装件)。确定托盘对象品的目的实际上就是从总体上确定托盘管理的范围。此外,舾装托盘划分不仅需要考虑托盘内的物量大小,还应考虑施工作业工时,尤其是虚托盘的划分。

2) 基于 WOP 的舾装托盘划分

WOP 是对 Activity 的细分,也称为施工作业工作包,其将设计、物资、生产有机结合为一个综合的管理单位。WOP 对应于设计,主要用于施工图表、管理图表、托盘划分、图表管理、图表下发等的基本单位;对应于生产,主要用于作业管理,连接中日程和小日程(作业日程)的单位;对应于生产部门下属的作业区,主要用于生产部门对施工班组任务的管理,以生产部门对施工班组派发的任务为单位进行分解。对应于物资,主要用于 BOM、托盘管理单位;对应于质量,主要用于 ITP 管理单位;对应于成本,主要用于预算管理、阶段管理的成本单位。WOP 中,需要配置相关制造资源信息,如人力、场地、设备以及工时物量定额等信息。WOP 作为成本管理的单位,其体现的成本包含物资和劳务成本,其中劳务成本通过工时物量定额进行表达,通过建立物量和工时定额的关系,依据 WOP 中涉及的物量推算出 WOP 所需要的工时,再以工时和工种计算劳务成本。

因此,舾装生产设计中舾装托盘需要基于 WOP 进行托盘划分。图 5 - 30 为某分段预埋管子托盘划分示意图,可划分为预埋管子内场制造托盘和外场安装托盘等,其中内场制造托盘根据成组技术的制造族原理可划分为多个备料托盘、多个下料托盘、多个加工托盘、多个校管托盘、多个焊接托盘、多个表面处理托盘等,以提高施工作业效率和降低综合成本。同理,其他舾装托盘,如铁舾托盘可划分为铁舾内场托盘、铁舾外场托盘等;电装托盘可划分为电装内场托盘、电装外场托盘等,其中电装内场托盘又可分为电装件原材料备料、扁铁电装件加工、单层托架装配、双层托架装配等。

5.3.3 船舶舾装托盘的设计

根据前面所述基于 WOP 的舾装托盘划分后,还需要对舾装托盘做进一步的设计,舾装托盘设计是舾装生产设计的重要内容。

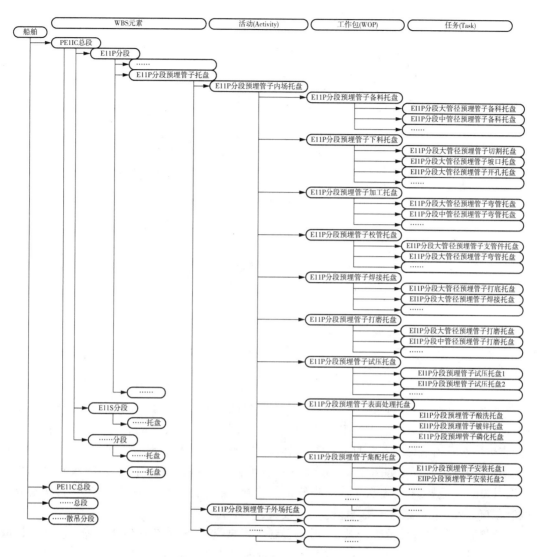

图 5 - 30　基于工作包的某分段预埋管子托盘划分示意图

1. 舾装托盘设计原理

舾装托盘贯穿了舾装件的设计、采购、制造、安装等全过程,舾装托盘设计既要满足不跨阶段、不跨区域、不跨作业类型的原则,也要满足应用成组技术的基本原理来组织生产,以实现设计、生产、管理一体化要求。

不同类型的舾装件托盘设计虽略有不同,但是基本原理是一致的。即通过对有关制造问题的相似性设计,把具有工艺相似性的不同产品的零部件归类成组(族),这种成组的并配一套解决办法的各种中间产品称为一个"族",这套方法就称为基于"制造族"或"族制造"原理的托盘设计。下面以管子托盘设计为例来说明该原理的应用。

2. 基于制造族原理的管子托盘设计

基于(管件)制造族原理进行管子托盘设计,其思路如图 5 - 31 所示。首先就是对管件进行相似性分类,这是为多品种、少批量管件生产提供一套能取得批量生产效益的切实可行的方法。

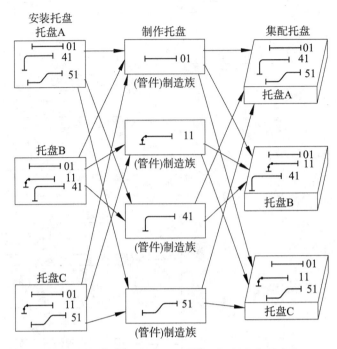

图 5-31　基于制造族原理的管子托盘设计思路图

　　基于管件制造族原理进行托盘设计时,最重要的考虑因素是其相似项,包括:材料(如碳钢、不锈钢、铜、铜镍合金、PVC、PE、GRP 等)的相似性;口径尺寸的相似性;形状的相似性(如直管或弯管);长度的相似性;装配的相似性(如有无支管);其他因素等。

　　管件制造工艺流程如图 5-32 所示。一般可分为备料、下料、加工、装配及校管、焊接、打磨、试压、表面处理、集配等工序。在管件制造族中需重点考虑的管件通常包括:切割成形的管子(包括适用的支管)、法兰、弯头、管接头、三通等。

　　为提高管件制造族的生产效率,需基于制造族原理、影响因素并结合制造工艺和制造成本等方面进行综合分析,如图 5-33 所示。在此基础上进行管子托盘设计。

　　1) 管子下料托盘

　　根据制造族原理,按照管子下料需要的切割设备如带锯床下料、火焰下料、等离子下料,以及相贯线切割、坡口切割等进行下料托盘设计。

　　图 5-34 是管子下料托盘示例,其不仅包含托盘号、管件号等基本信息;也包含管径、壁厚、材质、等级等材料信息,以及下料长度、坡口、母管、支管、开孔等生产工艺信息;而且包含生产工时、生产班组、生产线、生产资源、施工作业反馈等生产管理信息。该托盘的设计直观体现了设计、生产、管理一体化的设计理念。

　　2) 管子加工托盘

　　根据制造族原理,按照管子材料、管径大小、主管或支管、先焊后弯或先弯后焊等制造流程方式、弯管方式、弯管后管子形状等进行加工托盘设计。

　　管子加工托盘的合理设计对管件制造和安装影响较大,如图 5-35 所示为管件两种加工方式比较,显然,先焊后弯工艺比较好。因此,在舾装生产设计中尽可能增加直管的数量,以保证较高的生产效率。当所设计的管子不得不弯曲时,应该在托盘设计时对弯曲加工进

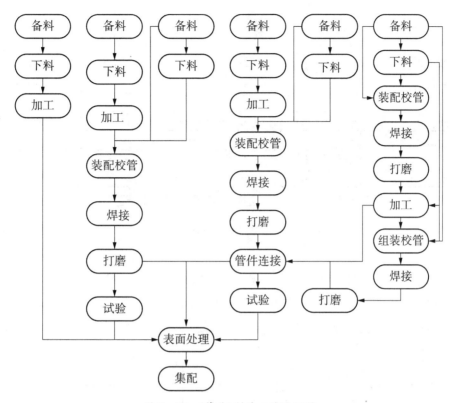

图 5-32　（管件)制造工艺流程图

级	管件连接 ◄────────►					
	管件装配 ◄──────────────►					
	管子加工 ◄────►					
类型	材料	X射线探伤或无	主管或支管	内径	支管或弯管	长度
小类型	碳钢	无	主管	小	直	
					弯	
				中	直	长
						短
					弯	
				大	直	长
						短
					弯	
			支管			
		X射线探伤				
	有色金属					
	非金属					
	其他					

图 5-33　基于管件制造族原理及影响因素分类示意图

工时单名称：H725-3月28回-III-Z-DLZ　　　　　　　备注：所有支管开孔距离默认从主管无坡口端开始计算

下料总工时:76.3　　坡口总工时:77.3　　开孔总工时:20　　　管材数量:19　　　　　　　生产线：大连队

托盘号	管件号	管径	壁厚	长度	弯管数量	页序号	材质	等级	坡口	开孔	母/支管描述	下料工时	坡口工时	开孔工时	支管转角	支管夹角	开孔距离
WM2/PE11C/6/C/01	PE11C-FT017-01R	42	3	480	1	153	碳钢	III	无		母:219*6	20.3	19.8	10			
合计长度:480																	
WM2/PE11C/8/C/01	PE11C-BL010-01	60	4.5	198	0	150	碳钢	III	单	0	母:168*5	7.4	7.4	5		90	
合计长度:198																	
FM2/F21P/5/C/01	MF21P-BL027-01	114	4.5	1259	0	147	碳钢	III	单	0		3.8	3.7	0			
FM2/F21P/5/C/01	MF21P-BL027-04	114	4.5	462	0	148	碳钢	III	单	0		7.6	11.1	0			
FM2/F21P/5/C/01	MF21P-BL027-04	114	4.5	1269	0	148	碳钢	III	双	0		7.6	11.1	0			
WM2/PE12C/6/C/01	PE12C-LD003-02R	114	4.5	1483	1	155	碳钢	III	无	0	支:114*4.5	7.6	3.7	5		90	244
WM2/PE12C/6/C/01	PE12C-LD003-02R	114	4.5	194	0	155	碳钢	III	单	0	母:114*4.5	7.6	3.7	5		90	
合计长度:4667																	
WM2/PE11C/6/C/01	PE11C-BL111-01	140	4.5	1951	0	151	碳钢	III	单	0		4	3.8	0			
WM2/PE11C/6/C/01	PE11C-FT017-01R	140	4.5	227	0	153	碳钢	III	单	0	母:219*6	20.3	19.8	10		90	
WM2/PE12C/6/C/01	PE12C-BL111-02	140	4.5	1476	0	154	碳钢	III	单	0		4	3.8	0			
合计长度:3654																	

图 5-34　管子下料托盘示例图(部分)

	备料、切割	装配、校管、焊接	弯曲成形	组装
先弯后焊				
先焊后弯				

图 5-35　管件两种加工方式比较图

行特别考虑，使管子能够在装焊法兰等之后弯曲成型，即应尽量采用先焊后弯工艺。

图 5-36 是管子加工托盘示例，其不仅包含托盘号、管件号等基本信息；而且包含管子规格、管子长度等加工前管子信息，以及加工尺寸、起弯点、转角、弯角、弯模半径等弯管加工生产工艺信息；同时包含生产工时、生产班组、生产线、生产资源、施工作业反馈等生产管理信息。该托盘的设计直观体现了设计、生产、管理一体化的设计理念。

3）管子装配及校管托盘

根据制造族原理，按照管径大小、装配组成、有无支管、直管或弯管、管件空间形状等进行装配及校管托盘设计。

图 5-37 是管子装配及校管托盘示例，除包含基本信息外，还包含了极其重要的作业工时、生产班组、生产线、生产资源、施工作业反馈等生产管理信息。该托盘结合管子小票进行校管工作。

单坡口弯管从非坡口端算起弯点（从3月7回起实施）

工时单名称:H725-3月28回-III-X-SG　　　　弯管数量:31

弯管总工时:480　　　　　　　　　　　　　生产线:大连队

托盘号:FM2/PB19S/6/C/01管件号:PB19S-BL073-01R工时:7.0

管规:48*6.5 弯模半径:140 下料长度:540 页序号:61

序号	放样尺寸	起弯点	转角	弯角
1	140	90	0	90
2	146	450		

托盘号:MM2/PE12C/6/C/01管件号:PE12C-WF102-02R工时:14.0

管规:48*3 弯模半径:140 下料长度:1558 页序号:94

序号	放样尺寸	起弯点	转角	弯角
1	121	90	0	25
2	364	361	180	25
3	1083	1107		

托盘号:MM2/PE12C/6/C/01管件号:PE12C-WF102-03R工时:7.0

管规:48*3 弯模半径:140 下料长度:1676 页序号:95

序号	放样尺寸	起弯点	转角	弯角
1	624	478	0	90
2	1124	1198		

托盘号:MM2/PE12C/6/C/01管件号:PE12C-WG200-01R工时:7.0

管规:48*3 弯模半径:140 下料长度:2296 页序号:97

序号	放样尺寸	起弯点	转角	弯角
1	704	601	0	30
2	1666	1695		

托盘号:MM2/PE12C/6/C/01管件号:PE12C-WG200-02R工时:21.0

管规:48*3 弯模半径:140 下料长度:2395 页序号:98

序号	放样尺寸	起弯点	转角	弯角
1	506	442	0	45
2	347	255	-90	90
3	720	652	-135	90
4	972	1046		

托盘号:MM2/PE12C/6/C/01管件号:PE12C-WG200-03R工时:7.0

管规:48*3 弯模半径:140 下料长度:1497 页序号:99

序号	放样尺寸	起弯点	转角	弯角
1	574	428	0	90
2	995	1069		

图 5-36　管子加工托盘示例图(部分)

批次: 3月28回　　　工位:校管　　　管件数量:222　　　开始日期:　　　结束日期:

工时单名称:H725-3月28回-I/II-X-SG　　管件数量: 25　　姓名:

生产线: 大连队　　　　　　　　　　校管总工时:577.8　　日期:

工时单名称:H725-3月28回-III-D-DLZ　　管件数量: 14　　姓名:

生产线: 大连队　　　　　　　　　　校管总工时:1312.0　　日期:

工时单名称:H725-3月28回-III-D-SG　　管件数量: 13　　姓名:

生产线: 大连队　　　　　　　　　　校管总工时:304.0　　日期:

图 5-37　管子装配及校管托盘示例图(部分)

4）管子焊接打底托盘

为防止管件变形或防止焊接时发生烧穿现象而先在焊接接头坡口根部所进行的打底焊道称为打底施工作业。打底和焊接是不同的作业工序,是不同的细分工种,施工场地和施工生产设备等生产资源也有区别,另外不是所有的焊接都需要打底,因此打底施工作业也需要单独的托盘。

图 5-38 是管子焊接打底托盘示例,除包含基本信息外,还包含施工作业工时、生产班组、生产线、生产资源、施工作业反馈等生产管理信息。该托盘结合施工作业看板即可进行打底施工作业。

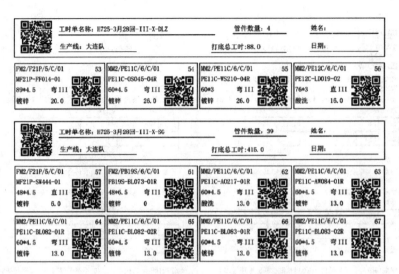

图 5-38　管子焊接打底托盘示例图（部分）

5）管子焊接托盘

根据制造族原理，按照手工焊或自动焊等焊接方式、焊接工艺、管件空间形状、焊接管径大小、是否为支管焊接等焊道类型等进行焊接托盘设计。

图 5-39 是管子焊接托盘示例，除包含基本信息外，还包含施工作业工时、生产班组、生产线、生产资源、施工作业反馈等生产管理信息。该托盘结合经评定的焊接工艺即可进行焊接施工作业。

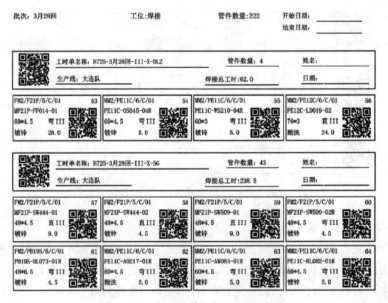

图 5-39　管子焊接托盘示例图（部分）

6）管子打磨托盘

焊道类型影响焊缝的打磨。不同焊道焊接后的焊缝打磨方式和所需的打磨工具也不相同。焊接方式影响焊缝打磨工作量，不同焊接方式的焊缝的打磨工作量完全不同，有些焊缝甚至不需要打磨。因此,需要按照焊道类型、焊接方式、管径、管子空间形状、有无支管、直管弯管等维度进行打磨托盘设计。

图 5-40 是管子打磨托盘示例,除包含基本信息外,还包含施工作业工时、作业班组、作业场地、生产资源、施工作业反馈等生产管理信息。

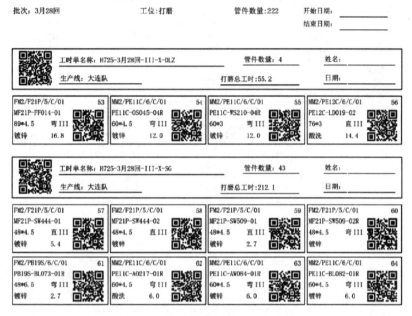

图 5-40　管子打磨托盘示例图(部分)

7) 管子表面处理托盘

管子表面处理方式比较复杂,常见的表面处理有:酸洗、热镀锌、磷化、镀塑、油漆等。有些管子的表面处理还不止一种,例如某管子需要先酸洗,再热镀锌,最后进行多层油漆等。有些特殊的管子的内外表面处理方式不同,又增加了表面处理的复杂程度。另外,不是所有船厂都能进行所有的表面处理工作,有些表面处理工作需要外协/外包。外协/外包、船厂自行处理的作业周期完全不同,所需要的施工作业工作差异也比较大。因此,管子表面处理托盘的合理设计非常重要。根据制造族原理,按照管子表面处理方式、表面处理工艺、外协/外包或自行处理等作业管理区分、管径及管子尺寸、管子空间形状、有无支管、直管弯管等进行表面处理托盘设计。

图 5-41 是管子表面处理托盘示例,除包含基本信息外,还包含施工作业工时(如作业管理区分修正后工时)、作业班组、作业场地、生产资源、施工作业反馈等生产管理信息。

8) 管子集配托盘

托盘完整性依赖于集配托盘的合理设计,除了需要满足托盘完整性外,还需要体现托盘内物资的安装先后顺序,避免在安装中耗费大量地寻找舾装件工时。因此,需根据管子等舾装件的安装先后顺序将大的托盘拆分为小托盘进行集配托盘设计。图 5-42 是管子集配托盘示例,在此要说明的是,集配托盘设计的大小最好能使该托盘的安装工作量尽可能在标准化的单位时间内得以完成,并根据安装顺序进行编号,这样可极大程度地减少安装过程中寻找舾装件等物资所花费的时间。

图5-41 管子表面处理托盘示例图(部分)

图5-42 管子集配托盘示例图(部分)

第6章

船舶涂装生产设计及数字化技术

船舶涂装涉及的面非常广泛，且贯穿整个船舶建造周期。现代造船模式下的船舶涂装作业方式应与船体建造的分段建造法和船舶舾装的区域舾装法相协调。船舶涂装设计对提高涂装质量、缩短造船周期、降低生产成本有着十分重要的意义。

船舶涂装设计就是要科学合理地确定船舶各部位在涂装配套涂层前的表面处理要求和涂层配套方案，以及工艺路线。现代船舶涂装生产设计及数字化主要依靠专业造船软件系统进行，一般将船体涂装生产设计划分为钢材预处理、分段先行涂装、后行区域涂装等内容。因此，本章船舶涂装生产设计主要基于 AM 应用背景并按此思路撰写。

6.1 船舶涂装生产设计简介

6.1.1 船舶涂装生产设计的内容及工作流程

涂装设计可划分为涂装合同设计、涂装详细设计、涂装生产设计三个阶段。为了提高船舶涂装工作的技术水平和管理水平，需编制三项指导性工艺文件，它们是：船舶除锈涂装工艺技术条件；船舶涂装膜厚管理技术条件；船舶涂装作业安全技术规程，涂装生产设计人员应按照其要求进行涂装生产设计。目前，国内船厂多采用专门的生产设计软件的涂装模块进行涂装生产设计。

1. 涂装生产设计目的及意义

所谓涂装生产设计，是在详细设计的基础上，将涂装技术要求、工艺措施、管理指标、安全技术合为一体、按单元、分段、区域进行作业的图表文件的设绘，主要可分为分段先行和区域后行涂装。其目的为现场准备涂装物量，为作业满足涂装工艺要求提供依据。并指导现场对分段、区域内的每个舱室准确进行涂装施工作业，以保证涂装工作的合理、有序及安全。其意义主要体现在以下几个方面：

（1）有利于提高涂装工作的质量。涂装生产设计把涂装技术要求、工艺措施、管理方法等融为一体，按区域或单元组织生产、指导施工，改变了以往涂装作业没有严格的作业计划及工艺程序、仅凭经验和习惯施工的状况，使涂装作业的质量有了很大的提高。

（2）有利于搞好生产管理、提高工效。涂装工作图表清楚明白地将每个分段、区域以及舾装件的除锈涂装作业要求反映出来，施工人员对其作业内容和技术要求一目了然，避免因资料不齐、工艺不清而窝工、出差错、返工等，提高了工作效率，加快了生产进度，降低了生产成本。

（3）有利于加强各专业工种之间的相互协调。以往的船、机、电各专业和工种，均未把涂装工作置于应有的地位，因此，分段划分、结构设计等未能顾及涂装工作的要求，有时还会给涂装工作带来一定的困难,影响生产进度和质量。各专业的舾装件涂装,往往根据老产品,生搬硬套涂装要求,造成差错、返工。开展了涂装生产设计,加强了专业间的协调,使全船的涂装配套方案统一,生产环节衔接合理,提高了生产管理的科学性,减少了不必要的工料浪费。

(4) 有利于新工艺、新技术的推广应用。涂装生产设计将设计、工艺、管理融为一体,加强了各专业工种的协调,有利于分段预舾装、单元舾装、托盘管理、上层建筑整体吊装等新工艺、新技术的推广应用,实现壳、舾、涂一体化现代化造船,也能使涂装作业在整体建造原则工艺及总计划的指导下改进自身工艺技术,降低生产成本。

(5) 有利于全面质量管理的进一步落实。涂装生产设计的开展,使船舶涂装从原材料预处理开始到交船为止的每一个阶段、每一生产环节均获得应有的重视,在造船生产的全过程中船舶涂装的全面质量管理获得进一步落实。

(6) 有利于搞好安全生产。涂装工作中,因涂料、溶剂而起火、爆炸和中毒的事故,在过去时有发生。开展了涂装生产设计后,不仅规定了安全可靠的施工工艺,而且有严格有效的安全措施,使事故的发生率大大降低。

2. 涂装生产设计内容

船舶涂装生产设计可分为船体涂装生产设计和舾装件涂装生产设计两部分,其主要内容有:

(1) 涂装生产设计图纸与技术文件编制计划。

(2) 材料订购清单。

(3) 涂装工具、器具订购清单。

(4) 钢结构件和舾装件除锈与底漆涂装要求及分类清单。

(5) 管系内场除锈与底漆涂装要求。

(6) 箱柜除锈与涂装要求。

(7) 主船体涂装程序表。

(8) 分段除锈涂装图册。

(9) 全船涂装手册。

(10) 除锈涂装验收文件,包括验收标准、验收项目表、验收原则和验收程序等。

(11) 涂装施工注意事项表,包括涂料名称、规定干膜厚度、相应湿膜厚度、单位面积理论涂敷量、比重、闪点、黏度、颜色、干燥时间、涂装间隔、混合比例、喷涂压力、喷嘴型号、稀释剂、稀释量等内容。

此外,还有船舶的特殊涂装,即成品油船和散装化学品船液货舱的涂装、船舶饮水舱和淡水舱的涂装,船舶专用海水压载舱和散货船双舷侧处所的涂装。这些部位涂装的特殊性主要体现在船舶结构设计的特殊要求、表面处理的特殊要求、施工条件的特殊要求,以及对涂料和涂层的特殊要求。我国船舶行业标准《成品油船和化学品船的液货舱涂装工艺技术要求》(CB/T 3367—2013)、国际海事组织(IMO)《所有类型船舶专用海水压载舱和散货船双舷侧处所保护涂层性能标准》(PSPC)对上述特殊要求作出了明确的规定。因此,在对特殊涂装部位的生产设计中应高度重视,严格执行相关的标准。

3. 涂装生产设计系统及工作流程

涂装生产设计系统是在处理涂装标准的基础上,调入船体模型,按照各个不同涂装阶段和要求,进行涂装舱室的划分、自动计算涂装的面积,并根据涂装的面积和涂装工艺信息生成涂装工作图表供现场施工和生产管理使用。涂装生产设计系统具有涂装标准处理、涂装舱室模型的生成、涂装面积的自动计算、图纸生成和统计输出等功能。涂装生产设计的工作流程如图 6-1 所示。

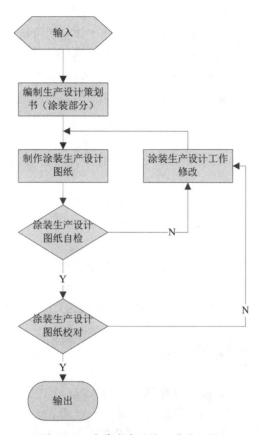

图 6-1　涂装生产设计工作流程图

6.1.2　船舶涂装技术标准及生产设计的基本要求

1. 船舶涂装技术标准

为了提高船舶涂装质量,延长船舶的使用寿命,保证航运安全,国际海事组织、国际船级社协会(IACS),以及各国船级社对船舶涂装和防腐蚀措施都作出了规定,并制订了相关标准。

国际海事组织的《国际海上人命安全公约(SOLAS)》、国际船级社协会的要求和解释,还有各国船级社的船舶建造与入级规范对船舶涂装和防腐蚀都有明确的规定。其主要内容包括:对材料表面处理的要求、油漆以及其他涂料的安全性、船舶涂装和防腐蚀的关系、关于牺牲阳极保护的要求、关于外加电流阴极保护的要求等。

我国船舶涂装和防腐蚀的标准主要包括国家标准、中国船级社标准(CCS)、船舶行业标准三类。国家标准和船舶行业标准主要有以下七个方面:船舶涂料专用技术标准、涂料性能检验方法标准、涂装前表面状态和表面处理的标准、阴极保护标准、热喷涂标准、热浸镀技术标准,以及涂装设备、环境保护和环境要求标准。

2. 涂装生产设计对其他各专业的基本要求

涂装工程与各个专业都有密切关系,因此必须得到其他专业的配合,涂装生产设计对其他各专业都有一定的基本要求。

(1)涂装对船体结构专业的基本要求,主要体现在:

① 分段划分要考虑船厂的除锈、涂装设施和施工作业的可行性。

② 需涂装的结构应避免出现狭缝,以免不利于除锈、涂装作业。

③ 对于人孔少的小舱柜,应增加工艺孔,便于通风,以利作业安全。

④ 对于有必要而人体又难以进入的空间,应考虑缓装板,以便内部涂装。

⑤ 脚手架的架设应有利于涂装作业。

(2)涂装对船舶舾装各专业的基本要求,主要体现在:

① 应提供需要涂装的设备图样,设备底座及制作件的图纸,以及舱室布置、木作、绝缘和敷料布置的图纸。

② 在设备部件图纸资料上应注明除锈、涂装的具体要求。

③ 管系的色标和有特殊颜色要求的设备、部件的涂层配套与颜色要求,应与涂装生产设计规定的要求一致。

④ 合理安排施工阶段,尽可能避免在涂层表面进行焊接、气割作业,也不要在涂装前装上妨碍除锈、涂装工作的舾装件。

⑤ 对于不同金属的直接连接,应考虑电化学腐蚀,必要时应增加绝缘衬垫。

6.2 船体涂装生产设计及数字化

船体涂装有钢材预处理、分段先行涂装和后行区域涂装等制造级,因此,与船体涂装相关的生产设计包括钢材预处理指示、分段先行涂装工作图表的设绘和后行区域涂装工作图表的设绘等内容。有关液货船液货舱的特殊涂装生产设计可参阅相关文献。

6.2.1 钢材预处理指示

1. 预处理指示范围

钢材预处理是对钢材进行矫平、除锈和涂防护漆等作业。对于预处理的钢材在除锈质量达到要求后,必须立即涂装一道车间底漆,以防在储存、加工、装配过程中钢材生锈,并为涂装后道防锈漆保护好钢材的表面。作为船体涂装生产设计,钢材预处理指示的范围主要包括三个方面。

(1)预处理区域指示。一般而言,船上所有钢制件都需要预处理和涂装,但对于一些特殊船型的特殊区域,如油船的货油舱,不需要预处理。因此,在相关图表中要对各区域预处理给予指示。

(2)预处理场所指示。由于船厂预处理设备能力的限制,部分钢材的预处理需要委托外协厂家,因此要对预处理的场所进行指示。

(3)车间底漆的品牌指示。不同的船东或者不同的区域,对车间底漆的品牌有不同的要求,在相关图纸中,对底漆的品牌要予以说明。

2. 预处理指示涉及的图表

预处理指示涉及的图表主要有装配图、钢材订购清单、加工指示表、零件图等。

（1）装配图，主要指示车间底漆的品牌以及各区划预处理的有无，往往以共通性的文字说明方式进行指示。对需要采取特殊的预处理方式和底漆品牌的区域或部位，应在各详细图中指示。

（2）钢材订购清单和加工指示表，主要是针对有无预处理的施工场地及底漆品牌作出指示，往往以代码的方式进行指示。

（3）零件图，仅仅是针对预处理的有无情况以及底漆品牌作出指示，并且同样是通过代码的方式来加以指示。

6.2.2　分段先行涂装工作图表的设绘

预处理后的钢材经过构件加工和结构预装焊制成分段后，钢结构表面不可避免地会产生锌盐、铁锈以及沾染油污和水分等，所以首先，要进行二次除锈；其次，根据分段的不同要求进行底漆喷涂。将分段的二次除锈和底漆喷涂作业等称为分段先行涂装。

对于分段先行涂装，其涂装工作图表应表达分段每个区域的舱室范围及舱室名，并且明确各个舱室所对应的油漆种类、除锈等级、膜厚、稀释剂、复涂间隔、油漆用量等信息。同时为了方便制定分段先行涂装计划，合理安排涂装作业人员，需要对与分段涂装相关的物量，如涂装面积、涂层数、除锈工时、涂装工时，以及涂装方式等进行指示。

1. 分段先行涂装工作图表主要设绘内容

分段先行涂装工作图表是总段后行涂装工作图表和区域涂装工作图表的依据和基础，因此，在做分段先行涂装工作图表时一定要保证准确无误，舱室名称统一。

（1）确定分段所包含的相关区域，并详细列出分段中各相关区域。

（2）按区域计算涂装面积，即通过计算机建立的三维数字化模型可以自动计算面积。

（3）绘制分段涂装示意图，也称为分段涂装工作图，直观地反映分段的大致构造及各区划的位置，有助于让现场作业者更清晰地了解各个作业区域。

（4）确定涂装规格，即根据涂装规格书及生产部门提供的涂料参数，记入涂料品牌、使用涂料名（包括色别）、涂层数、膜厚。

（5）物量计算，包括涂料预定使用罐（桶）数、预定除锈工时以及预定涂装工时。

2. 分段先行涂装工作图表的设绘顺序

其设绘顺序：封面→分段舱室区域划分示意图→舱室油漆配套清单。

（1）分段涂装图册封面，其样式如图 6-2 所示。

① 一般封面要求：图名、图号等基本信息。

② 附属说明：损耗系数，稀释剂用量系数，施工注意事项等。

③ 油漆用量清单：所用油漆、稀释剂种类和用量。

④ 图纸修改履历。

（2）舱室区域划分示意图，其样式如图 6-3 所示。舱室区域划分主要依据《舱容图》《总布置图》《分段划分图》等详细设计图纸。一般利用生产设计软件的涂装设计系统直接提取已经建立的船体分段三维数字化模型，但这样的图形还不能直接用于指导施工，还必须进行必要的修剪和细化，并标出该分段上各部位的名称，最后形成指导涂装现场施工的分段立体图。

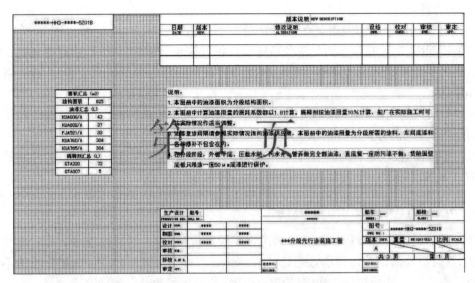

图 6-2　分段先行涂装工作图册封面图

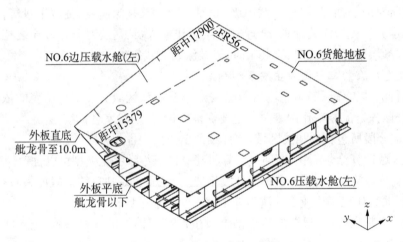

图 6-3　典型区域划分示意图

（3）舱室油漆配套清单，其样式如表 6-1 所示。油漆配套清单主要依据《油漆配套表》和《各阶段消耗系数》，按涂料规格分类，分别对该分段中使用的各类涂料用量进行汇总，并根据涂料的用量计算出稀释剂的使用量。

表 6-1　典型舱室油漆配套清单

施工部位	面积/m²	除锈等级	涂料配套	油漆代码	涂料颜色	干膜厚度/μm	湿膜厚度/μm	固体含量/%	涂布率/m²·L⁻¹	损耗系数	涂料定额/L	稀释剂编号	稀释剂定额/L
外板平底至舱龙骨线,包括应急海底门	138	Sa2.5	环氧底漆	7979	黄绿	125	156	80	6.40	1.70	37	9 192	3.7
			环氧底漆	7979	灰色	125	156	80	6.40	1.70	37	9 192	3.7
			连接漆	7905	黑色	75	134	56	7.47	1.70	31	9 192	3.1

（续表）

施工部位	面积/m²	除锈等级	涂料配套	油漆代码	涂料颜色	干膜厚度/μm	湿膜厚度/μm	固体含量/%	涂布率/m²·L⁻¹	损耗系数	涂料定额/L	稀释剂	稀释剂定额/L
			无锡自抛光防污漆	P354	棕色	80	148	54	6.75	1.60	33	2 106	3.3
			无锡自抛光防污漆	P354	红棕	80	148	54	6.75	1.60	33	2 106	3.3
外板直底（舭龙骨线至吃水10.0 m）	20	Sa2.5	环氧底漆	7979	黄绿	125	156	54	6.40	1.70	5	9 192	0.5
			环氧底漆	7979	灰色	125	156	80	6.40	1.70	5	9 192	0.5
			连接漆	7 905	黑色	75	134	80	7.47	1.70	5	9 192	0.5
			无锡自抛光防污漆	P354	棕色	120	222	56	4.50	1.60	7	2 106	0.7
No.6 底压载舱（左）	983	Sa2.5	环氧底漆	7979	黄绿	160	200	54	5.00	1.70	334	9 192	33.4
			环氧底漆	7979	灰色	160	200	80	5.00	1.70	334	9 192	33.4
No.6 边压载舱（左）	35	Sa2.5	环氧底漆	7979	黄绿	160	200	80	5.00	1.70	12	9 192	1.2
			环氧底漆	7979	灰色	160	200	80	5.00	1.70	12	9 192	1.2
No.6 货舱地板	119	Sa2.5	耐磨环氧底漆	P260	红棕	100	125	80	8.00	1.80	27	9 192	2.7
合计	1 295										911		91.1

6.2.3　后行区域涂装工作图表的设绘

　　在分段涂装全部结束后，整船后续的涂装工作将在现场阶段完成，即后行区域涂装。这一阶段通常可划分为首部区域、货舱区域、机舱区域、尾部区域、上层建筑区域、全船油舱、全船液舱、全船外板区域。应统计各区域完整舱室面积作为区域阶段油漆统喷面积，将舱室面积乘以修补率作为区域阶段修补面积；同时，应明确各个舱室所对应的油漆种类、除锈等级、膜厚、稀释剂、复涂间隔、油漆用量等信息。后行区域涂装一般包括船上涂装和完工涂装这两个阶段。

案例 6-1　某船货舱双层底分段涂装图册

　　1. 船上涂装的工作内容

　　船上涂装的工作内容主要包括：

　　（1）对分段搭载合拢后剩余的涂层进行涂装施工，如船体大接缝处的除锈、清理、补漆和船体外表面各部位内层漆及面漆的喷涂。

　　（2）船体内无后期舾装作业的油舱、水舱等部位的涂装作业。

　　（3）对现场火气施工过的地方和磨损及遭破坏的地方进行补涂施工。

　　2. 完工涂装的工作内容

　　完工涂装的工作内容主要包括：

（1）上层建筑外围壁、甲板、甲板机械等表面的清理和补漆。

（2）主船体外表面各部位的最后一道面漆的喷涂。

3．设绘的主要内容

（1）涂装的一般注意事项，涉及施工状态、施工方法、施工顺序以及施工工具等各个方面。

（2）现场区划及舱室的涂装指示，包括各区域及舱室现场涂装面积、涂装规格、涂装范围、目标罐（桶）数等详细数据，如表 6-2 所示的典型区域涂装施工表。

表 6-2　典型区域涂装施工表

序号	涂装部位	区域面积/m²	二次除锈	油漆名称和牌号	颜色	修补率/%	湿膜/μm	干膜/μm	理论涂布率/m²·L⁻¹	施工系数	复涂间隔20℃ 最短/h	复涂间隔20℃ 最长/天	油漆用量/L	稀释剂	备注
1	全船外板														
1.1	平底（距基线430 mm水线以下船底，比例舭龙骨下表面）	3 740	St3	环氧漆	红	20	174	125	5.76	1.8	4	30	234	08450	50630
				环氧漆	浅橄榄	20	174	125	5.76	1.8	4	30	234	08450	49980
				环氧过渡漆	黄灰	20	109	50	9.20	1.8	6	5	146	08450	25150
				无锡自抛光防污漆	棕	20	129	80	7.75	1.8	8	180	174	08080	60600
				无锡自抛光防污漆	红	20	129	80	7.75	1.8	8	180	174	08080	51110
	总干膜厚 460 μm														
1.2	直底（满载水线以下至430毫米水线之间外板，包括舭龙骨上表面、舵机挂舵臂外表面、海水箱内表面）	4 782	St3	环氧漆	红	20	174	125	5.76	1.8	5	30	299	08450	50630
				环氧漆	浅橄榄	20	174	125	5.76	1.8	5	30	299	08450	49980
				环氧过渡漆	黄灰	20	109	50	9.20	1.8	6	5	187	08450	25150
				无锡自抛光防污漆	棕	20	210	130	4.77	1.8	8	180	361	08080	60600
				无锡自抛光防污漆	红	—	210	130	4.77	1.8	8	180	1 805	08080	51110
	总干膜厚 560 μm														
1.4	干舷（满载水线以上外板，包括锚台、舷墙外侧）	2 338	St3	环氧漆	红	—	208	150	4.80	1.8	4	30	877	08450	50630
				环氧漆	黄	—	141	100	7.10	1.8	10	—	593	08450	22090
				聚氨酯面漆	黑	—	98	50	10.20	1.8	10	—	413	08080	19990
				聚氨酯面漆	黑	—	98	50	10.20	1.8	10	—	413	08080	19990
	总干膜厚 350 μm														

（3）全船舱室布置图，以便清晰地了解各舱室所在的位置及其名称。通过绘制舱室立

体图、标注舱室名称、添加交通及换气指示，便于涂装作业管理。

6.3　船舶舾装件涂装生产设计及数字化

船舶舾装件的种类很多，其涂装的规格和方式各不相同。因此，首先应根据舾装件面积估算油漆总量，并根据舾装件所处舱室区分油漆，其次，根据舾装件所处的不同环境的要求进行涂装处理。

6.3.1　船舶舾装件的涂装分类及作业要点

1. 按舾装件的来源分类

（1）外协/外购舾装件的涂装要点。应在外协/外购前向制造厂提供表面处理和涂装的技术要求，对涂料品种、膜厚、颜色等应作出认真仔细的规定，必要时可派专员前往检查验收。设备或某些特殊舾装件到厂安装时应注意涂层的保护。

这里要说明的是，对外协加工的舾装件，其涂装的完工状态需要考虑安装场所的完工要求。在与船体结构焊接部位，需要预留必要的焊接空间，并只做底漆处理。

（2）自制舾装件的涂装要点，主要体现在：

① 大型钢质舾装件涂装，往往采用经过预处理并涂有车间底漆的钢材制成，其涂装往往与船体结构涂装相似，经过二次除锈后逐层涂装。

② 小型舾装件涂装，往往采用打磨除锈或酸洗除锈后直接涂上防锈底漆或经过镀锌处理。应根据各类铁舾件不同的板厚、结构与外形尺寸和要求选用不同的除锈方式。

2. 按舾装件安装阶段分类

在分段状态以及之前的舾装件涂装可称为先行涂装，而在搭载后所做的舾装件涂装，可称为后行涂装，以及舾装件最终的完工涂装。

1）舾装件上船安装前涂装要点

（1）绝大多数的钢质舾装件，其除锈与涂装工作是在安装之前独立进行的，上船安装前多数涂上底漆，面漆待上船安装后再涂装。这是由于在安装过程中难免因焊接或机械原因损伤涂层，且面漆与周围船体结构同时涂装会有较好的外观效果。

（2）舾装件上船安装前所涂底漆原则上应与其所安装部位的底漆相同。如上船安装前已涂好底漆则所涂面漆除涂装说明书有特殊规定外，一般应和周围的面漆相同。

（3）箱柜包括各种油柜与水柜，其中又有镀锌柜与非镀锌之分。各种箱柜由于存放液体不同，对涂层的要求也各不相同。对于水柜，一般应按要求完成内部所有涂层后上船安装，油柜的内部通常情况下不作涂装，但各种水柜和油柜的外表面都须经表面处理且涂装防锈底漆后方可上船安装。

2）舾装件上船安装后涂装要点

舾装件上船安装后，应注意其表面的保护，若发生局部涂层破坏时，应选用同类型的涂料及时做好逐层修补。最终与周围部件一起涂装面漆时，应注意保护好不该涂漆的部位（如机械活动面、铭牌等）。

这里需要说明的几点原则，一是对于后续涂装困难或涂膜质量管理要求较高的部位，其舾装件需先行涂装；二是为了避免舾装件涂装和船体涂装之间相互干扰，必须考虑部分舾装件完工油漆的涂装状态并做好必要的油漆表面保护。

6.3.2 船舶舾装件涂装生产信息的指示

舾装件的涂装流程和要求基本同船体结构的涂装,都需要分阶段地进行材料表面处理和后续油漆的涂装。因此,必须结合船舶建造计划,按各阶段、各区域的舾装状态编制相应的涂装计划,给出对应的舾装件涂装生产信息指示,进行舾装件上船安装前的涂装和舾装件上船安装后的涂装以及最后的完工涂装。

船舶舾装件的涂装规格系根据船东的要求,结合船厂的实际生产条件,由设计人员进行专业协调决定的,并在规格书上做出了明确的说明,以此作为涂装生产设计和施工的基本依据。因此,设计人员应根据规格书的要求,对不同材质、不同种类的舾装件,制定不同的涂装方案,编制详细的舾装件涂装生产信息指示,作为指导现场施工的依据。这里特别需要指出的是,舾装件因其所在区域的不同往往会引起其涂装规格的不同,要注意区分是否是暴露区域,还是属于室内区域,以及所处环境。

目前,舾装件涂装生产信息指示主要采用编码和工作图表的形式。编码可清晰地反映出舾装件涂装工艺流程和涂装处理方式等信息;工作图表可清晰地反映出舾装件涂装区域的涂装场所以及对应的涂装工艺要求等信息。

1. 舾装件涂装指示信息的编码

由于舾装件的种类、数量繁多,其对应的涂装规格也多,与此相关的涂装生产信息量也非常广泛。如此多的涂装信息如何有效地传递就很重要。

目前,舾装件涂装生产设计与现场施工之间的信息传递通常采用编码的方法来实现,即按具体的涂装规格进行分类编码,将原来复杂冗长的信息指示编码化,使现场施工人员看到编码,即可获得该涂装工程的做法和要求,从而简化信息传递的途径,降低信息的出错率,使生产信息指示得以顺利传递和展开。

由于舾装件材质的不同和安装场所的不同,其涂装处理有不同的要求,涂装规格书中对各类舾装件的涂装要求已做了明确的指示。舾装件的涂装处理一般分为二次。第一次涂装处理是在舾装件制作前,去除原材料表面诸如氧化皮、铁锈、污物等,并涂上保养底漆。第二次涂装处理则是在舾装件制作完成后进行船上安装,对产生的铁锈和其他污物等进行去除并涂漆,最后同船舶一起进行完工涂装。因此,在涂装信息指示中,所设定的编码,其含义通常应包含诸如喷砂、酸洗、动力工具、电镀、保养底漆、油漆等涂装处理方式。目前,国内各大船企所采用的编码均由字母、数字组成,但其位数和含义有所不同。

2. 舾装件涂装信息在工作图表上的体现

舾装件的涂装客观上可分成厂外涂装、内场涂装和外场涂装。

(1) 厂外涂装指的是舾装件在外协厂家进行的涂装。其涂装指示主要是通过外协加工图表体现,且必须是分阶段、分种类做出的详细指示,包括相关舾装件的表面处理方式和等级要求,以及所涂油漆的规格、层数和膜厚。

一是对涂装要求较高的部分舾装件,是需要船厂自己涂装的,则要求外协厂家做简单的表面处理和适当的保护即可。

二是对船厂不再进行涂装的舾装件则需要外协厂家做完工漆。为此,在外协加工图表的涂装要求中必须明确提出表面处理和涂装的技术要求,对涂料品种、膜厚、颜色等做出详细的规定,舾装件出厂时要检查验收,并做好涂层保护。

（2）内场涂装指的是舾装件在船厂车间内的涂装。其涂装指示一般是对自制加工舾装件的涂装,以及外协加工舾装件的二次涂装,其涂装信息必须通过舾装件加工图表中的标注来实现。

（3）外场涂装指的是舾装件在船厂车间外的涂装。其涂装指示一般是对舾装件做最后的完工涂装,以及对部分损伤部位涂层进行修补,其涂装信息需在相应的工作图表中体现,且必须是分种类做出的详细指示,包括相关舾装件的表面处理方式和等级要求,以及所涂油漆的规格、层数和膜厚。

第7章

造船生产设计的数字化发展及实施路径

造船生产设计的发展趋势是数字化生产设计,为实现造船数字化生产设计,当前必须在以下两个方面有所突破。一是建立基于单一数据源的数字化设计模式,即以模型数据为核心要素,将船舶各类数据以通用的方式进行存储,形成统一数据源,通过 CAE/CAD/CAM/PDM 系统的数据融合,优化造船数据的组织、管理和情境化,以实现更高水平的数字化。二是建立基于智能制造的生产设计模式,即面向智能生产装备的设计,实现 3D 模型到现场、设计输出信息数字化/指令化。

7.1 船舶设计模式的演进

7.1.1 船舶设计的主要特点及现状

船舶是一种集高新技术于一身并包含大量机电设备的大型结构物产品,其生产不仅包括成千上万的零部件加工、分段的逐步装配,还包括船台(坞)合拢以及各种管系、机械设备、电力设施等的安装调试,直到最后经试航检验合格后交付船东。受合同交船期的限定,造船企业在接获订单后,必须于最短时间内完成设计,并需要通过船东的认可及船级社等船检部门的审查,方可进行生产建造。

船舶的设计制造是一项复杂的系统工程,主要表现在客户需求复杂、设计过程复杂、产品组成复杂、生产技术复杂、制造流程复杂、项目管理复杂等方面,其中设计在这个复杂系统工程中占有重要地位,不仅指导着生产,更影响着船舶企业的运营。

1. 船舶设计的主要特点

一是多方参与的协同设计。从技术角度出发,船舶设计方在设计时需要同船舶生产方、船东和船级社等进行大量的技术交流与协调工作。从管理角度出发,船舶设计方又需要与船东、船级社、物资供应商及船舶建造方共同合作。

二是分阶段、渐进式设计。船舶设计按照内容与技术的深入程度划分为多个设计阶段,各阶段都是相互关联的,整个设计过程是一个逐渐细化与完善的过程。

三是多专业的协同设计。船舶设计内容跨越众多专业,各专业必须在设计过程中大量频繁地交流技术并协调矛盾。

2. 造船生产设计的信息分类及流程

生产设计是船舶建造的基础,设计方根据生产方的计划、资源等进行设计,生产方生产和管理的依据是设计输出的信息数据。

生产设计信息,按作业阶段分类主要包括生产设计策划与前期准备的工作信息、船舶产品各个制造级的制造信息(包含舾装件制造信息)、中间产品安装信息、船舶产品试验信息。按照信息功能分类主要包括生产作业信息、辅助作业信息、管理信息,以及诸如舾装综合规划等指导生产设计的信息。

生产设计是个"加工器",输入进行生产设计所需的各种信息,经过设计人员创造性思维,也就是说经过创造性劳动,产生新的劳动成果——生成适合于船厂生产、能满足各方面需要的生产设计信息,其输入与输出如图 7-1 所示。

图 7-1　生产设计的输入与输出图

1) 输入信息及分类

生产设计输入信息主要是船舶详细设计信息、船厂资源信息和其他相关信息。按来源可分为外部输入信息和内部输入信息,如图 7-2 所示。外部输入信息是指信息来源于船厂外部并受船厂外的单位所控制的信息。内部输入信息是指信息的来源和控制是船厂内部。输入信息相当广泛,下面只是其主要部分,并非全部,而且相当部分的输入信息可以转化为生产设计人员的知识、经验,成为隐性的输入信息,因此,生产设计人员的素质就会影响生产设计的质量。

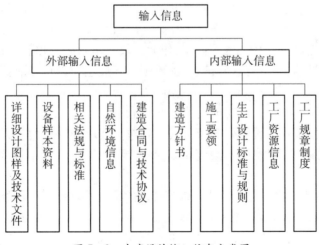

图 7-2　生产设计输入信息分类图

(1) 外部输入信息。

外部输入信息主要包括船舶详细设计的信息、设备样本资料、相关法规/标准、建造合同及技术协议,以及自然环境信息等。

① 船舶详细设计的信息,是生产设计输入信息的主体,这是"造什么样的船"的基本要素,也是生产设计的基本要素,生产设计只能对详细设计信息进行"重新组合",却不能改变这些信息。但是,根据"重新组合"的合理需要,可以向详细设计单位提出修改建议,由详细

设计单位进行修改。如果只有详细设计信息,而不与其他相关信息相结合,实现"重新组合",就不能构成生产设计的特征。

② 设备样本资料,保护技术协议、认可图等。这是进行生产设计的重要技术信息,是确定与设备连接构件的形式和几何尺寸的依据。

③ 相关法规、标准,是生产设计时必须遵循的技术规则,如法定验船部门的船舶入级规范、入籍国的造船要求、船舶航行区域的有关规则等。

④ 建造合同及技术协议,这是生产设计与船东的结合点。在生产设计中会涉及船东的要求和权利,规定提交船东的文件应及时提交,涉及船东权利的修改应与船东协商,对船东递交的意见必须及时反馈等。

⑤ 自然环境信息,这是生产设计与自然状况的结合点,如相关地区气象、海况、水位、潮汐、航道状况、船舶经过的桥梁净空高度等信息。如果不能全面地考虑这些因素,可能给船舶建造带来困难,甚至灾难性的事故。

(2) 内部输入信息。

内部输入信息主要包括建造方针书、施工要领、船厂资源信息、生产设计标准与规则,以及船厂规章制度等。

① 建造方针书,是指导生产设计、工程管理的纲领性文件,体现设计、生产、管理的结合点。该文件规定了建造方法、对生产设计的特定要求、主要作业场地安排,以及各项进度计划等内容。

② 施工要领,是建造方针在各生产设计专业的体现,将建造方针提出的各项内容要求,落实在各生产设计专业、施工、管理中。其信息内容包含作业的阶段、各阶段作业程序、方式、日程、特殊施工的注意要点和技术要求等。

③ 船厂资源信息,包含船厂设备(如切割设备、加工设备、装焊设备、喷砂涂装设备、运输吊运设备等)、场地、生产组织、管理体制、作业人员技术状态等信息。这是生产设计与船厂实际相结合的主要信息,没有这些信息,就不可能开展生产设计,或者不是与船厂实际相结合的生产设计。

④ 生产设计标准与规则,其功能是指导生产设计,统一生产设计准则;减少设计工作量、提高设计质量、规范生产设计管理等。其内容包含技术和管理两个方面,各船厂大都建立了生产设计标准体系,随着生产设计的深入开展,生产设计标准体系也将随之丰富与完善。

⑤ 船厂规章制度。这是生产设计与各项管理的结合点,例如,生产管理规定、物资管理规定、信息管理规定、质保体系、安全生产体系、环境保护规定等。如果不能很好地遵守和贯彻这些标准和规定就会造成管理混乱、影响造船工程正常进行,甚至停工或者引发事故。

2) 输出信息及分类

生产设计输出信息以及主要功能可分为直接用于生产作业的信息、辅助生产作业的信息、非生产作业的信息,如图 7-3 所示。但信息是相通的、相互关联的,如生产作业信息(其载体为施工图表和技术文件)主要用于指示产品的生产作业,也用于管理,如质量管理、计划管理、技术管理等。同样,非生产作业信息并非都与生产作业无关,如质量管理、计划管理都与生产作业密切相关,这只能说明某种类别的信息主要满足某个方面工作对信息的需要,也兼顾其他方面工作的需要,如何"兼顾",需要统筹考虑。

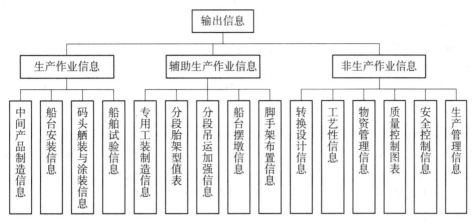

图 7-3　生产设计输出信息分类图

（1）生产作业类信息。

生产作业类信息是指示现场生产作业的唯一依据,其载体以图样为主,也有电子文件,如船体零件套料切割程序,并辅以三维数字化模型。生产作业信息有其共同的内容,如作业内容(对象)、作业单位、作业地点、作业阶段、作业要求、材质、物量等。但是,不同作业阶段的信息内容是不同的,甚至表达的方式也不同。输出信息的内容分类如下:

① 中间产品制造信息,其载体为中间产品的施工图表,并辅以三维数字化模型。

a. 零部件制造中的信息,一般应包括:零部件的几何形状、各部位尺寸、加工精度、技术要求、材质、重量、涂装要求、质量验证方法、制造特性、零部件代码、分类码等。

b. 装配类中间产品制造中的信息,一般应包括:中间产品外形、装配尺寸、装配件代码、装配精度、装配物量、作业程序和方法、技术要求、作业特性、涂装要求、总重量、质量验证方法、中间产品分类码、中间产品代码等。

c. 中间产品涂装的信息,一般应包括:涂料牌号、用量、涂装程序、涂装面积、技术要求、除锈方法、作业区域、作业时机等。不同中间产品可以分类制订涂装作业信息,如船体零件一般采用钢材预处理,这些信息以图表或文件的形式表达;分段的除锈涂装图表;舾装件是作为一个类别,专门制订舾装件除锈涂装明细表,以及管子涂装规定等。

② 船台(坞)作业信息。船台(坞)作业既是作业阶段又是作业地点,包括船台(坞)安装和船台(坞)涂装。船台(坞)安装信息是指示船体、舾装作业的依据,船台(坞)涂装信息是指示船台(坞)涂装作业的依据,这些信息通常以施工图表和技术文件形式表达,并辅以三维数字化模型。

a. 船台(坞)安装信息,一般应包含:安装区域、作业内容、作业程序、作业要求、物量、安装坐标、安装时机、质量验证方法等。

b. 船台(坞)涂装信息,一般应包含:涂装区域、除锈方法、涂装程序、涂料牌号、用量、涂装面积、技术要求、作业时机、质量验证方法等。

③ 试验阶段信息,主要包括码头试验和航行试验两个部分,通常还有少量的舾装和涂装作业。

a. 码头舾装信息。码头舾装作业一般是易损坏、易丢失、易消耗物件的安装,主要是作业内容、作业区域、作业时机、物量、作业要求、质量验证方法等。这些信息一般都以施工图表的形式表达。

b. 码头涂装信息,主要为作业内容、作业区域、作业程序、作业要求、作业时机、物量、质量验证方法等。这些信息一般都以施工图表和技术文件的形式表达。

c. 试验信息,一般应包含试验内容、试验程序、试验要求、试验时机、试验条件等。这些信息一般以图表(如原理图、系统图)和文件(或试验大纲)表达。

(2) 辅助生产作业信息。

主要用于表述辅助生产作业(如胎架、吊环、脚手架、支撑底座、施工通道等)和管理所需的信息,一般以施工图表和技术文件为载体,其输出信息的内容说明如下:

① 需要制作类的作业信息。按照制造对象复杂程度决定信息量,一般有零件图、部件图、总图,其包含的信息可参照中间产品制造信息,并辅以三维数字化模型。

② 生产辅助设施信息,一般以布置图的形式,主要表示布置物的坐标和物量。

(3) 非生产作业信息。

非生产作业信息主要有策划信息、工艺性信息、管理信息等,分类说明其输出信息的内容。

① 策划信息,是为生产设计绘制施工图表和各种管理图表提供基础信息,如区域的划分(含分段)、区域内各种舾装件的布置、单元的设置,各专业设计部门向区域主管设计部门提出预舾装、开孔要求、托盘的划分等,这些信息通过三维数字化模型和图样进行表达。其信息的主要内容为各区域界面信息、区域内舾装件的数量和准确的几何坐标。

② 工艺性信息。这里所指的是为了体现工艺性信息而设计的图样或技术文件,其中大部分为作业指导书(也称施工工艺或作业程序),而不是指包含在生产作业图样上工艺信息。这些信息以图表或文件的形式表达,主要包含工艺信息和技术要求。

③ 管理信息,其表达的方式有两种:一种是生产设计部门为管理目的设计的管理信息文件,另一种是包含在生产或辅助生产作业信息文件中。

a. 物资管理信息,通常以表格文件的形式表达。其信息内容主要是物资名称、规格、型号、数量、所属系统、纳期等。

b. 生产管理信息,以专门的表格文件形式表达,为生产管理部门提供生产作业全部内容。也可以按照生产管理部门的要求,在适当的图样或技术文件中体现生产管理所需的信息,例如管理物量、中间产品分类、作业类别、作业阶段、作业区域等信息。

c. 质量控制的信息,以图表或文件的形式表达。其主要内容有控制对象、控制内容、控制记录等。

d. 安全生产控制的信息,通常以图表的形式表达。信息内容为:产品的安全生产重点控制部位,控制内容、安全生产措施等。

3) 生产设计的信息流程

现代造船的船舶设计体系的显著特点是设计、生产、管理一体化和"壳、舾、涂"一体化,这种理念着重体现在生产设计,也融合在船舶设计的全过程。所以,现代造船的船舶设计体系不仅包含功能性设计,而且包括怎么造船和怎样合理组织造船生产的策划。生产设计主要解决"怎么造船"和体现怎样合理组织造船生产,前期为策划,编制建造方针、施工要领、设计要领,确定分段划分、区域划分和舾装综合规划等,后期为工作图表设计阶段。以中间产品为导向的生产设计内容是建造船舶所需的全部信息。

生产设计的前期准备工作通常在送审之前就开始,目的是更好地了解产品的功能并较多反映生产、工艺的要求,因此,生产设计与详细设计结合交叉时间较长。生产设计部门在接到经审查认可后的详细设计图纸,便可开始生产设计。在生产设计过程中,由于布置、工艺要求和单元设置等原因与详细设计单位磋商是经常发生的,生产设计部门应与详细设计单位、船东保持经常密切的联系和良好的协作关系,这是保证生产设计顺利进行的重要保证。

在后期的生产设计中,设计人员将详细设计信息、建造方针、施工要领、生产资源信息,以及生产设计编码、生产设计标准等基本资料,经过综合考虑,创造性工作,按照船厂生产组织的要求,将整船的建造过程分解成各个制造级的中间产品并绘制成(输出)工作图表。

生产设计过程是设计信息的输入、加工、输出过程,构成了设计的纵向系统,要求输入的信息要正确、完整。生产设计过程又是每个专业设计者相互协作和相互融合的过程,船体是机、管、电、涂设计的基础,舾装、涂装设计要以船体结构为背景。船体、舾装、涂装构成了设计的横向系统,机、管、电设计要相互衔接,布置上要相互协调,避免干涉。在生产设计过程中,设计的纵向系统和横向系统是相互交错的。

生产设计最终是为生产和管理服务的,因此,在生产设计过程中,生产设计部门与生产部门和管理部门应保持密切的联系,同时,也是提高生产设计质量的需要。

3. 当前船舶设计模式及存在的问题

现代造船设计是一项复杂的系统工程,船舶各设计阶段的设计分散在不同的软件平台上进行。虽然船舶设计也正在从传统的二维设计转向三维设计,但目前国内大部分造船企业的生产设计仍然是通过详细设计提供的各类二维图和技术资料进行三维建模。

当前船舶研发设计主要是用 AutoCAD 软件绘制二维图、用 NAPA 或 CATIA 等软件建立三维模型进行总体性能计算等,用 CAE 软件进行诸如结构有限元等性能分析。生产设计则是以送审的二维图纸为基础,用 TRIBON、AM 或 SPD 等软件构建三维船舶产品模型,在三维环境下开展模型协调与评审工作,当出现设计变更时,还需要将结果反馈给详细设计方进行二维设计图纸的更新。三维模型完成后还需转换设计成用于生产的二维施工图纸。这种设计模式主要存在以下缺点:

1) 船舶设计软件功能的异构问题

由于各设计阶段的设计内容不同,需采用不同的软件,而这些软件由于系统异构、兼容性差的原因,系统间无法实现数据的全过程转换,导致各设计阶段信息(数据)传递和复用性差。由于数据源不统一,系统集成也比较困难,造成船舶设计方之间以及设计方与协作方之间无法有效地实现数据共享,更不能有效地实现船舶不同设计阶段之间、船舶设计方与协作方之间并行和协同的船舶一体化三维设计。

2) 设计各阶段数据无法及时共享且传递效率低

在初步设计和详细设计阶段中,除部分计算需要创建三维模型外,主要以二维设计为主,专业协调也是在二维图纸上进行,而生产设计是通过三维模型综合规划、放样以及模型协调评审后输出二维生产管理和施工作业图表,这之间,不同设计阶段的数据传递、不同协作方之间的数据传递主要采用二维图表方式。由于二维图纸和三维模型之间缺乏直接联系,当二维送审图纸发生变更时,其变更信息无法及时体现在三维模型上,需要通过手工调整进行三维模型的变更。因此,二维图纸和三维模型的变更信息无法及时共享,由于传递效率低,变更也无法同步。

3) 船舶设计数据管理中存在的问题

一是数据管理以二维图文档管理为主,三维模型管理处于起步阶段,单个三维零件的数据管理还未实现。设计中大量应用的船舶设计和设计管理软件,其使用相互独立,导致形成了信息孤岛。由于缺乏一体化、集成化的设计平台,因此,设计方、生产方、供应商、船东、船级社等不同协作方之间以及不同设计方之间没有形成统一的设计和制造数据传递标准,工作并行和协同程度低,且存在着大量的重复劳动。

二是数据管理方式落后。尽管目前船舶设计已经实现了电子化,但设计图纸和相关的技术资料大部分仍采用纸媒体手工管理,管理成本高、效率低,其直接的后果就是无法实现资源共享。同时,很难实现设计图纸的版本电子化管理,阻碍了造船管理信息化、数字化进程。

此外,各阶段设计输入均为上阶段设计输出的图纸和文件,设计信息需要重新录入,没有形成单一数据源的设计,这也增加了错误发生的概率。

7.1.2 船舶数字化设计模式的推行

综上,根据船舶设计的特点、船舶设计数据传递特点以及当前船舶设计制造的现状,就决定了在船舶设计中首要解决的问题是应能有效地进行数据传递和互通,以便提高设计效能,以满足船舶数字化设计制造的要求。所谓船舶数字化设计制造,就是以产品数字化定义为基础,通过并行工程的实施把所有的数据综合、协调、集成起来,其实质是一个产品数字化建模、数据传递、拓延和加工处理的过程,最终的船舶产品是数据的物质表现。因此,应大力推行船舶数字化设计模式。当前主要应在以下两个方面展开。

一是建立基于单一数据源的数字化设计模式,这是船舶数字化设计转型升级的必然选择。就是以3D模型为主、2D图纸为辅,船舶各专业使用统一的三维设计软件平台生成统一模型,作为整个设计周期的单一数据源,以实现模型数据的共用与复用。

在初期阶段,也可以考虑先建立基于统一数据源的数字化设计模式。即以模型数据为核心要素,将船舶各类数据以通用的方式进行存储,形成异构平台统一数据源,从而服务于不同软件平台。既充分发挥了不同软件工具的优势,联合形成的多软件设计平台,也保证了异构软件平台的灵活性,能有效减少重复建模、重复数据录入的人力成本。

二是建立基于智能制造的生产设计模式。随着物联网、大数据、云计算、区块链、人工智能等新一代信息技术的发展,少数船舶企业尝试将虚拟现实、增强现实、三维扫描、计算机视觉工业检测和数字孪生等各种新技术用于船舶制造过程中。主流的设计方式和设计输出已不适用船厂自动化和智能化的生产装备。为适应船舶数字化设计制造转型升级,在基于单一数据源的数字化设计的基础上,还要求数字化设计方法必须基于智能制造进行改进。

7.2 建立基于单一数据源的数字化设计模式

7.2.1 基于单一数据源的数字化设计基础

基于单一数据源的数字化设计基础是实现二维和三维集成设计,最终目标是在三维模型上动态展示加工和装配工艺信息,施工工人通过现场可视化技术浏览施工工艺过程动画、工艺内容和三维模型等。利用计算机,在同一设计平台上实现对几何形态的模拟、属性信息的展现和工艺流程的动态展示,实现从初步设计到生产设计的并行协同,设计平台与自动化和智能化生产装备无缝连接,最终实现无图纸、无纸质工作指令的三维数字化集成制造。把设计院、设计公司、船级社、船东、供应商、制造企业所需的船舶模型及数据统一起来,实现跨协作方的设计信息共享及不同协同方之间的协同设计和制造。一方面能够更好地实现设备、管系、风管、电缆通道等综合布置与平衡,可以在协同设计过程中直接发现设计中存在的问题和错误,以便提高设计精度、减少设计差错,使船舶设计由劳动密集型向知识密集型转化;另一方面通过将制造企业的信息化管理系统和生产装备与设计平台无缝对接,在设计过程中动态模拟验证工艺的合理性,避免因工艺不合理而引起的返工。

由于不同设计阶段尚未完全实现数据的信息化、集成化处理,这就导致设计上无法在空间上和时间上始终保持一致,因此,如何建立上下游数据关联,实现 2D 与 3D 之间的数据传递和互通,就成为需要迫切解决的重要问题之一。

1. 建立单一产品数据源

所谓单一产品数据源(single source of product data, SSPD),是指将原来物理上分布于多个数据库中的产品数据,经过精心组织,形成一个逻辑上单一的数据库。同时在分布于不同数据库中的产品数据之间建立严格的约束,以便保证产品数据是一致的、最新的、完整的、无冗余的和可靠的。

所要建立的单一产品数据源是整个船舶数字化设计制造的数据源,是底层的数据核心,是所有相关产品数据共同的访问源。通过 CAE/CAD/CAM/PDM 系统的数据融合,可以优化造船数据的组织、管理并实现情境化,以实现更高水平的数字化。

2. 实施产品全生命周期数据管理

所谓产品全生命周期数据管理,是指以产品分解结构、作业分解结构、成本分解结构等为抓手进行管理。例如,初步设计和详细设计根据功能用途等进行产品分解,主要是系统分解结构;生产设计按照区域、类型、阶段等进行产品分解,主要有分段分解结构、区域分解结构、搭载分解结构、系统分解结构等。各分解结构相互关联,贯通设计、生产、管理、物资、资源、成本、售后服务等各方面。这里体现了产品数据管理和产品生命周期管理(product life cycle management, PLM)的管理技术和管理思想。

PDM 是一门用来管理所有与产品相关信息(包括零件信息、配置、文档、CAD 文件、结构、权限信息等)和所有与产品相关过程(包括过程定义和管理)的技术。通过实施 PDM,可以提高生产效率,有利于对产品的全生命周期进行管理,加强对文档、图纸、数据的高效利用,使工作流程规范化。狭义的 PDM 仅管理与工程设计相关的信息;广义的 PDM 技术则远超过设计和工程部门的范畴,渗透到生产和经营管理部门,覆盖市场需求分析、设计、制造、销售、服务与维护等过程,涵盖产品全生命周期,成为产品开发过程中各种信息的集成者。

所谓 PLM,是指从人们对产品的需求开始,到产品淘汰报废的全部生命历程的管理。包括需求分析、设计、采购、生产、销售、售后服务直至报废在内的产品全生命周期数据,实现产品全生命周期中各阶段的数据、过程、资源、工具等信息的有机联系和同步共享。PLM 是一种先进的数字化、信息化管理思想。

通过 PDM 和 PLM 两种管理技术和管理思想的结合,可作为基于单一数据源的数字化设计平台的应用系统集成层,这是连接数据核心层和系统封装层的桥梁,其直接与单一产品数据源中的主控数据库打交道,通过对平台封装的工具软件和管理软件数据操作的管理,实现对单一产品数据源中数据的维护,以保证数据的一致性和最新性等。

7.2.2 基于单一数据源的数字化设计平台的架构

1. 核心数据库及相互关联关系

基于单一数据源的数字化设计平台的核心数据库,既包括二维/三维模型数据库、二维/三维图纸数据库、各种 BOM 数据库、工艺规划/工艺仿真数据库、意见数据库等相关设计数据库,也包括设计制造计划数据库、质量管理数据库、生产资源数据库、成本管理数据库、物资管理数据库等生产和管理相关的数据库,也包括消息数据库、邮件数据库等协作方内部及不同协作方之间沟通交流过程记录信息数据库,还包括平台上运行历史项目的数据仓库。这些数据相互关联、紧密联系,例如,船东和船级社审图的意见数据关联着相关的图纸和模型数据;船东和船级社现场监造的意见数据关联着相关的质量数据;设计方设计的工艺数据既关联着场地、施工人员、生产装备等资源数据,也关联着物资数据,还会关联成本数据等,其中设计方设计的 BOM 数据与生产方的物资数据关联最为紧密。下面对相关设计数据库及相互关联关系进行简要介绍。

1) 模型数据库及相互关联关系

模型数据包括二维模型和三维模型,二维模型和三维模型是相互关联的,例如,基于二维原理驱动的三维模型,经过相应流程和确认后,若二维原理图模型修改,则三维模型会相应变化;若三维模型修改,二维原理图也会相应更新。

(1) 模型数据库是纵横交错的矩阵结构。纵向上贯穿包括船舶产品需求分析、各阶段设计、采购、生产、售后服务至报废在内的船舶产品全生命周期所有二维/三维模型数据。横向上关联各协作方协作的相关其他数据库,其相互关联关系如图 7-4 所示。

(2) 模型贯穿产品全生命周期。基于模型定义的数字化设计制造,其模型贯穿产品全生命周期。纵向上,贯穿初步设计的型表面模型、舱室模型及主要设备布置模型、性能计算模型等,详细设计的强度计算模型、系统原理模型、设备综合布置模型等,生产设计的工艺规划模型、工艺仿真模型、含 100% 信息/工艺/物资的模型等,以及生产和运维等阶段的数字孪生模型、虚拟空间模型、虚拟产品模型等。模型生成图纸或者基于二维原理驱动的三维模型,其图纸和模型都是相对应的。横向上,一是模型关联不同阶段的图纸数据,且模型或图纸需要送船东、船级社认可。二是模型数据也关联着不同阶段的船东意见、船级社意见、生产方相关意见、生产和运维信息反馈等意见数据和反馈数据。为满足船东个性化的使用和维护要求,船东会参与模型综合布置评审;为满足设计的可制造性,生产方会参与模型的工艺评审,相应也会产生认可意见、评审意见等;根据数字孪生技术,生产和运维过程中产生的物理数据等会传递给虚拟空间的虚拟产品模型中。三是模型数据也关联不同阶段不同类型的 BOM 数据。BOM 是生产制造中最重要的基础数据,不同阶段不同类型的 BOM 数据来源于不同阶段不同类型的模型。四是模型数据还关联着不同生产工位、不同生产阶段的工艺数据。生产工艺是施工人员和生产管理人员应遵守的技术规程,生产工艺是基于模型的

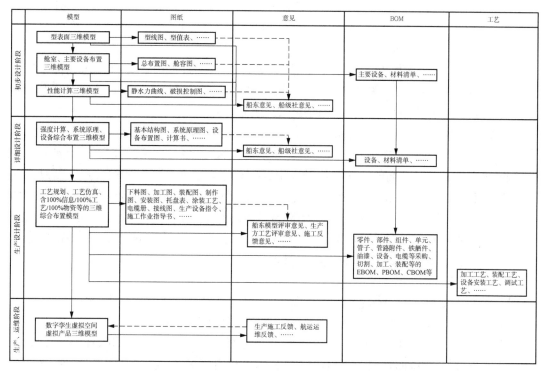

图 7-4　模型数据关联示意图

工艺规划和工艺仿真结果，生产工艺源于模型，尤其是三维可视化动画工艺更是基于模型的。

　　2）图纸数据库及相互关联关系

　　（1）图纸数据和模型数据的关联关系。图纸是设计意图有效传递的载体，图纸包括二维图纸和三维图纸，二维图纸是根据三维模型生成的，三维图纸是基于三维模型可视化展现的。因此，图纸数据和模型数据的关联非常紧密。

　　（2）图纸数据和工艺数据的关联关系。图纸也是施工工艺表达的载体，施工图纸中往往包含相关的施工工艺信息，工艺数据库中往往储存指向相关图纸数据的链接信息。因此，图纸数据和工艺数据往往是多对一或一对多的关系。

　　（3）图纸数据和意见数据的关联关系。当图纸送船东、船级社审核时，会产生船东、船级社认可意见；当图纸用于施工作业时，施工作业过程中会有施工意见或船东、船级社现场监造意见反馈。因此，图纸数据和意见数据是关联设计方和其他协作方的纽带。

　　（4）图纸数据和 BOM 数据的关联关系。船舶制造过程中需要消耗大量的生产物资，这些生产物资通常通过各种 BOM 体现，很多复杂的物资尤其是上一道工序生产的中间产品作为下一道生产工序的输入物资，需要借助图纸才能表达清晰，而有些施工图纸需要结合 BOM 进行表达。因此，图纸数据和 BOM 数据也是相互关联。

　　3）工艺数据库及相互关联关系

　　主要体现在以下两个方面：

　　（1）生产工艺与生产方的生产资源配置紧密相关，有些工艺还需要船东认可，认可中会产生相应的认可意见。工艺是施工作业的指导,往往需要借助模型、图纸、BOM 进行表达。因此,工艺数据和模型数据、图纸数据、BOM 数据、意见数据以及资源数据都相互关联。

(2) 工艺制定过程中,生产方会对工艺进行评审,施工过程中还会对工艺进行施工反馈,相应产生评审意见和施工反馈意见等。此外,在施工过程中,船东和船级社现场监造也会有相关监造意见。因此,工艺数据和意见数据也是相互关联的。

4) 意见数据库及相互关联关系

在设计过程中,船东、船级社需要对设计图纸进行认可,会有相关认可意见,有涉及模型方面的,也有涉及图纸方面的。在生产过程中,船东、船级社派现场监造组驻厂进行现场生产监造,会有相关监造意见,有涉及工艺方面的,也有涉及 BOM 方面的,也有间接涉及模型和图纸方面的。此外,船东、船级社对船舶监造过程的质量检验中还涉及物资供应商的物资入库检验等,各种意见贯穿设计制造全过程。因此,意见数据和模型数据、图纸数据、工艺数据、BOM 数据、质量数据、物资数据关联且紧密。

5) BOM 数据库及相互关联关系

BOM 数据如图 7-5 所示,包含设计 EBOM、工艺 PBOM、制造 MBOM 等。

(1) 设计 EBOM,主要包含产品组成、层次结构、材料明细等。

(2) 工艺 PBOM 相当于面向施工作业任务包的 BOM。工艺 PBOM 不仅包含设计 EBOM 中的相关信息,而且包含下料、加工、装配等材料定额、工艺路线、工艺计划、等相关工艺信息。工艺 PBOM 中除包含设计 EBOM 中的零件组成、相关模型和相关图纸外,还包含零件套料的母材信息、切割指令、零件的加工方式、加工指令、流向信息、部件的装配信息、装配指令、焊接物量、焊接指令、焊材信息、部件流向、部件跟踪补涂信息等。

(3) 制造 MBOM 相当于面向施工作业派工单的 BOM。制造 MBOM 不仅包含工艺 PBOM 中相关信息,而且包含制造过程中所需的生产装备、场地、劳动力等资源信息。例如,船体部件中间产品,设计 EBOM 中体现零件组成、相关模型和相关图纸;制造 MBOM 中除包含工艺 PBOM 中的所有信息外,还包含零件的切割设备、加工设备、移动设备、设备操作人员、部件生产场地、装配设备、焊接设备等。

综上,以设计 EBOM 为基础进行工艺设计后,生成工艺 PBOM;以工艺 PBOM 为基础进行生产仿真分配生产资源后生成制造 MBOM;MBOM 数据和模型数据、图纸数据、工艺数据、意见数据、物资数据、资源数据、计划数据等相关联。MBOM 数据结构和数据关联如图 7-6 所示。

2. 基于单一数据源的数字化设计平台的构成

基于单一数据源的数字化设计平台构成如图 7-7 所示,单一产品数据源是核心,将产品从设计到消亡的整个生命周期内的数据,按照一定的抽象模型加以定义、组织和管理,使产品数据在整个生命周期内保持一致、最新、共享和安全。

由图中可知,基于单一数据源的数字化设计平台以单一产品数据源为数据核心层,通过产品全生命周期数据管理(PDM/PLM)进行应用系统集成,最后通过设计系统封装、管理系统封装、协作方系统封装、生产装备终端接口封装以及其他系统封装等封装后面向各种用户或自动化智能化生产装备使用。

单一产品数据源是平台的底层支持,产品全生命周期数据管理是整个系统的集成平台,

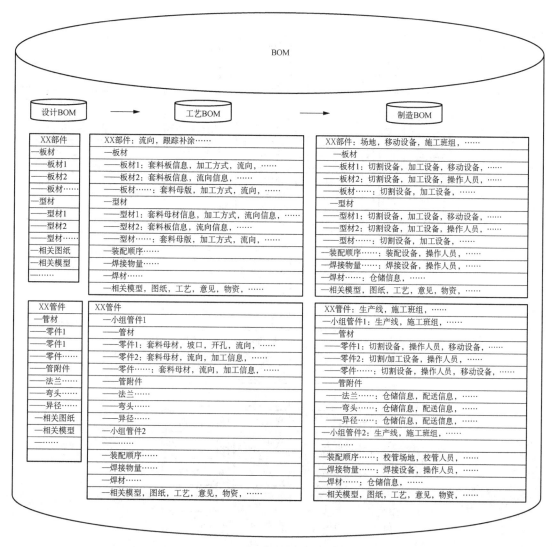

图 7-5　BOM 数据示意图

平台对工具类软件和管理类软件进行封装,各协作方用户通过封装的统一界面进入各子系统工作,实现不同设计阶段工作并行协同,通过系统集成和业务过程协同,在基于共同产品数据模型(单一产品数据源)的基础上,实现产品全生命周期不同阶段信息系统集成,完全打通设计方、生产方、供应商、船东、船级社等不同协作方之间以及不同设计方之间的数据传递通道,消除信息孤岛。

7.2.3　建立基于单一数据源的设计数据传递及共享

1. 基于单一数据源的协作方之间的数据传递及共享

船舶设计建造过程具有跨专业、跨组织、跨区域以及多学科集成的特点,不仅需要各个设计专业进行频繁的协同,而且需要不同协作方进行频繁协同和数据传递。主要协作方有船东、设计方、供应商、船级社、生产方等。不同协作方之间信息和数据传递不仅频繁而且复

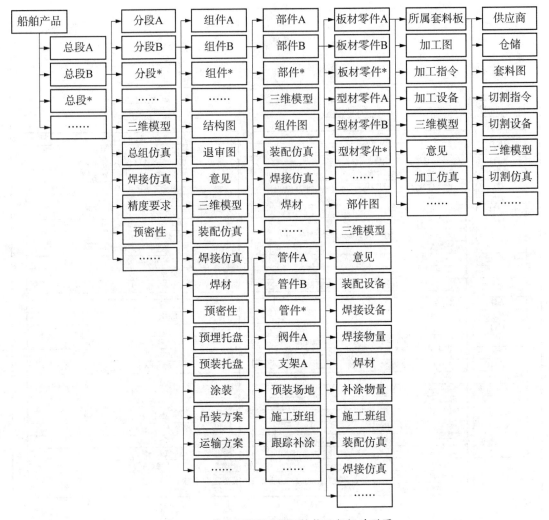

图 7-6 制造 MBOM 数据结构及数据关联图

杂,协作方间数据传递如图 7-8 所示。

设计方,不仅需要与船东、船级社进行双向数据传递,而且需要与供应商、生产方进行双向数据传递。

船东方,不仅需要和设计方进行紧密沟通,而且需要和供应商进行联系,建造过程中还需要派现场监造组与生产方进行高频次的数据传递,船东与供应商沟通结果、对生产方的施工意见也会对设计方的设计产生影响。

船级社,不仅在认可设计方和供应商送审的图纸中需要多轮次数据传递,而且需要在生产方和供应商制造中进行现场监造,现场监造过程中与生产方和供应商会进行双向数据传递。

生产方,根据设计方提供的图表数据和供应商提供的物资进行制造时,实时进行双向数据传递。

因此,根据数据传递情况,必须建立基于单一数据源的数字化设计模式。

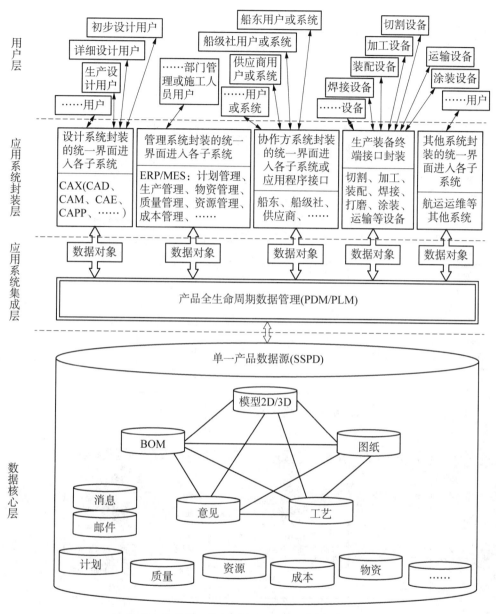

图 7-7　基于单一数据源的数字化设计平台的构成图

1) 设计方与船东的数据传递及共享

船舶工程是属于面向业主(船东)需求的订单式工程,设计需要面向船东对船舶功能的要求,因此,设计需要满足船东的需求。重要的设计输入之一是船东需求,设计输出的图纸还需要经船东认可,设计方与船东之间的信息数据传递如图 7-9 所示。其中设计图纸、船东审图意见、综合布置三维模型、船东模型评审意见等在设计方和船东间数据传递版次多、频次高。

设计方通过封装的设计系统直接将设计的模型、图纸、工艺等存入单一产品数据源数据库。

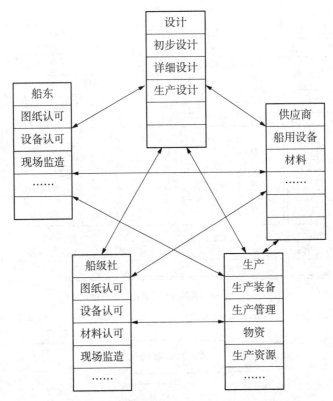

图 7-8 协作方间的数据传递示意图

信息数据发出方	信息数据传递内容		信息数据接收方	信息数据用途
船东	船东需求	→	设计方	重要设计输入 重要设计依据
设计方	设计图纸	→	船东	图纸认可
船东	图纸认可意见	→	设计方	改进设计
设计方	船东意见答复 升版设计图纸	→	船东	封闭船东意见 图纸认可
设计方	综合布置三维模型	→	船东	基于操作维护习惯 等的模型评审
船东	三维模型的评审意见	→	设计方	改进综合布置
设计方	模型评审意见答复 升版综合布置三维模型	→	船东	封闭船东意见 基于操作维护习惯 等的模型评审
⋮	⋮	⋮	⋮	⋮

图 7-9 设计方与船东间信息数据传递示意图

船东通过封装的协作方系统或者将船东自有的系统通过应用程序接口直接访问单一产品数据源数据库,直接读取数据库进行图纸认可和模型认可。船东审图和模型评审意见以及意见答复等直接存入单一产品数据源数据库中的意见数据库,在单一产品数据源数据库内部和相应的图纸与模型的相关版本进行关联,过程中沟通的消息和邮件由平台自动生成并存入相应的数据库,实现通知和过程控制管理,同时通过区块链技术,防止单方私自更改数据。若船东通过自有系统接入数据库的,过程中的图纸、模型、船东认可意见及意见答复等会同时存入船东自有系统数据库。若船东通过平台封装的统一界面进入该平台,可借助图纸和模型轻量化技术。在此过程中,图纸、模型、船东认可意见及意见答复等在存入单一产品数据源数据库的同时,会以邮件附件的形式传递至船东用户的本地终端。

同样地,船东与生产方、供应商等其他协作方的沟通交流等信息数据传递也可存入单一产品数据源数据库,若与设计方有关的,例如,船东现场监造意见、船东对供应商的设备认可意见等,设计方在接到消息通知后,直接通过数据库获取相关数据进行协作。

2) 设计方与船级社的数据传递及共享

设计方根据船级社规范进行设计,其设计图纸需送船级社认可,对船级社的审图意见设计方需要答复,必要时还需要提供升版图纸给船级社重新认可,过程中的认可意见处理会进行多轮次的信息数据传递。设计方与船级社等船检方信息之间的数据传递如图7-10所示。

信息数据发出方	信息数据传递内容		信息数据接收方	信息数据用途
船级社	规范	→	设计方	重要设计输入
设计方	设计图纸	→	船级社	图纸认可
船级社	图纸认可意见	→	设计方	改进设计
设计方	船级社意见答复	→	船级社	封闭船级社意见
	升版设计图纸	→		图纸认可
⋮	⋮		⋮	⋮

图7-10　设计方与船级社间信息数据传递示意图

船级社一般都有自己的相关系统,可通过应用程序接口访问单一产品数据源数据库中认可设计方存入的模型和图纸等。船级社图纸和模型认可意见及意见答复等在存入船级社系统的同时也直接存入单一产品数据源数据库中的意见数据库,在单一产品数据源数据库内部与相应的图纸和模型的相关版本进行关联,过程中沟通的消息和邮件由平台自动生成并存入相应的数据库,实现通知和过程控制管理,并通过区块链技术,防止单方私自更改数据。此外,可借助基于三维模型的审图技术,缩减审图时间,提高审图效率。

船级社与生产方、供应商等其他协作方的沟通交流等信息数据传递在存入船级社系统的同时也存入单一产品数据源数据库,其中与设计方有关的,例如,船级社现场监造意见、船级社对供应商的资料的退审意见等,设计方在接到消息通知后,直接通过数据库获取相关数据进行协作。

3) 设计方与供应商的数据传递及共享

设计方与船用物资供应商的沟通及信息数据传递效率直接影响船舶的设计、生产进度、船舶质量,甚至影响到交船期,其中对设计的影响首当其冲,设计方与供应商之间的信息数据传递如图7-11所示。

第一,设计方(或船厂技术部门)通过询价规格书与供应商进行询价工作开始直到船舶调试及试航结束,设计方与多个供应商之间进行着频繁密切的双向沟通及信息数据传递。

(1) 设计过程中,供应商向设计方提供认可图、工作图等,设计方向供应商反馈认可图意见、工作图意见等,且认可意见在设计方和供应商间经过多轮次频繁传递,认可意见传递过程中会伴随认可图的升版更新,过程复杂,持续周期长,跨多个设计阶段。

(2) 供应商车间试验时,往往设计方也会参与,有时试验结果可能会影响设计。

(3) 物资到货入库检验后,若实际供货物资清单(含备品、备件、工具等)与供应商提供的工作图有偏差时,设计方在与供应商沟通后,可能会使设计方变更或更改设计。

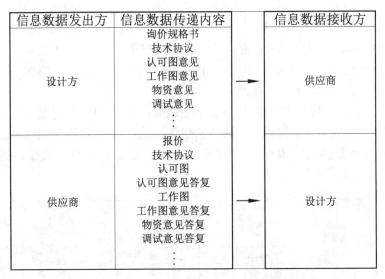

图 7-11　设计方与供应商间信息数据传递示意图

（4）在调试和试航时，为满足相关设计技术指标，供应商和设计方需要紧密配合、频繁交流。

第二，供应商在与船东、船级社、生产方信息数据库传递中，会间接影响设计方，设计方需要参与其中并同供应商间被动地进行信息数据传递。例如，船东对供应商认可图认可意见需要设计方协助解决，有时会产生设计变更；船级社对供应商认可图的认可意见也会产生设计变更；供应商物资供应计划与生产方生产计划不匹配时，需要设计方变更生产工艺等均需要设计方密切参与。因此，应做到无缝连接、数据共享，具体体现在以下方面。

（1）设计方与供应商应无缝连接、数据共享。基于单一数据源的数字化设计平台将供应商使用的设计工具类软件和相关管理类软件进行封装和集成，相关技术协议、认可图、工作图、供应商产品三维模型及过程中的相关认可意见等均存入单一产品数据源数据库。设计方可以直接调用供应商产品的三维模型进行船舶产品三维模型的综合布置与综合专业协调。若船舶产品使用的是供应商的成熟产品，设计方直接调用数据仓库中的历史数据进行设计。若船舶产品使用的是供应商新研发的产品，船舶产品设计和供应商产品研发和设计过程可进行并行协同。供应商产品更新换代时，设计方可以通过单一产品数据源数据库及时收到通知并获取相关数据，并及时调整船舶设计。

（2）供应商与船东、船级社也应无缝连接、数据共享。供应商资料送船东、船级社时，供应商与船东、船级社等沟通交流过程中产生的相关信息数据传递同样存入单一产品数据源数据库，若产生对设计方的影响，设计方也会及时收到通知并直接从数据库中获取相关数据。

（3）供应商与生产方也应是无缝连接、数据共享的。供应商与生产方的招投标系统、物资管理系统、计划系统等生产管理系统无缝连接，供应商与生产方沟通交流过程中产生的相关信息数据传递同样存入单一产品数据源数据库，若产生对设计方的影响，例如，供应商供货时间无法满足生产方需求的，设计方可能需要设计新的工艺孔安装设备，替代原来设计的设备预埋方案，设计方也会及时收到通知并直接从数据库中获取相关数据。

4）设计方与生产方的数据传递及共享

船舶设计应满足壳、舾、涂一体化，并体现设计、生产、管理的一体化；应以"两个面向"为出发点，不仅要面向前面提及的船东对船舶功能的要求，而且要面向船厂对船舶的可制造性、保证建造质量和降低生产成本等生产方面的要求。因此，设计与生产关联密切，设计方与生产方之间的信息数据传递如图 7-12 所示。

信息数据发出方	信息数据传递内容		信息数据接收方	信息数据用途
生产方	计划	建造计划 图纸需求计划 ⋮	设计方	设计负荷平衡 设计管理 ⋮
	资源	生产装备资源配置 场地资源配置 劳动力资源配置		制造工艺确定 可制造性确定 设计输出形式确定
	物资	常用材料库存状态 船用物资状态 ⋮		材料选型 制造工艺确定 ⋮
	⋮		⋮	
设计方	图纸	布置图 结构图 系统图 加工图 制作图 安装图	生产方	施工作业 生产管理 资源管理
	模型	船体模型 管系模型 电气模型 铁舾模型 设备模型 风管模型 电缆模型 ⋮		用于基于虚拟现实及增强现实的生产装备，提升生产效率 基于三维模型的作业指导 基于三维模型的设计信息、工艺信息等的施工作业 建造计划、单元舾装、分段舾装、涂装等管理 ⋮
	BOM	采购BOM 零件BOM 装配BOM 舾装托盘BOM 切割BOM 材料定额BOM		物资采购、物资供应、钢料加工等管理 劳动力、设备、场地等生产资源负荷平衡及分配管理等 ⋮
	指令	板材数切指令 型材数切指令 板材加工指令 型材加工指令 装配机器人指令 焊接机器人指令 喷砂机器人指令 涂装机器人指令 电缆拉放机器人指令 ⋮		自动化智能化生产装备生产作业

图 7-12 设计方与生产方间信息数据传递示意图

（1）设计方，具体有：

① 设计方根据生产方传递的建造计划、图纸需求计划等计划信息数据进行设计负荷平

衡、设计技术管理等设计管理工作。

② 设计方根据生产方传递的生产装备资源配置、场地资源配置、劳动力资源配置等资源配置信息数据进行制造工艺确定、可制造性确定、设计输出形式确定等设计标准确定。

③ 设计方根据生产方传递的常用材料库存状态、船用物资状态等物资信息数据进行材料选型、制造工艺确定等设计工作。

（2）生产方，具体有：

① 生产方根据设计方传递的布置图、结构图、系统图、加工图、制作图、安装图等图纸信息数据进行制造/安装/调试等施工作业、生产管理、资源管理等生产工作。

② 生产方根据设计方传递的采购 BOM、零件 BOM、装配 BOM、舾装托盘 BOM、切割 BOM、加工 BOM、材料定额 BOM 等 BOM 信息数据进行物资采购、物资供应、钢料加工等生产管理工作和劳动力、设备、场地等生产资源负荷平衡及分配管理等工作。

③ 生产方根据设计方传递的船体模型、管系模型、电气模型、铁舾模型、设备模型、风管模型、电缆模型等三维模型信息数据进行基于虚拟现实及增强现实的生产装备施工作业，提升生产效率；进行建造计划、单元舾装、分段舾装、涂装等管理；进行基于三维模型作业指导的施工作业；进行基于三维模型的设计信息、工艺信息等的施工作业。

④ 生产方根据设计方传递的板材数控切割指令、型材数控切割指令、板材加工指令、型材加工指令、装配机器人指令、焊接机器人指令、喷砂机器人指令、涂装机器人指令、电缆拉放机器人指令等指令信息数据，通过自动化智能化生产装备进行智能制造。

2. 构建基于单一数据源的不同设计阶段之间的数据传递及共享

1）构建基于单一数据源的不同设计阶段之间数据传递的思路

图 7-13 所示的为传统模式下不同设计阶段之间的数据传递流程。由图中可以看出，合同签订前，各种数据信息交换频繁，设计信息、管理信息、商务信息交织在一起，互相影响、互相渗透，船东、船厂、设计单位紧张地磋商和修正各种文件，当协商一致时，便能签订合同。初步设计确定后，详细设计便可正式开始。这时，信息主要在设计单位与船舶检验部门之间进行。设计单位将详细图纸送交法定检验机构和所入船级社审查，船舶检验部门将审查意见反馈给设计单位进行设计修改等。详细设计图纸经船舶检验部门审查认可后，便可开始生产设计。生产设计的前期准备工作通常在详细设计送审之前即开始，提前介入的目的是希望能尽快地了解产品的功能，及时地反映生产、工艺的要求，尽早启动生产设计工作。在生产设计过程中，由于布置、工艺要求、中间产品相似性设计以及单元设置等原因与详细设计单位磋商是经常发生的。因此，生产设计部门和详细设计单位、船舶检验部门、船东保持经常密切的联系和良好的协作关系是十分必要的，这是保证生产设计顺利进行的重要保证。

此外，还应根据各设计阶段的内容衔接和数据传递流程，进行一定程度的并行，即一方面将可以配合进行的工作并行起来，以提高船舶设计的并行化程度；另一方面通过分析信息/数据的传递路径，找出重复工作内容，通过消除不同设计阶段的重复工作，以缩短设计周期，提升设计效率。

根据上述分析，可给出基于单一数据源的不同设计阶段之间数据传递的基本思路，即应根据船舶不同设计阶段之间、设计单位与外部合作单位之间、设计过程中的各个专业之间的协同设计要求，以及各设计阶段并行设计的要求，需要建立基于单一数据源的数字化设计模

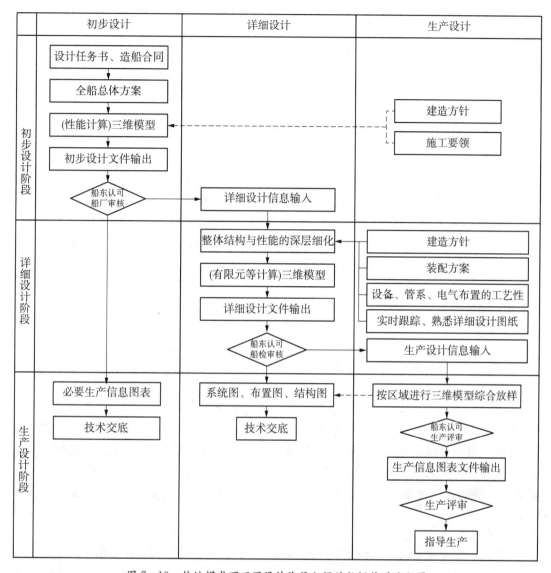

图 7-13 传统模式下不同设计阶段之间的数据传递流程图

式,其设计数据传递方式需要由以二维图表为主的数据传递升级为以三维产品模型数据为主的数据传递。通过在产品设计之初建立统一的三维数字化模型,后续以此模型开展各阶段的设计工作,实现初步设计、详细设计和生产设计的数据共享。

初步设计主要是初步分析与确定新船的总体技术形态,应向生产设计提供必要的图纸并作技术交底。生产设计主要为初步设计提供船舶建造方针。初步设计得到的数据结果应获得船东的认可,并通过船厂审核后就可以作为详细设计的依据。

详细设计是依据初步设计的一系列技术要求对船舶产品的整体结构与性能作深层次的细化工作,为生产设计创造条件。同时,应将船舶设计与船舶建造相结合,考虑船厂的设备情况、建造能力及建造的经济性等,并反映在图纸上。生产设计要为详细设计提供各部分、各系统的建造方针与施工要领,同时对船体的结构形式以及设备、管系、电气布置的工艺性等提出要求。详细设计得到的最终结果应通过法定检验机构和所入船级社审查，并获得船东的认可后，便可作为生产设计的依据。其所完成的系统图、布置图应能够作为生产设计开展三维模型放样和舾装综合规划的依据。在详细设计阶段，生产设计部门相关人员应进行实时跟踪，深入了解详细设计状态同时加深对详细设计图纸的熟悉程度。

生产设计是在初步设计与详细设计的基础上，按区域、类型、阶段设绘工作图表及文件等来为船舶建造过程提供依据。生产设计得到的结果可以有效地组织和指导船舶产品的整个建造过程。

由此可知，各设计阶段的内容是递进交叉、紧密联系的，不仅存在着设计穿插，而且存在着相互之间的要求。在初步设计阶段和详细设计阶段，应与生产设计部门共同讨论，生产设计部门应提供有关工艺资料，使初步设计和详细设计满足船舶建造的工艺要求。若出现建造工艺的变更，生产设计部门要实时反馈给详细设计团队，以尽快修改相应的图纸及文件。

下面以船体结构设计数据和船舶舾装设计数据在不同设计阶段的传递为例来探讨构建基于单一数据源的设计数据传递思路。

2）构建基于单一数据源的不同设计阶段之间船体结构设计数据传递流程

如图 7-14 所示的为传统模式下不同设计阶段之间的船体设计数据传递流程。

按照上述思路，给出基于单一数据源的船体设计内容衔接及数据传递流程，如图 7-15 所示。

由图 7-15 中可知，从初步设计到生产设计的整个船舶设计过程中经过多次二维转换为三维，再从三维转换为二维。初步设计，先将型表面三维模型生成二维型线图和型值表；接着详细设计根据初步设计提供的二维型线图等创建三维模型后通过有限元计算进行强度校核后，再将三维模型转换成二维结构图；最后生产设计根据详细设计提供的二维结构图等创建三维模型经过专业协调和模型评审后，再将三维模型转换成二维施工图纸。

3）构建基于单一数据源的不同设计阶段之间的船舶舾装设计数据传递流程

如图 7-16 所示的为传统模式下不同设计阶段之间的船舶舾装设计数据传递流程。

按照上述思路，给出基于单一数据源的船舶舾装设计内容衔接及数据传递流程，如图 7-17 所示。

由图中可知，初步设计输出的二维图表除了用于送船东船级社认可外，还用于详细设计的系统设计，最后也用于生产设计的三维模型放样和综合布置准则。详细设计输出的相关二维图表除了用于送船东船级社认可外，还用于生产设计的三维模型创建。

综上，通过构建基于单一数据源的设计数据传递可实现的目标：一是基于统一三维模型的船舶数字化设计和送审，可实现设计和船东、船级社间的数据共享。二是基于三维模型的三维工艺仿真和可视化三维动画作业指导，可实现设计和生产数据共享。

由此可见，基于单一数据源的数字化设计平台为基于单一数据源的数字化设计提供了保障，这也是智能制造实现的基础，为自动化和智能化生产装备的广泛应用奠定了基础。

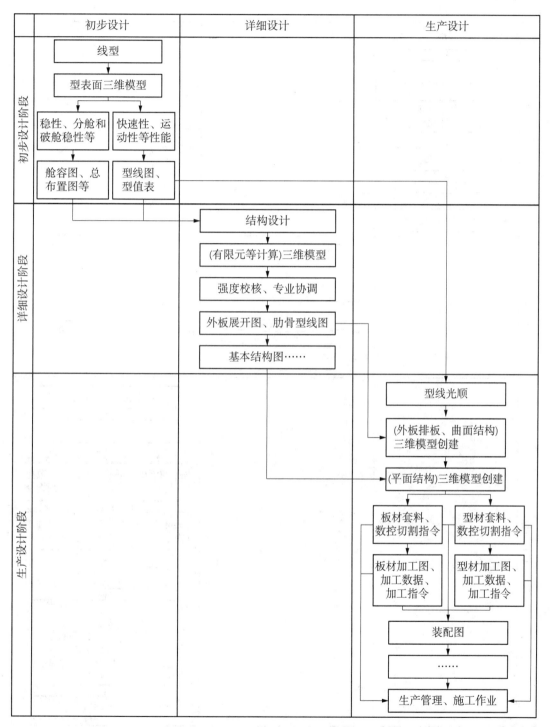

图 7-14　传统模式下不同设计阶段之间的船体设计数据传递流程图

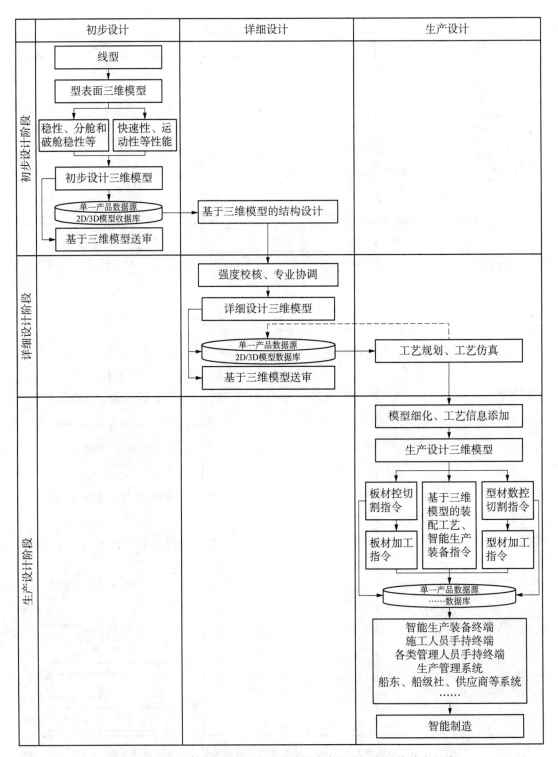

图 7-15　基于单一数据源的船体设计的内容衔接及数据传递流程图

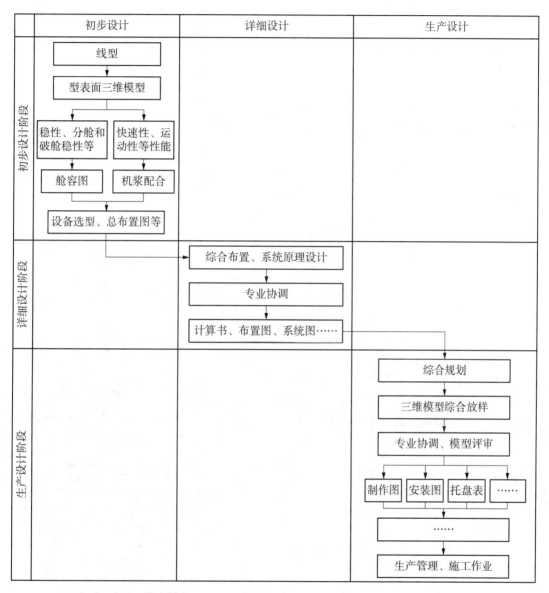

图 7-16　传统模式下不同设计阶段之间的船舶舾装设计数据传递流程图

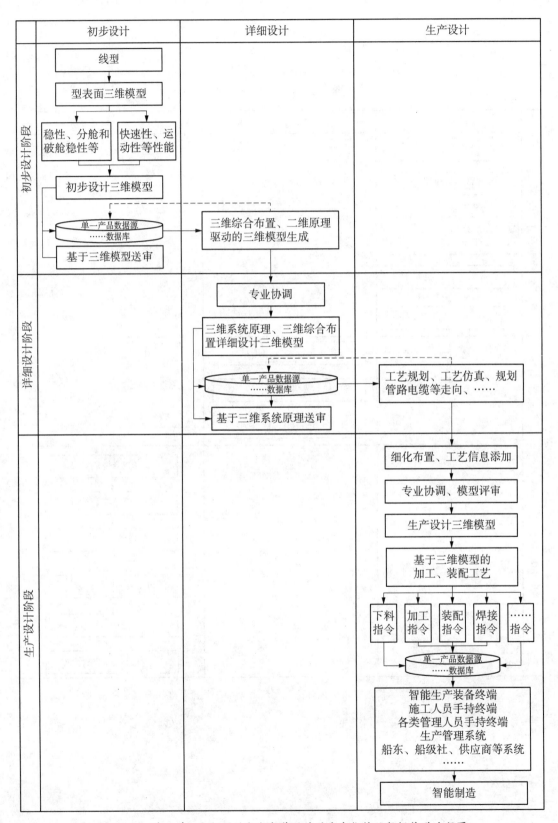

图 7-17 基于单一数据源的船舶舾装设计的内容衔接及数据传递流程图

7.3　建立基于智能制造的生产设计模式

7.3.1　船舶智能制造模式简介

1. 船舶智能制造模式及构成

所谓船舶智能制造模式,是基于新一代信息通信技术与现代造船模式的深度融合,贯穿于船舶设计、生产、管理、服务等制造活动全过程,以基于单一数据源的设计、生产、管理一体化为基础;以船舶中间产品壳舾涂一体化关键制造环节的数字化、智能化为核心;以网络互联互通为支撑;以智能车间、智慧船厂为载体,具有船舶制造过程自感知、自决策、自执行、自适应特征的先进制造模式。船舶智能制造模式主要由设计模式、生产模式、管理模式和服务模式构成。

(1) 设计模式。以采用基于模型定义(MBD)技术的船舶产品设计、工艺设计标准规范体系为基础;以协同设计平台为支撑,推进全三维综合数字设计,打通总装厂与船舶所有人、设计院所、船舶检验机构、供应商的信息链条,实现以单一数据源贯穿于产品全寿命周期的全过程、面向现场智能制造的三维可视化作业指导和无纸化施工。

(2) 生产模式。以数据和模型驱动为主要特征;以生产过程具备动态感知、数据自动采集、智能分析等功能的数字化、智能化生产装备、生产线、生产车间为主要载体;以制造执行系统(MES)为重要支撑,实现壳舾涂一体化精度制造。

(3) 管理模式。以工程计划为基础;以基于信息集成的一体化综合信息管理平台为支撑;以物联网、互联网和大数据等智能技术为手段,对船舶制造全过程、全要素实施实时智能管控,实现"物流、信息流、价值流"合一的量化精益管理。

(4) 服务模式。以优化完善造船产业链为导向;以造船产业链协同服务平台为支撑;以分布式技术、互联网技术、云存储技术、增强现实(AR)/虚拟现实(VR)技术、人工智能(AI)技术等为手段,对造船供应链管理、远程运维等业务进行优化完善,实现船舶所有人、设计院所、总装厂、船舶检验机构、供应商等整个造船产业链的多方协同服务。

2. 智能制造生产装备简介

生产装备制约着生产方式,精益制造的实现离不开智能制造生产装备的使用。从钢材等原材料进入船厂开始,到船舶产品建造完成交付船东,此过程经过多道工序、多个场地和多个生产装备。

按照类型/阶段智能制造生产装备主要有钢材管理智能装备、钢材加工智能装备、分段制造智能装备、管子加工智能装备、铁舾件加工智能装备、涂装智能装备、总组智能装备、搭载智能装备、码头舾装智能装备等。图 7-18 是智能制造的主要生产装备。图 7-19 为几种典型的应用于船体结构的智能生产装备。

3. 轻量化 3D 模型的现场应用

应用模型轻量化技术,使三维工艺模型直达现场。目前,主要应用的场景/场所:

(1) 基于 3D 机器视觉的检测,如边缘检测、加工精度检测、装配检测、焊接检测、变形检测、矫直检测、背烧检测、安装检测、表面处理检测、打磨检测、喷砂检测、清洁度检测、表面粗糙度检测、预涂检测、涂层检测、定位检测、完工检测等。

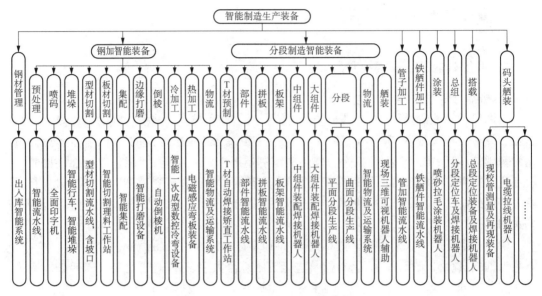

图 7-18 智能制造主要生产装备图

图 7-19 几种典型的应用于船体结构的智能生产装备图

(a)板材智能切割装备；(b)无轨爬行智能特种焊接机器人横向合拢缝焊接；(c)智能焊接装备

（2）基于 3D 机器视觉的中间产品识别和分拣。

（3）基于 3D 机器视觉和基于虚拟现实的远程检验和远程作业监测。

（4）基于增强现实的作业指导。

（5）基于数字孪生技术的虚实交互反馈、数据融合分析、决策迭代优化等。

7.3.2　建立面向智能生产装备的设计

基于智能制造的生产设计是面向智能化生产装备、生产线、生产车间的设计；是基于施工作业任务包和施工作业派工单的设计；是输出基于三维数字化模型的可视化三维动态作业指导书的设计。随着设计、生产和管理数据的不断积累和完善，不断丰富数据仓库，船舶设计将由传统经验设计向预测设计、仿真设计发展，船舶制造将逐步向精益制造、智能制造方向发展，提高知识及数据的被重用程度，减少重复劳动。

因此，从生产前的材料管理到船台（坞）的合拢搭载，面向智能生产装备的设计，其设计输出对象由以往的应对施工工人转向应对智能生产装备，设计输出结果将会发生巨大变化。

1. 材料管理方面

传统的设计输出是材料订货清单和零件设计 BOM。

材料管理方面使用的智能装备主要是配备智能电磁吊、智能运输机器人的智能立体仓库。为应对智能生产装备，设计输出需要变更为：

（1）材料 BOM 及轻量化 3D 模型；零件工艺 BOM 及轻量化 3D 模型；零件制造 BOM 及轻量化 3D 模型；各中间产品 BOM 及轻量化 3D 模型。

（2）材料、零件、中间产品等物理实物和生产过程数字孪生的虚拟仿真表示。

（3）智能电磁吊、智能运输机器人等移动运行指令。

依据设计输出的数字化信息，智能生产装备根据运行指令进行材料管理方面的智能作业。

2. 切割工位

传统的设计输出是包含零件名、坡口、结构线等信息的套料图。工人使用套料图进行号料等作业。其中，多数情况下，零件轮廓的通用切割指令需要根据切割机型号进行二次转码。

切割工位配备的智能生产装备主要有全面印字机喷码系统；型材智能切割流水线；板材智能切割流水线；板材智能切割\边缘加工\打磨\倒棱\理料工作站等。为应对智能生产装备，设计输出需要变更为以下方面：

（1）零件工艺 BOM 及轻量化 3D 模型，零件制造 BOM 及轻量化 3D 模型。

（2）全面印字机喷码设备识别的喷码指令，包含划线、零件名等人员识别的显性零件信息、机器识别的二维码等隐性零件信息。

（3）含零件轮廓及零件边缘加工的专用切割、加工等生产指令，生产指令不仅包括零件切割指令、边缘加工指令，还包含生产计划、作业场地、材料和零件移动指令等多维度信息。

（4）物流运输机器人的移动指令。

（5）零件物理产品、切割和边缘加工过程数字孪生的仿真切割、边缘加工、边缘倒棱、边缘打磨动画等虚拟仿真表示。

（6）轻量化 3D 模型用于基于 3D 机器视觉的边缘检测、完工检测等。

依据设计输出的数字化信息，智能生产装备根据运行指令进行智能生产，根据轻量化3D模型通过3D机器视觉自动进行边缘检测、完工检测等。

这里要注意的是，套料规划不能仅仅考虑材料利用率，还需要重点考虑智能生产装备：例如智能切割、边缘加工、理料工作站生产的零件在下道工序需求时间相近的情况下一起套料，输出一体化的喷码、切割、边缘加工、理料指令；零件流向及流经的工艺类型相近的零件合并套料，差异较大的分开套料，例如拼板零件、T材零件、需成型加工零件等需要区分，相似零件在下道工序需求时间相近的情况下合并套料，按生产装备分别输出设备运行指令。

3. 板材加工工位

传统的设计输出是板材加工图，包含加工线、样板或样箱数据等。工人依据加工图，根据经验操作加工设备或手工进行板材加工；工人根据样板样或箱数据制作相应的样板或样箱进行加工检验。

板材加工工位的智能制造装备主要有智能一次成型数控冷弯设备、电磁感应弯板装备、数控水火弯板机等。为应对智能生产装备，设计输出需要变更为：

(1) 加工设备识别的加工指令，物流运输机器人移动指令。

(2) 零件物理产品和加工过程数字孪生的仿真加工动画等虚拟仿真表示。

(3) 轻量化3D模型用于基于3D机器视觉的加工精度检测、完工检测等。

依据设计输出的数字化信息，智能板材加工装备根据运行指令进行智能加工，根据轻量化3D模型通过3D机器视觉自动进行加工精度检测、完工检测等。

4. 型材加工工位

传统的设计输出是型材加工图，包含加工线、逆直线等数据。工人依据型材加工图，根据经验操作加工设备进行型材加工。

型材加工工位的智能制造装备主要是智能数控肋骨冷弯机。为应对智能生产装备，设计输出需要变更为：

(1) 加工设备识别的加工指令，物流运输机器人移动指令。

(2) 零件物理产品和加工过程数字孪生的仿真加工动画等虚拟仿真表示。

(3) 轻量化3D模型用于基于3D机器视觉的加工精度检测、完工检测等。

依据设计输出的数字化信息，智能数控肋骨冷弯机根据运行指令进行智能加工，根据轻量化3D模型通过3D机器视觉自动进行加工精度检测、完工检测等。

5. 物流集配方面

传统的设计输出是含零件流向码的零件表、带流向的中间产品清单等。工人根据流向码零件和中间产品进行移动。

物流集配方面的智能装备主要有智能物流运输机器人、基于3D机器视觉的智能分拣机器人等。为应对智能生产装备，设计输出需要变更为：

(1) 材料BOM及轻量化3D模型，零件工艺BOM及轻量化3D模型，零件制造BOM及轻量化3D模型，各中间产品BOM及轻量化3D模型。

(2) 物流运输机器人移动运行指令。

(3) 材料、零件、部件、组件等物理中间产品和集配物理过程数字孪生的虚拟仿真表示。

(4) 轻量化3D模型用于基于3D机器视觉的中间产品识别和分拣。

依据设计输出的数字化信息，智能物流机器人根据运行指令进行物流集配方面的智能作业。

6. 部件制造工位

传统的设计输出是部件图,包含零件清单、零件定位尺寸、焊接要求等信息。工人依据部件图,借助行车进行手工装配后进行手工焊接作业,焊接完成后还需要进行手工背烧校正和打磨。

部件制造工位的智能制造装备主要是部件智能生产线。为应对智能生产装备,设计输出需要变更为:

(1) 部件工艺 BOM 及轻量化 3D 模型,部件制造 BOM 及轻量化 3D 模型。

(2) 装配机器人装备指令,焊接机器人焊接指令,背烧机器人背烧指令,物流运输机器人移动指令。

(3) 各部件物理产品和生产过程数字孪生的仿真制造动画等虚拟仿真表示。

(4) 轻量化 3D 模型用于基于 3D 机器视觉的装配检测、焊接检测、变形检测、背烧检测、完工检测等。

依据设计输出的数字化信息,部件智能生产线上的装配机器人依据装配指令进行智能装配,焊接机器人依据焊接指令进行智能焊接,根据轻量化 3D 模型通过 3D 机器视觉自动进行装配检测、焊接检测、变形检测等,并进行智能背烧修正,完工且检测通过后物流运输机器人输送中间产品到相应的下道工序指定场地。

7. T 型材制造工位

传统的设计输出是部件图,包含零件清单、零件定位尺寸、焊接要求等信息。工人依据部件图,借助行车和工装进行手工装配后进行手工或半自动焊接作业,焊接完成后还需要进行手工矫直和打磨。

T 型材制造工位的智能制造装备主要是 T 型材自动装配焊接矫直工作站。为应对智能生产装备,设计输出需要变更为:

(1) T 型材工艺 BOM 及轻量化 3D 模型,T 型材制造 BOM 及轻量化 3D 模型。

案例 7-1　部件流水线（视频）

(2) 装配机器人装备指令、焊接机器人焊接指令、矫直机器人矫直指令、物流运输机器人移动指令。

(3) 各 T 型材物理产品和生产过程数字孪生的仿真制造动画等虚拟仿真表示。

(4) 轻量化 3D 模型用于基于 3D 机器视觉的装配检测、焊接检测、变形检测、矫直检测、完工检测等。

依据设计输出的数字化信息,T 型材智能生产工作站上的装配机器人依据装配指令进行智能装配,焊接机器人依据焊接指令进行智能焊接,根据轻量化 3D 模型通过 3D 机器视觉自动进行装配检测、焊接检测、变形检测等,并进行智能矫直修正,完工且检测通过后通过物流运输机器人输送中间产品到相应的下道工序指定场地。

8. 组件制造工位

传统的设计输出是组件图,包含零部件清单、零部件定位尺寸、焊接要求等信息。工人依据组件图,借助行车进行手工装配后进行手工焊接作业,焊接完成后还需要进行手工背烧矫正和打磨工作。

组件制造工位的智能制造装备主要是组件智能生产线。为应对智能生产装备,设计输出需要变更为：

（1）组件工艺 BOM 及轻量化 3D 模型、组件制造 BOM 及轻量化 3D 模型。

（2）装配机器人装备指令、焊接机器人焊接指令、背烧机器人背烧指令、物流运输机器人移动指令。

（3）各组件物理产品和生产过程数字孪生的仿真制造动画等虚拟仿真表示。

（4）轻量化 3D 模型用于基于 3D 机器视觉的装配检测、焊接检测、变形检测、背烧检测、完工检测等。

依据设计输出的数字化信息，组件智能生产线上的装配机器人依据装配指令进行智能装配，焊接机器人依据焊接指令进行智能焊接，根据轻量化 3D 模型通过 3D 机器视觉自动进行装配检测、焊接检测、变形检测等，并进行智能背烧修正，完工且检测通过后通过物流运输机器人输送中间产品到相应的下道工序指定场地。

9. 拼板制造工位

传统的设计输出是拼板图，包含零件清单、零件定位尺寸、焊接要求等信息。工人依据拼板图，借助行车进行手工装配后进行手工或半自动焊接作业，焊接完成后还需要进行手工背烧矫正和打磨工作。

拼板制造工位的智能制造装备主要是拼板智能生产线。为应对智能生产装备，设计输出需要变更为：

（1）拼板工艺 BOM 及轻量化 3D 模型、拼板制造 BOM 及轻量化 3D 模型。

（2）拼板装配机器人装备指令、拼板焊接机器人焊接指令、翻身装备翻身指令、划线机器人划线指令、切割机器人切割指令、边缘加工机器人边缘加工指令、型材装配机器人装配指令、型材焊接机器人焊接指令、背烧机器人背烧指令、物流运输机器人移动指令。

（3）各拼板物理产品和生产过程数字孪生的仿真制造动画等虚拟仿真表示。

（4）轻量化 3D 模型用于基于 3D 机器视觉的装配检测、焊接检测、变形检测、背烧检测、完工检测等。

依据设计输出的数字化信息，拼板智能生产线上的板材装配机器人依据装配指令进行板材智能装配，板材焊接机器人依据焊接指令进行板材智能焊接，划线机器人根据划线指令进行智能划线，切割机器人根据切割指令进行智能切割，边缘加工机器人根据加工指令进行智能边缘加工，型材装配机器人依据装配指令进行型材智能装配，型材焊接机器人依据焊接指令进行型材智能焊接，根据轻量化 3D 模型通过 3D 机器视觉自动进行装配检测、焊接检测、变形检测等，并进行智能背烧修正，完工且检测通过后通过物流运输机器人输送中间产品到相应的下道工序指定场地。

10. 分段生产工位

传统的设计输出是结构图和零件表，包含装配顺序示意、组成的中间产品清单、中间产品定位尺寸、焊接要求等信息。工人依据结构图，借助行车进行手工装配后进行手工焊接作业，焊接完成后还需要进行手工背烧矫正和打磨工作，过程中伴随着铁舾件安装和管子预埋工作。

案例 7-2　拼板制造工
位焊接机器
人（视频）

分段制造工位的智能制造装备主要是配备了智能数字化胎架、装配机器人、焊接机器人、智能数字化翻身装置、铁舾件安装机器人、铁舾件焊接机器人、管子安装机器人、物流运输机器人等的平面分段生产线和曲面分段生产线。为应对智能生产装备，设计输出需要变更为：

（1）分段工艺 BOM 及轻量化 3D 模型、分段制造 BOM 及轻量化 3D 模型、铁舾件安装工艺 BOM 及轻量化 3D 模型、管子安装工艺 BOM 及轻量化 3D 模型。

（2）智能胎架调整指令、分段装配机器人装备指令、分段焊接机器人焊接指令、翻身装备翻身指令、铁舾件安装机器人安装指令、铁舾件焊接机器人焊接指令、管子安装机器人安装指令、背烧机器人背烧指令、物流运输机器人移动指令。

（3）分段物理产品和生产过程数字孪生的仿真制造动画等虚拟仿真表示。

（4）轻量化 3D 模型用于基于 3D 机器视觉的装配检测、焊接检测、安装检测、变形检测、背烧检测、完工检测等。

依据设计输出的数字化信息，分段智能生产线上的智能数字化胎架依据调整指令进行胎架调整，装配机器人依据装配指令进行分段的智能装配，焊接机器人依据焊接指令进行分段的智能焊接，翻身装备根据翻身指令择机自动翻身，铁舾件安装机器人根据安装指令在合适的时机自动安装铁舾件，铁舾件安装的同时铁舾件焊接机器人根据焊接指令进行焊接作业，管子安装机器人根据安装指令在合适的时机进行管子预埋或管子安装，根据轻量化 3D 模型通过 3D 机器视觉自动进行装配检测、焊接检测、安装检测、变形检测等，并进行智能背烧修正，完工且检测通过后通过物流运输机器人输送分段到相应的下道工序指定场地。

分段生产线上的装配机器人、铁舾件安装机器人、管子安装机器人可使用通用机器人，根据生产设计输出的机器人作业指令运行不同的内置程序进行不同的分段装配、铁舾件安装或管子安装作业。

11. 管子加工工位

传统的设计输出是管子内场材料托盘、管子小票、管子外场安装托盘等。工人依据管子内场材料托盘备料和手工下料，依据管子小票操作弯管机进行弯管，依据管子小票在校管平台手工进行校管工作，根据管子小票图上试压信息手工挑拣出相应管子进行人工试压工作，根据管子小票图上的表面处理信息手工将管子分类后送至不同的表面处理场地或外协企业，根据管子外场安装托盘手工将表面处理结束的管子进行配盘。

管子加工工位的智能制造装备主要是配备了智能化立体仓库、管子智能切割机器人、智能相贯线切割机器人、智能校管和装配机器人、管子焊接机器人、管子先焊后弯智能弯管机、管件二次校管装配机器人、管件二次焊接机器人、管子智能试压装备、管子智能无损检测装备、整套表面处理单元、含自动识别和自动分拣运输的智能物流机器人等的管子智能生产线。为应对智能生产装备，设计输出需要变更为：

（1）管子工艺 BOM 及轻量化 3D 模型、管子制造 BOM 及轻量化 3D 模型、管附件 BOM 及轻量化 3D 模型。

（2）立体仓库材料及附件配送指令、管子切割机器人切割指令、相贯线切割机器人切割指令、校管装配机器人装配指令、管子焊接机器人焊接指令、先焊后弯弯管机自动弯管指令、管件二次装配指令、管件二次焊接指令、管子试压机器人试压指令、管子无损检测机器人检测指令、管子表面处理指令、管子分拣配盘机器人分拣配盘指令、物流运输机器人移动指令。

（3）各管子物理产品和生产过程数字孪生的仿真制造动画等虚拟仿真表示。

（4）轻量化 3D 模型用于基于 3D 机器视觉的边缘检测、装配检测、焊接检测、加工检测、表面处理检测、完工检测等。

依据设计输出的数字化信息,管子智能生产线上立体仓库中的各种机器人根据配送指令进行管子和管附件等材料的配送,管子切割机器人根据切割指令对来料进行智能切割,若需要切割相贯线和坡口,管子相贯线切割机器人根据指令切割相应的开孔和坡口,校管装配机器人根据装配指令对管件进行管件一次装配,管子焊接机器人根据焊接指令进行管子焊接作业,先焊后弯智能弯管机根据弯管指令对一次装配的管件进行弯管,管件二次装配机器人根据装配指令对一次装配的中间产品管件进行二次装配,管件二次焊接机器人根据焊接指令对二次装配的管件进行焊接,管子智能试压装备根据试压指令对需要试压的管件进行自动试压作业,管子智能无损检测装备根据检测指令对相应管件进行无损检测,表面处理单元根据表面处理指令对相应管子进行酸洗、热镀锌、磷化、油漆等表面处理作业,管子生产过程中自动识别和智能分拣机器人根据轻量化 3D 模型通过 3D 机器视觉对管件进行识别和智能分拣,过程中智能检测机器人根据轻量化 3D 模型通过 3D 机器视觉自动进行边缘检测、装配检测、焊接检测、加工检测、表面处理检测等,各中间产品完工且检测通过后通过物流运输机器人输送各中间产品到相应的下道工序指定场地。

12. 铁舾件制作工位

传统的设计输出是铁舾件内场材料托盘、铁舾件制作图、板材套料图、铁舾件外场安装托盘等。工人依据铁舾件内场材料托盘备料和型材的手工下料;根据板材套料图进行板材仿形切割或根据套料图和切割指令进行板材数控切割;根据制作图进行板材或型材的加工;根据制作图进行铁舾件的手工装配和手工焊接工作,焊接完成后进行打磨工作;根据制作图的技术要求进行铁舾件的表面处理工作,最后根据铁舾件外场托盘进行托盘的手工配盘工作。

铁舾件制作工位的智能制造装备主要是配备了智能化立体仓库、型材切割机器人、型材加工机器人、板材智能切割\边缘加工\打磨\倒棱\理料工作站、板材加工机器人、零件装配机器人、焊接机器人、二次装配机器人、二次焊接机器人、整套表面处理单元、含自动识别和自动分拣运输的智能物流机器人等的铁舾件智能生产线。为应对智能生产装备,设计输出需要变更为:

(1)铁舾件工艺 BOM 及轻量化 3D 模型、铁舾件制造 BOM 及轻量化 3D 模型。

(2)立体仓库材料配送指令、型材切割机器人切割指令、型材加工机器人加工指令、板材智能工作站的切割\边缘加工\打磨\倒棱\理料指令、板材加工机器人的加工指令、零件装配机器人的装配指令、焊接机器人的焊接指令、二次装配机器人的二次装配指令、二次焊接机器人的焊接指令、铁舾件表面处理单元的表面处理指令、分拣配盘机器人分拣配盘指令、物流运输机器人移动指令。

(3)各铁舾件物理产品和制作过程数字孪生的仿真制造动画等虚拟仿真表示。

(4)轻量化 3D 模型用于基于 3D 机器视觉的边缘检测、加工检测、装配检测、焊接检测、表面处理检测、完工检测等。

依据设计输出的数字化信息,铁舾件智能生产线上立体仓库中的各种机器人根据配送指令进行材料的配送。型材切割机器人根据切割指令对来料进行智能切割;型材加工机器人根据加工指令对需加工型材进行智能加工;板材智能工作站根据切割\边缘加工\打磨\倒棱\理料指令进行板材的切割\边缘加工\打磨\倒棱\理料作业;板材加工机器人根据加工指令对需要加工的板材进行智能加工;零件装配机器人根据装配指令进行智能装配;焊接机器人根据焊接指令进行自动焊接;二次装配机器人根据二次装配指令进行二次装配作业;二次焊接机器人根据焊接指令进行智能焊接、铁舾件表面处理单元根据表面处理指令对铁舾件进行相应的表面处理;铁舾件生产过程中自动识别和智能分拣机器人根据轻量化 3D 模型通过 3D 机器视觉对铁舾件进行识别和智能分拣,过程中智能检测机器人根据轻量化 3D 模型通过 3D 机器视觉自动进行边缘检测、加工检测、装配检测、焊接检测、表面处理检测等。在各中间产品完工且检测通过后;借助物流运输机器人将各中间产品运送至相应的下道工序所指定场地。

13. 涂装工位

传统的设计输出是涂装工艺卡片,包含涂装位置、预涂面积、涂装面积、表面处理等级、不同涂层的油漆名称、不同涂层的油漆颜色、涂装方式、固体含量、干膜/湿膜厚度、理论涂布率、施工系数、预估的油漆用量、稀释剂类型、稀释剂预估用量、喷嘴尺寸、复涂间隔最短时间、复涂间隔最长时间等信息。工人依据涂装工艺卡片,对不同位置进行打磨、喷砂、涂装作业时,因为不同位置的油漆种类各异、油漆颜色也不相同,即使相同位置的不同涂层其油漆种类有别、油漆颜色也不一样,所以在更换油漆种类或油漆颜色时,就需要对油漆管路及喷枪进行清洗。

涂装工位的智能生产装备主要是配备了智能打磨机器人、智能喷砂机器人、智能清砂机器人、预涂机器人、绿色智能涂装机器人、智能通风系统、温度/湿度智能调节系统、分段移动机器人、基于 3D 机器视觉和基于虚拟现实的智能检测装备等的绿色智能涂装生产线。为了应对智能生产装备,设计输出需要变更为:

(1)打磨工艺 BOM 及轻量化 3D 模型、打磨作业 BOM 及轻量化 3D 模型;喷砂工艺 BOM 及轻量化 3D 模型、喷砂作业 BOM 及轻量化 3D 模型;不同涂层的预涂工艺 BOM 及轻量化 3D 模型。不同涂层的预涂作业 BOM 及轻量化 3D 模型;不同涂层颗粒度为最小涂装部位的涂装工艺 BOM 及轻量化 3D 模型,不同涂层颗粒度为最小涂装部位的涂装作业 BOM 及轻量化 3D 模型。

(2)打磨机器人打磨指令、喷砂机器人喷砂指令、清砂机器人清砂指令、预涂机器人预涂指令、按照油漆种类/颜色/用量/作业时间等分类汇总的涂装机器人涂装指令、分段移动机器人的移动指令、环境温度湿度调节指令、智能检测装备的检测指令。

(3)涂装过程数字孪生的仿真涂装动画等虚拟仿真表示。

(4)轻量化 3D 模型用于基于 3D 机器视觉和基于虚拟现实的打磨检测、喷砂检测、清洁度检测、预涂检测、涂层检测、每度涂层的完工检测等。

依据设计输出的数字化信息,绿色智能涂装生产线上的打磨机器人根据打磨指令进行打磨,喷砂机器人根据喷砂指令进行喷砂作业,清砂机器人根据清砂指令进行清砂作业,预涂机器人根据预涂指令进行预涂作业,涂装机器人根据喷涂指令进行喷涂作业,过程中智能检测装备通过 3D 机器视觉和虚拟现实技术远程进行打磨检测、喷砂检测、清洁度检测、预涂检测、涂层检测等过程控制和每度涂层的完工检测。

其中,涂装机器人的喷涂指令是根据涂装部位、涂层、油漆种类、油漆颜色、复涂间隔等信息综合优化后的指令,同一喷涂周期内不更换油漆种类及油漆颜色,其油漆用量是经过精确计算的。

14. 总组工位

传统的设计输出是总组顺序、精度管理要求、焊接要求、总段补涂工艺等。工人根据总组顺序预约吊车资源吊装相应分段进行总组作业,在定位完成后,经过焊前报验,再进行焊接作业,焊接完工以后,经过焊后报验,再进行打磨补涂作业。

总组工位的智能生产装备主要是配备了智能吊车、分段智能定位车、基于 3D 机器视觉和基于虚拟现实的远程检验装备、无轨爬行智能特种焊接机器人、智能无损检测机器人、无轨爬行智能特种打磨机器人、无轨爬行智能特种涂装机器人、微型焊接机器人、微型打磨机器人、微型涂装机器人、基于 3D 机器视觉的检测装备等的智能总组生产线。为应对智能生产装备,设计输出需要变更为:

(1)总组工艺 BOM 及轻量化 3D 模型、打磨工艺 BOM 及轻量化 3D 模型、打磨作业 BOM 及轻量化 3D 模型、补涂工艺 BOM 及轻量化 3D 模型、补涂作业 BOM 及轻量化 3D 模型。

(2)智能吊车运行指令、分段智能定位车移动指令、无轨爬行智能特种焊接机器人焊接指令、智能无损检测机器人的检测指令、无轨爬行智能特种打磨机器人打磨指令、无轨爬行智能特种涂装机器人补涂指令、微型焊接机器人焊接指令、微型打磨机器人打磨指令、微型涂装机器人补涂指令、基于 3D 机器视觉的检测装备的检测指令。

(3)各总段物理产品和总组过程数字孪生的仿真总组动画等虚拟仿真表示。

(4)轻量化 3D 模型用于基于 3D 机器视觉的移动检测、定位检测、焊接检测、表面粗糙度检测、清洁度检测、补涂检测、完工检测等。

依据设计输出的数字化信息,总组生产线上的智能吊车或分段智能定位车根据分段移位和定位指令对分段进行移位和定位,经过基于 3D 机器视觉和基于虚拟现实的远程检验装备的远程焊前报验后,无轨爬行智能特种焊接机器人和微型焊接机器人根据不同的焊接指令进行焊接作业,智能无损检测机器人根据检测指令进行无损检测作业;经过基于 3D 机器视觉和基于虚拟现实的远程检验装备的远程焊后报验后,无轨爬行智能特种打磨机器人和微型打磨机器人根据不同的打磨指令分别进行打磨作业,无轨爬行智能特种涂装机器人和微型涂装机器人根据不同补涂指令分别进行补涂作业,过程中基于 3D 机器视觉的检测装备根据指令进行移动检测、定位检测、焊接检测、表面粗糙度检测、清洁度检测、补涂检测等过程控制和完工检测。

15. 搭载工位

传统的设计输出是搭载顺序、精度管理要求、焊接要求、搭载补涂工艺等。工人根据搭载顺序预约吊车资源吊装相应总段或分段进行搭载作业,在定位完成后,经过焊前报验,进而开展焊接作业,焊接完工以后,经过焊后报验,再进行打磨补涂作业。

搭载工位的智能生产装备主要是配备了智能吊车、总段智能定位车、基于 3D 机器视觉和基于虚拟现实的远程检验装备、无轨爬行智能特种焊接机器人、智能无损检测机器人、无轨爬行智能特种打磨机器人、无轨爬行智能特种涂装机器人、微型焊接机器人、微型打磨机器人、微型涂装机器人、智能铁舾件安装机器人、智能铁舾件焊接机器人、智能管子安装机器人、智能设备安装机器人、合拢管智能测量机器人、基于 3D 机器视觉的检测装备等的智能搭载船坞或船台。为应对智能生产装备,设计输出需要变更为:

(1)搭载工艺 BOM 及轻量化 3D 模型、打磨工艺 BOM 及轻量化 3D 模型、打磨作业

BOM 及轻量化 3D 模型、补涂工艺 BOM 及轻量化 3D 模型、补涂作业 BOM 及轻量化 3D 模型、铁舾件安装工艺 BOM 及轻量化 3D 模型、管子安装工艺 BOM 及轻量化 3D 模型、设备安装工艺 BOM 及轻量化 3D 模型等。

（2）智能吊车运行指令、总段智能定位车移动指令、无轨爬行智能特种焊接机器人焊接指令、智能无损检测机器人的检测指令、无轨爬行智能特种打磨机器人打磨指令、无轨爬行智能特种涂装机器人补涂指令、微型焊接机器人焊接指令、微型打磨机器人打磨指令、微型涂装机器人补涂指令、智能铁舾件安装机器人安装指令、智能铁舾件焊接机器人焊接指令、智能管子安装机器人安装指令、合拢管智能测量机器人测量指令、智能设备安装机器人设备安装指令、基于 3D 机器视觉的检测装备的检测指令、基于 3D 机器视觉的合拢管测量机器人的测量指令。

（3）各搭载阶段物理产品和搭载过程数字孪生的仿真搭载动画等虚拟仿真表示。

（4）轻量化 3D 模型用于基于 3D 机器视觉的移动检测、定位检测、焊接检测、表面粗糙度检测、清洁度检测、补涂检测、安装检测、完工检测等。

依据设计输出的数字化信息，智能船坞或船台的智能吊车或总段智能定位车根据总段移位和定位指令对总段进行移位和定位，经过基于 3D 机器视觉和基于虚拟现实的远程检验装备的远程焊前报验后，无轨爬行智能特种焊接机器人和微型焊接机器人根据不同的焊接指令进行焊接作业，智能无损检测机器人根据检测指令进行无损检测作业；经过基于 3D 机器视觉和基于虚拟现实的远程检验装备的远程焊后报验后，智能铁舾件安装机器人根据安装指令进行铁舾件安装作业，智能铁舾件焊接机器人根据焊接指令进行铁舾件焊接作业，智能管子安装机器人根据安装指令进行管子安装作业，智能设备安装机器人根据安装指令进行设备安装，无轨爬行智能特种打磨机器人和微型打磨机器人根据不同的打磨指令分别进行打磨作业，无轨爬行智能特种涂装机器人和微型涂装机器人根据不同补涂指令分别进行补涂作业，过程中基于 3D 机器视觉的检测和测量装备根据指令进行移动检测、定位检测、焊接检测、表面粗糙度检测、清洁度检测、补涂检测、合拢管测量等过程控制、过程测量和完工检测，合拢管测量数据自动传输至管子智能生产线上进行合拢管的自动生产。

16. 现校管制作及安装

传统的设计输出是带余量的合拢管内场材料托盘、带余量的参考合拢管小票、合拢管外场托盘等。工人根据合拢管内场材料托盘备料和手工带余量下料，依据参考合拢管小票操作弯管机进行预弯管，依据参考合拢管小票在校管平台上手工预校管；其次，将预装配点焊带余量的合拢管上船试装，试装过程中切除余量，确定准确的合拢管管件尺寸；再次，将确定尺寸的合拢管返回管加工车间焊接、打磨等工作，待表面处理结束后，最后，上船进行合拢管的安装。

现校管制作及安装的智能生产装备主要是合拢管智能测量机器人、管子智能生产线和智能管子安装机器人等装备。为应对智能生产装备，设计输出需要变更为：

（1）和现场建造进度同步的实船数字孪生的虚拟仿真表示，具体表现形式是和实船同步的轻量化 3D 模型，其几何尺寸和实船进度的几何尺寸完全一致。

（2）基于实船同步轻量化 3D 模型的合拢管工艺 BOM 及及轻量化 3D 模型、合拢管制造 BOM 及轻量化 3D 模型、管附件 BOM 及轻量化 3D 模型。

（3）基于 3D 机器视觉的合拢管测量机器人的测量指令、立体仓库材料及附件配送指令、管子切割机器人切割指令、相贯线切割机器人切割指令、校管装配机器人装配指令、管子焊接机器人焊接指令、先焊后弯弯管机自动弯管指令、管件二次装配指令、管件二次焊接指令、管子试压机器人试压指令、管子无损检测机器人检测指令、管子表面处理指令、管子分拣配盘机器人分拣配盘指令、物流运输机器人移动指令、智能管子安装机器人安装指令、基于3D机器视觉的检测装备的检测指令。

（4）合拢管物理产品和生产过程数字孪生的仿真制造动画等虚拟仿真表示。

（5）轻量化3D模型用于基于3D机器视觉的边缘检测、装配检测、焊接检测、加工检测、表面处理检测、完工检测等。

依据设计输出的数字化信息，基于3D机器视觉的合拢管测量机器人根据测量指令进行合拢管测量，测量数据自动传输至设计部门，设计部门进行校核和确认后，输出上面提及的合拢管生产的相关指令，管子智能生产线上立体仓库中的各种机器人根据配送指令进行管子和管附件等材料的配送，管子切割机器人根据切割指令对来料进行智能切割，若需要切割相贯线和坡口，管子相贯线切割机器人根据指令切割相应的开孔和坡口，校管装配机器人根据装配指令对管件进行管件一次装配，管子焊接机器人根据焊接指令进行管子焊接作业，先焊后弯智能弯管机根据弯管指令对一次装配的管件进行弯管，管件二次装配机器人根据指令对一次装配的中间产品管件进行二次装配，管件二次焊接机器人根据焊接指令对二次装配的管件进行焊接，管子智能试压装备根据试压指令对需要试压的管件进行自动试压作业，管子智能无损检测准备根据检测指令对相应管件进行无损检测，表面处理单元根据指令对相应管子进行酸洗、热镀锌、磷化、油漆等表面处理作业，在管子生产过程中，自动识别和智能分拣机器人根据轻量化3D模型通过3D机器视觉对管件进行识别和智能分拣，过程中智能检测机器人根据轻量化3D模型通过3D机器视觉自动进行边缘检测、装配检测、焊接检测、加工检测、表面处理检测等，各中间产品完工且检测通过后通过物流运输机器人输送各合拢管到相应的安装场地，智能管子安装机器人根据安装指令进行合拢管的安装作业，最后基于3D机器视觉的检测装备根据检测指令进行安装的完工检测。

17. 电缆拉放

传统的设计输出是电缆册、电缆节点示意图等。工人根据电缆册中电缆起点位置、起点余量、电缆路径、停点位置、电缆终点位置、终点余量等信息进行电缆手工拉放，拉放结束后还需要对电缆进行整理和打包等工作。

电缆拉放的智能生产装备主要是智能电缆拉放机器人。为应对智能生产装备，设计输出需要变更为：

（1）电缆工艺BOM及轻量化3D模型。

（2）电缆拉放机器人的移动指令、电缆临时固定指令、基于3D机器视觉的检测装备的检测指令等。

（3）每根电缆拉放过程的数字孪生的仿真运动动画等虚拟仿真表示。

（4）轻量化3D模型用于基于3D机器视觉的移动检测、固定检测、完工检测等。

依据设计输出的数字化信息，智能电缆拉放机器人根据移动指令进行电缆拉放，整个智能装备通过压缩空气进行移动，可在水平、垂直和曲面区域自动安装电缆，机器人移动路径根据移动指令进行，电缆安装的位置和设计输出的轻量化3D模型一致，电缆拉放和安装过程中自动理线，无须重复对电缆进行整理，电缆拉放过程中基于3D机器视觉的检测装置通过检测指令对电缆布置进行布置检测。

综上,随着造船业的智改数转,即智能化改造,数字化转型的深入,对生产设计提出了新需求。作为三维数字化模型和数据的提供者,需将有关信息集成并转化成指令代码,传送到制造机器人那里,以满足造船业智能制造模式的要求。

参考文献

[1] 王沈霞. 船体生产设计[M]. 哈尔滨:哈尔滨工程大学出版社,2019.

[2] 黄广茂. 造船生产设计[M]. 哈尔滨:哈尔滨工程大学出版社,2008.

[3] 应长春. 船舶工艺技术[M]. 上海:上海交通大学出版社,2013.

[4] 高介钴. 造船生产设计[M]. 北京:国防工业出版社,1989.

[5] 王炬成,赵虹. 船舶建造技术原理与方法[M]. 哈尔滨:哈尔滨工程大学出版社,2021.

[6] 苏春. 数字化设计与制造:第3版[M]. 北京:机械工业出版社,2019.

[7] 陈宁,等. 船舶舾装生产设计[M]. 北京:国防工业出版社,2006.

[8] 刁玉峰. 船体生产设计[M]. 北京:人民交通出版社,2002.

[9] 周启学. 船舶生产设计[M]. 北京:人民交通出版社,2007.

[10] 高介钴. 现代造船工程[M]. 哈尔滨:哈尔滨工程大学出版社,1998.

[11] 王平,任南,潘燕华等. 船舶集成制造管理理论与方法[M]. 北京:科学出版社,2010.

[12] 李敬花,韩端锋. 现代船海制造技术[M]. 哈尔滨:哈尔滨工程大学出版社,2018.

[13] 刘玉君,李艳君,李瑞. 现代造船技术[M]. 大连:大连理工大学出版社,2012.

[14] 刘玉君,汪骥,张雪彪,等. 计算机辅助船体建造[M]. 大连:大连理工大学出版社,2009.

[15] 周宏,蒋志勇,王岳. 船舶先进制造技术[M]. 北京:人民交通出版社,2012.

[16] 陈彬. 造船成组技术[M]. 哈尔滨:哈尔滨工程大学出版社,2007.

[17] 张晗,闫大海,符道. 数字化造船:现代造船技术的发展方向[J]. 舰船科学技术,2009(3):6-9.

[18] 冯兆缘,翁成生,李明鹏,等. 基于AM软件二次开发的船舶管系一体化设计[J]. 船舶与海洋工程,2023,39(4):76-80.

[19] 吴冬冬,马晓平,赵旭. 基于AM二次开发的居住舱室快速建模方法[J]. 造船技术,2023,51(6):86-90.

[20] 王星宇,王炬成,袁飞晖,等. 基于AM二次开发的船舶元件库快速创建方法[J]. 造船技术,2024,52(1):89-92.

[21] 顾晓波,徐成喜,赵旭. 基于AM的船舶开孔管理辅助系统设计[J]. 造船技术,2023,51(6):21-24+36.

[22] 朱安庆,薛松,赵旭. 船舶电缆敷设辅助设计系统[J]. 船舶工程,2023,45(5):103-107.

[23] 贺帮永,张乖平. AVEVA Marine软件在船体生产设计中的应用[J]. 广东造船,2024,43(1):28-30.

[24] 颜丽琳,王睿,刘海滨,等. 舾装生产设计图纸信息的提取和发布[J]. 船舶与海洋工程,2021,37(5):71-73+78.